AF545642

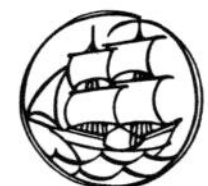

Michael Maul

J. S. BACH

»Wie wunderbar sind deine Werke!«

Eine Liebeserklärung an die Musik
des Thomaskantors Johann Sebastian Bach

Insel Verlag

Insel-Bücherei Nr. 1510

J. S. BACH

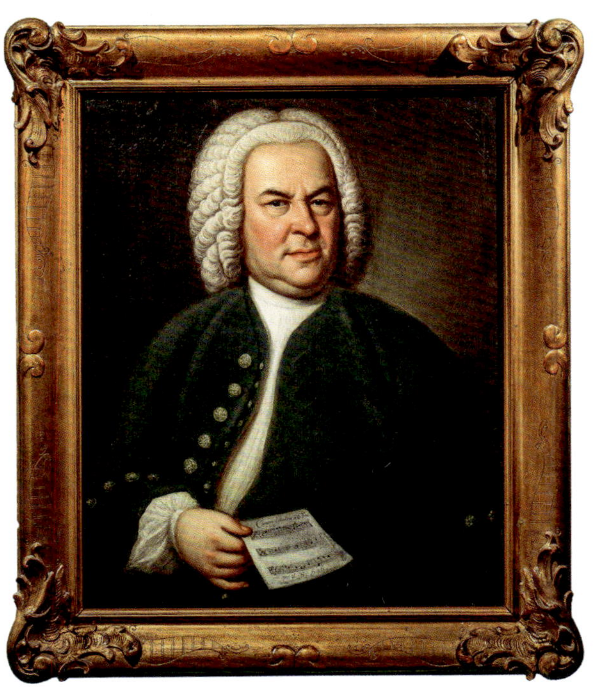

Johann Sebastian Bach
Ölgemälde von Elias Gottlob Haußmann, Leipzig 1748

VORWORT

Bach über alle Grenzen

Bachs Musik begeistert, heute mehr denn je. Auf den großen Streaming-Plattformen ist er – deutlich vor Mozart und Beethoven – der am meisten abgerufene Komponist. Auf der 27 Musikstücke umfassenden Golden Record der Nasa – seit 1977 in den Voyager-Sonden Richtung fremder Galaxien unterwegs – ist Bach als einziger mit gleich drei Kompositionen vertreten. Und auf Erden trägt die Bach-Begeisterung überall Blüten – am sichtbarsten in den unzähligen Chören und Gesellschaften weltweit, die unter seinem Namen existieren, um seine Werke zu singen, zu spielen oder zu hören.

Ja, Bachs Musik überwindet Grenzen, nicht nur geografische. Mauricio Kagels pointierter Ausspruch: »Nicht jeder Musiker glaubt an Gott, aber alle an Johann Sebastian Bach«, gilt tatsächlich genreübergreifend und keineswegs nur für professionelle Musiker. Ich erlebe es immer wieder auf faszinierende Weise in unserem Bachfest, zu dem alljährlich im Juni Menschen aus inzwischen gut 50 Nationen von allen Kontinenten nach Leipzig und zu Bachs originalen Spielstätten ›pilgern‹. In Thomas- und Nikolaikirche sitzen dann einträchtig nebeneinander Christen, gleich welcher Konfession, überzeugte Atheisten, Buddhisten, Muslime, Japaner wie Brasilianer, Australier wie Kolumbianer, Russen wie Amerikaner; und sie alle lauschen gleichermaßen ergriffen all jenen Passionen, Oratorien und Kantaten, die Bach während seiner 27 Jahre als Leipziger Thomaskantor zwischen 1723 und 1750 schuf.

Frage ich unsere Gäste, warum sie von Bachs Musik so begeistert sind – zumal von dessen geistlichen Vokalwerken in einer selbst uns Muttersprachlern heute eigentlich fremden Sprache –, bekomme ich teils sehr unterschiedliche Antworten. Häufiger höre ich: wegen ihrer beeindruckenden Architektur; wegen ihres einzigartigen polyphonen und harmonischen Reichtums; weil diese Musik direkt zu mir spricht; weil sie mich in schwierigen Situationen zu trösten vermag (so vielfach zu hören während der Corona-Pandemie); weil sie mir Kraft verleiht; weil sie sich nie abnutzt.

Mit anderen Worten: Die Wirkung von Bachs (Kirchen-)Musik ist offensichtlich extrem vielschichtig; seine Werke sind in der Lage, Menschen verschiedenster Herkunft und Weltanschauung anzusprechen, sie sind klanggewordene Utopie. Phänomenal!

Phänomenal zumal, weil Bach seine geistlichen Werke – anders als vielleicht Teile seiner Tasten- und Instrumentalmusik (z.B. das »Wohltemperierte Clavier« oder seine gedruckten »Clavier-Übungen«) – überhaupt nicht mit Blick auf eine universelle Einsetzbarkeit und einen breiten Markt konzipiert haben dürfte. Schon gar nicht wird er damit gerechnet haben, dass sie dereinst in Konzertformaten vor einem globalen Publikum bzw. in aller Welt erklingen würden – ›O-Ton‹ Bach (»Entwurff«, 1730): »die ehemalige Arth von Music [will] unseren Ohren nicht mehr klingen«, weil der »gusto sich verwunderens-würdig geändert« habe.

Im Gegenteil: Bach schuf seine gut 150 erhaltenen Leipziger Kantaten und auch seine Passionen und Oratorien als gottesdienstliche Gebrauchsmusik – für eine spezifische lutherische Gemeinde und die Aufführung an einem bestimmten Sonn- oder Festtag; allein um die mit diesen Tagen verbundenen Lesungstexte aus der Bibel im Gottesdienst musikalisch zu vermitteln und auszudeuten.

Diese 300 Jahre alten Gelegenheitswerke eines Kirchenmusikers, der in einer völlig anderen Welt lebte, erreichen heute (wieder) die Seelen vieler Menschen, gleich welcher Herkunft – auch wenn es diese Musik (vor allem wegen ihrer Texte) lange Zeit nicht leicht hatte, wieder als aufführbar zu gelten. Doch begünstigt durch die vielen inzwischen bewerkstelligten Editionen und Einspielungen hat Bachs Kantatenwerk in den letzten 70 Jahren eine beispiellose Renaissance erfahren. Es zeigt sich nun im Grunde in jeder einzelnen Partitur, dass Bachs Kantaten auf einen gewöhnlichen Sonntag in puncto handwerklicher Qualität und Tiefe der musikalischen Exegese nicht oder kaum hinter Bachs großen Passionen zurückstehen, sie aus dem gleichen ›Holz‹ geschnitzt sind.

Die Leipziger Kantaten: Meisterwerke im Wochentakt

Der Umstand ist umso erstaunlicher, als wir seit den bahnbrechenden Studien von Alfred Dürr wissen – oder vielmehr akzeptieren müssen –, dass Bachs gut 150 Kantaten nicht, wie bis in die 1950er Jahre hinein angenommen, über den gesamten 27-jährigen Zeitraum seines Thomaskantorats hinweg entstanden sind. Dürr konnte vielmehr auf der Basis intensiver philologischer Untersuchungen an Bachs Autografen und Aufführungsmaterialien zeigen, dass Bach über 90 Prozent dieser Werke bereits innerhalb seiner ersten vier Jahre im Thomaskantorat schuf, und zwar über weite Strecken buchstäblich im Wochentakt und manchmal sogar in noch viel kürzeren Intervallen!

Sein dabei an den Tag gelegter Arbeitseifer ist nicht das Außergewöhnliche. Auch Bachs Zeitgenossen, etwa seine Mitbewerber um das Thomaskantorat Georg Philipp Telemann, Christoph Graupner und Johann Friedrich Fasch, haben über Jahre hinweg allwöchentlich geistliche Kantaten von hoher musikalischer Qualität zu Papier gebracht, und es lohnt sich sehr, in deren Klangwelten einzutauchen. Doch ohne die Kantaten-Jahrgänge von Bachs Zeitgenossen herabwürdigen zu wollen, fällt es mir schwer, unter diesen, ja vielleicht innerhalb der ganzen Kulturgeschichte, Parallelbeispiele zu finden, wo derart unter Zeitdruck und über einen so langen Zeitraum ein Werkkomplex von vergleichbarer Kunsthaftigkeit und ähnlichem Tiefgang entstand – und der obendrein den Beweis bereits geliefert hat, dass er noch drei Jahrhunderte nach seiner Entstehung, zumal in einer weitgehend säkularisierten Welt, im Stande ist, eine ›grenzenlose‹ Begeisterung zu entfachen. Bachs Leipziger Kantaten sind schlichtweg Meisterwerke im Wochentakt, allesamt komponiert auf einem unfassbar hohen satztechnischen und intellektuellen Niveau, jedoch unter Umständen, die so gar nicht in unser Bild von der Genese eines Meisterwerkes passen wollen. Denn natürlich erwarten wir insgeheim, dass das Genie über Monate oder gar Jahre mühsam an einem Ausnahmewerk feilt, bevor dieses endlich zur Vollkommenheit gelangt. Aber schon Bachs Sohn Carl Philipp Emanuel bemerkte staunend im Vorwort der Erstausgabe einer stattlichen Anzahl von vierstimmigen Chorälen aus den Kantaten seines Vaters (1787): »Der seelige Verfasser hat meiner Empfehlung nicht nöthig. Man ist von ihm gewohnt gewesen, nichts als Meisterstücke zu sehen.«

Heute können wir über diese Gabe nur staunen und bestenfalls versuchen nachzuvollziehen, auf welche Weise der ›Evangelist‹ Bach jede einzelne seiner Kantaten zu einer packenden musikalischen Predigt über den sonntäglichen Lesungstext werden ließ und warum seine Vertonungen der biblischen Passionsberichte und der Weihnachtsgeschichte nach Lukas inzwischen für viele Menschen mit ihrem Gegenstand regelrecht eins geworden sind. Richtig erklären oder in Gänze erfassen werden wir sein Genie aber wohl nie. Und so könnte man angesichts der unergründlichen Schönheit und Vielfalt der Musik des Thomaskantors Bach es durchaus mit Albert Einstein halten. Befragt nach seinem Verhältnis zu Bachs Musik, hatte der große Physiker, der immerhin den Anspruch hatte, das gesamte Universum in einer schlüssigen Formel zu beschreiben, eine klare Empfehlung: »Was ich zu Bachs Lebenswerk zu sagen habe: Hören, spielen, lieben, verehren und – das Maul halten!«

Motivation und Zielstellung

Einsteins Rat ist für mich als Bach-Vermittler, der seit nunmehr zwei Jahrzehnten als Forscher am Leipziger Bach-Archiv und seit 2018 als Intendant des jährlichen Leipziger Bachfestes arbeiten darf, keine Option. Vielmehr betrachte ich es als Teil meiner ›Mission‹, die eigene, zugegebenermaßen grenzenlose Begeisterung für Bachs Musik auch so aufzubereiten und zu begründen, dass sie von einem möglichst breiten interessierten Publikum erfasst und vielleicht sogar geteilt werden kann. Deshalb habe ich in den letzten Jahren eine 33-teilige Hörbiografie geschrieben (»Universum JSB«, produziert von Deutschlandfunk Kultur) und 2021 eine Bildbiografie zu Bach veröffentlicht. Seit zwei Jahren erörtere ich zudem gemeinsam mit Bernhard Schrammek wöchentlich eine Bach-Kantate im Podcast-Format (»Die Bach-Kantate mit Maul&Schrammek«, produziert von MDR Klassik) – und bin seither umso demütiger vor Bachs schöpferischer Leistung auf diesem Feld, denn je tiefer ich in die Stücke eintauche, umso mehr beeindruckt mich Bachs schöpferische Leistung und die Vielfalt seiner musikalischen, nie zum Selbstzweck angewendeten Mittel. Ja, mir scheint, dass sich Bachs einzigartiges Genie nirgendwo sonst in seinem Schaffen so ausgeprägt und vollständig zeigt wie in seinem Kantatenwerk; es ist so gesehen vielleicht sogar das Herzstück seines hinterlassenen Œuvres.

Mit dem nun vorliegenden Buch knüpfe ich an die genannten Formate an und versuche in einer Mischung aus Übermittlung von Fakten und eigenen Interpretationen, meine Leidenschaft für Bachs Werke, die er als Leipziger Thomaskantor komponierte, in Worte zu fassen. Das Buch konzentriert sich auf diesen Teil von Bachs Schaffen, eben weil der große Werkkomplex aus Kantaten, Passionen und Oratorien in sich geschlossen ist und sich als besonders vielschichtig erweist. Es richtet sich an jede und jeden, die/der gern in diese musikalische Welt eintauchen will oder neugierig ist, das eigene Wissen mit meinen Einschätzungen abzugleichen. Mein Buch ist aber keine Gesamtdarstellung der geistlichen Werke des Thomaskantors, sondern eher eine Ansammlung von Beobachtungen und – manchmal fast zufällig ausgewählten – Fallbeispielen, die repräsentativ für das große Ganze stehen sollen.

Wichtig waren mir zwei zentrale Anliegen: Zum einen möchte ich mit meiner Darstellungsweise zu einem in sich ›vollständigeren‹ Verständnis von Bachs geistlichen Werken beitragen. Deren textliche Inhalte erscheinen heute nicht wenigen begeisterten Hörern, anders als das musikalische Geschehen, seltsam fremd und fern. Doch ganz gleich, ob man die Weltanschauung und den Grad an Gottvertrauen, wie sie aus den Kantatentexten sprechen, mit Bach und seinen Zeitgenossen teilen möchte, gehören Komposition und Text fraglos zusammen. Deshalb vermeide ich es in meiner Darstellung, einseitig Dichtung oder Musik zu betrachten, sondern versuche stets die von Bach immer wieder so meisterhaft betriebene musikalische Textausdeutung in den Mittelpunkt zu stellen und möglichst anschaulich zu beschreiben.

Zum anderen möchte ich aber auch den Entstehungskontext von Bachs Werken greifbar machen, also den Komponisten Bach nicht isoliert vom Menschen Bach betrachten. Ich habe daher hier und da biografische Ereignisse und Überlegungen zu seiner Persönlichkeitsstruktur in die Werkbetrachtungen eingebettet – ein Ansatz, der in der Forschung während der letzten Jahrzehnte kaum (mehr) verfolgt wurde, weil sich mit der Neudatierung von Bachs Kantaten durch Dürr manche zunächst überzeugend klingenden Deutungen der großen Bach-Exegeten älterer Zeit, etwa von Philipp Spitta oder Albert Schweitzer, als Fehleinschätzungen erwiesen hatten und die Vermengung von Musik und Biografie seither als trügerischer Ansatz gilt. Jedoch bin ich der festen Überzeugung, dass insbesondere die Konflikte, mit denen der Mensch Bach in seinem Leipziger Amt konfrontiert war, und die daraus resultierende Tragik unbedingt beschrieben werden müssen, will man Bachs Gesamtleistung als Thomaskantor angemessen würdigen.

Zudem liefert die genauere Betrachtung dieser Konfliktherde meines Erachtens eine – vielleicht die einzige – stichhaltige Erklärung für den merkwürdigen Umstand, dass wir heute vor allem Kantaten und Passionsmusiken aus Bachs ersten Jahren im Thomaskantorat kennen, ab 1729 aber die breite Überlieferung seiner geistlichen Werke abbricht. Die wahrscheinlich maßgeblichen Hintergründe dafür habe ich bereits 2012 in einer großen Studie über die Geschichte des Thomaskantorats anhand der vorliegenden Dokumente herausgearbeitet (»Dero berühmbter Chor – Die Leipziger Thomasschule und ihre Kantoren, 1212–1804«, Leipzig 2012). Nun versuche ich sie in den Kontext mit Bachs Werken zu stellen. Der Ansatz hat auch einen, wie ich finde, angenehmen Nebeneffekt: Ein als »Liebeserklärung« bezeichnetes Buch mit dem Titel »Wie wunderbar sind Deine Werke!« – abgelauscht der zweiten Zeile einer Arie, die der Sopran in der Kantate »Meine Seel erhebt den Herren« BWV 10 als Teil von Marias Lobgesang auf Gottes Wundertat anstimmt – mag den Verdacht erregen, dass es zwischen seinen zwei Deckeln einseitige Hagiografie betreibt. Der Blick auf die Person Bach und sein Agieren mit dem Umfeld, namentlich mit seinen Vorgesetzten, erdet aber den ›Komponisten-Gott‹ und verleiht ihm auch als Mensch (mit Stärken und Schwächen) Konturen.

Eigenarten

Ich habe mir in diesem Buch eine Freiheit geleistet, die manchen Leser irritieren mag: Abschnittsweise verlasse ich die Ebene des (überwiegend objektiven) Erzählers und spreche direkt zu Bach. Ich habe diese auf den ersten Blick vielleicht anmaßend wirkende Form gewählt, weil sie zwei Vorteile hat: Zum einen bietet mir das (immer einseitig bleibende) Gespräch die Möglichkeit, meine Ideen, Fragen, Hoffnungen oder subjektiven Einschätzungen rund um Bachs Werke oder einzelne biografische Episoden so vorzubringen, dass sie sich klar von der Sachebene abgrenzen. Zum anderen vermute ich, dass ich mit dem ›Befund‹, in meinen Gedanken hin und wieder den Dialog mit Bach zu suchen, unter den enthusiastischen Liebhabern seiner Kunst nicht allein bin …

… wohl wissend, verehrter Herr Bach, dass Sie mir natürlich (leider) nicht mehr antworten können und vielleicht auch keinerlei Interesse daran gehabt hätten, mit einem auf seine Worte limitierten Schreiberling, der sich zum Exegeten Ihrer Werke aufschwingt, in Austausch zu treten. Wie ermahnte doch schon Ihr Sohn Carl Philipp Emanuel Ihren neugierigen ersten Biografen Johann Nikolaus Forkel: »man hat viele abentheuerliche Traditionen von ihm. Wenige davon mögen wahr seyn und gehören unter seine jugendlichen Fechterstreiche. Der Seelige hat nie davon etwas wissen wollen, und also lassen Sie diese comischen Dinge weg.«

Aber ich muss Ihnen entgegenhalten: Sie haben mit Ihren fantastischen Kompositionen auf der einen und der Ihnen von Ihrem Kollegen Paul Hindemith so treffend nachgesagten »austernhaften Verschwiegenheit« auf der anderen Seite so ziemlich alles dafür getan, dass die neugierig staunende Nachwelt beständig Fragen nach dem Wann?, Wo?, Wie?, Wer? und Warum? stellt – und dass deshalb die Bach-Forschung auf der Suche nach der historischen Wahrheit, bei allem Willen zur Faktentreue, immer wieder darauf angewiesen ist, instabile Hypothesen-Gebäude zu errichten.

Mein größtes Ziel beim Verfassen dieses Buches war es, bei den Lesern mit jedem Satz die Lust zu wecken, tiefer in Bachs geistliches Werk einzutauchen und sich selbst auf den schier endlosen Kosmos an kreativer Klangrede einzulassen. Da aber Worte immer nur Wor-

te bleiben und meine Zeilen idealerweise den Wunsch provozieren sollen, sich die beschriebene Musik tatsächlich anzuhören, habe ich in Kooperation mit der Deutschen Grammophon eine Spotify-Playlist erstellt, die einen leichten Zugang zu den besprochenen Kompositionen – auch in den Interpretationen, die ich dabei im Ohr hatte – bietet. Der folgende QR-Code führt direkt zu ihr. Die
0♪ in den Randspalten des Buches abgedruckten Nummern verweisen auf den Platz des betreffenden Musikstückes auf der Playlist. Die Nummerierung der einzelnen Tracks erscheint nur auf der Desktop-Version von Spotify, jedoch nicht in der Mobile-App.

[https://qrco.de/bdufpD]

Zugunsten einer guten Lesbarkeit habe ich auf einen breiten Fußnotenapparat verzichtet; die Literaturliste auf S. 200f. bietet eine Übersicht über die maßgeblichen Publikationen.

Quellenzitate erscheinen in der Regel in originaler Orthografie, wurden jedoch in wenigen Fällen, um das Verständnis zu erleichtern, minimal modernisiert, ebenso die Interpunktion sowie Groß- und Kleinschreibung.

Dank

Ich bedanke mich ganz herzlich bei allen Begleitern auf dem Weg zu diesem für mich besonderen, weil stellenweise recht persönlichen Bach-Buch: bei Matthias Reiner, der mich einlud, im Rahmen der berühmten Reihe Insel-Bücherei gewissermaßen ›meinen Bach für die Insel‹ zu beschreiben; bei Clemens Trautmann (Präsident der Deutschen Grammophon) für die Kooperation in Sachen Playlist; bei meinem immer inspirierenden ›Podcast-Bruder‹ Bernhard

Schrammek (aus den Dialogen in unseren Sendungen sind manche der hier geschilderten Beobachtungen erwachsen); bei meinen langjährigen Gesprächspartnern in Sachen Faszination Bach-Kantaten und allesamt großartigen Bach-Vermittlern John Eliot Gardiner, Anselm Hartinger, Ton Koopman, Rudolf Lutz, Hans-Christoph Rademann und Peter Wollny; bei meinen kritischen Vorablesern und ›Probanten‹: Julia Danzós, Burkhardt Geyer, Stephan Mittelsten Scheid und meiner Mutter Elke Maul; und bei meiner Tochter Magdalena für das Erstellen der Register.

Leipzig, am Sonntag Estomihi 2023 (19. Februar),
dem 300. Jahrestag von Bachs Probespiel für das Thomaskantorat
Michael Maul

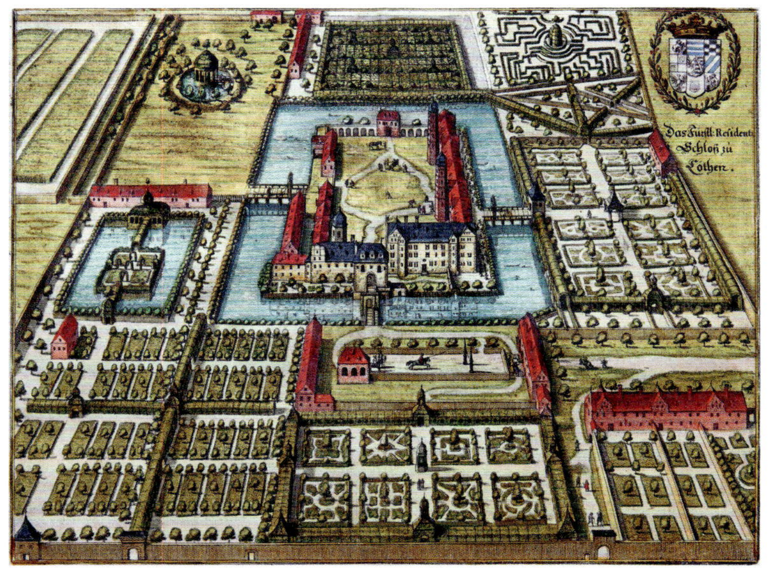

Schloss und Schlosspark zu Köthen
Kolorierter Kupferstich von Caspar Merian, 1650

PROLOG: »LAULICHTE« ZEITEN IN KÖTHEN

Frühjahr 1722: Der Köthener Kapellmeister Johann Sebastian Bach ist 37 Jahre alt und seit wenigen Monaten glücklich mit der 21-jährigen Hof-Sängerin Anna Magdalena geb. Wilcke verheiratet. Auch beruflich kann Bach dankbar zurückschauen. Trotz eines denkbar schwierigen Starts – Tod von Mutter und Vater in seinem 10. Lebensjahr – war es für den gebürtigen Thüringer bislang, einer Tonleiter gleich, beständig nach oben gegangen: 1702/03 Lakai am Weimarer Hof, ab 1703 Organist in Arnstadt, ab 1707 in Mühlhausen, ab 1708 Hoforganist und später zugleich Konzertmeister in Weimar und inzwischen seit gut vier Jahren Hofkapellmeister in Köthen. Sein Arbeitgeber, der neun Jahre jüngere Fürst Leopold von Anhalt-Köthen, ist zwar nur Herr über ein sehr kleines Gebiet im nördlichen Teil Mitteldeutschlands, aber der Winzigkeit seines Territoriums steht eine riesige Begeisterung für die Musik gegenüber. Ja, Leopold ist ein rechter Pan, der zwar kaum Geld hat, dieses aber trotzdem seit Jahren mit vollen Händen ausgibt: für einen möglichst arkadisch anmutenden Musenhof und hier vor allem für seine kleine, aber sehr feine Hofkapelle.

Bach, sein Kapellmeister, hat ihm dieses großzügige Investment inzwischen veredelt: mit atemberaubenden Instrumentalwerken, die bis heute für das Nonplusultra in den jeweiligen Gattungen stehen: sechs »Brandenburgische Konzerte«, herrliche Violinkonzerte und Orchester-Ouvertüren, sechs Suiten für Violoncello solo, je drei Sonaten und Partiten für Violine solo, sechs »Englische Suiten« für das Cembalo, der erste Teil des »Wohltemperierten Claviers« etc. etc.

Aber seit Fürst Leopold im vergangenen Dezember geheiratet hat (eine Woche nach Bach), drohen finstere Wolken den Himmel über dem anhaltinischen Arkadien zu verdunkeln – und Leopolds Mythos als Musen-Fürst zu entzaubern. Acht Jahre später wird Bach in einem Brief an seinen alten Schulkameraden Georg Erdmann schreiben:

»Daselbst [in Köthen] hatte [ich] einen gnädigen und die Music so wohl liebenden als kennenden Fürsten; bey welchem auch vermeinete, meine Lebenszeit zu beschließen. Es musste sich aber fügen, daß erwehnter Serenissimus sich mit einer Berenburgischen Princessin vermählete, da es denn das Ansehen gewinnen wollte, als ob die musicalische Inclination bey besagtem Fürsten in etwas laulicht werden wollte, zumahlen, da die neue Fürstin eine Amusa zu seyn schien.«

Verehrter Bach, Sie sagen, die Neigung zur Musik soll bei dem musikalischen Heißsporn Fürst Leopold nach seiner Hochzeit mit der unmusikalischen Prinzessin etwas »laulicht« geworden sein, heute würden wir sagen: sich etwas abgekühlt haben. Es lässt sich zwar nicht mehr überprüfen, ob die damals erst 20-jährige Fürstin Friederike Henriette, eine Prinzessin von Anhalt-Bernburg, tatsächlich eine »Amusa« war. Aber wir beide wissen, dass sie an einer, wie es heißt, »schwachen Lunge« litt und kaum anderthalb Jahre nach der Hochzeit sterben sollte – übrigens ganze zwei Wochen bevor Sie in Leipzig Ihren Arbeitsvertrag als Thomaskantor unterschrieben.

Schwach und genau genommen immer schwächer wurden allerdings auch die finanziellen Mittel Ihres kleinen Sonnenkönigs. Zwar steckte Fürst Leopold auch noch nach der Hochzeit fast zehn Prozent seines Etats in die Hofkapelle. Aber seine Einkünfte und Einflüsse verringerten sich stetig, zumal Leopold auf Verlangen seiner Mutter in den Jahren zuvor Teile seines Fürstentums an seinen jüngeren Bruder abtreten musste. Seine Schuldenlast hingegen wurde von Tag zu Tag größer, potentielle Gläubiger – darunter angeblich sogar eigene Untergebene (waren Sie auch einer?) – verweigerten ihm neue Kredite. Auch diese Entwicklung, werter Bach, wird Ihnen nicht verborgen geblieben sein. Hat sie bei Ihnen erneut – wie schon zwei Jahre zuvor, als Sie sich (kurzschlussartig?) um den Organistendienst an der Hamburger Jakobikirche beworben hatten – die Überlegung auf die Tagesordnung gebracht, in Zukunft besser jenseits des risikobehafteten Hoflebens Karriere zu machen?

Und dann waren da die vielen familiären Schicksals(ein)schläge. Kann es sein, dass diese aus Ihrer Sicht immer näher kamen und sich Ihr Leben damals auch deshalb »etwas laulicht« anfühlte? Im Sommer 1720 war Ihre erste Frau, Maria Barbara, im Alter von nur 35 Jahren völlig unerwartet gestorben – während Sie mit Fürst Leopold im fernen Karlsbad weilten. Bei

Ihrer Rückkehr fanden Sie Maria Barbara begraben auf dem Friedhof wieder. Irgendwann im Frühjahr 1722 müssen Sie aus Stockholm die traurige Nachricht erhalten haben, dass Gevatter Tod nun auch Ihren einzigen noch lebenden Bruder, den königlich schwedischen Hof-Oboisten Johann Jacob Bach, im Alter von nur 40 Jahren geholt hatte. Ihr ältester Bruder, einstiger Lehrer und Ziehvater, der Ohrdrufer Organist Johann Christoph, hatte im Jahr zuvor mit 49 Jahren das Zeitliche gesegnet – ausgerechnet am Geburtstag Ihres Vaters, des Eisenacher Stadtpfeifers Ambrosius Bach. Dem waren ebenfalls nur 49 Lebensjahre vergönnt gewesen. Ihre Mutter Elisabeth hatte Gott zwei Monate nach ihrem 50. Geburtstag heimgerufen. Alles in allem keine gute Prognose für die Dauer Ihres eigenen irdischen Daseins ...

All diese Überlegungen und Ereignisse waren sicherlich Wasser auf die Mühlen des grübelnden Bach. Sie werden ihm in der ersten Jahreshälfte 1722 deutlich vor Augen geführt haben, dass Gottes Wege unergründlich sind und womöglich schon zwei Drittel seiner eigenen Lebenszeit verronnen waren. Wenn es für ihn also noch zu einer beruflichen Veränderung kommen sollte, müsste sie bald geschehen. Und sie müsste Bach idealerweise an einen Ort führen, wo künstlerische Herausforderung, Einkommen, Chancen, Risiken, aber auch die Lebensqualität und die Ausbildungsmöglichkeiten für seine vierköpfige – sicher bald noch wachsende – Kinderschar in einem bestmöglichen Verhältnis standen.

Das Schicksal wollte es, dass am 5. Juni 1722 in Leipzig der Thomaskantor Johann Kuhnau nach 21 Dienstjahren starb und somit das attraktivste städtische Kirchenmusikeramt Mitteldeutschlands neu besetzt werden musste. Auch wenn wir dieses Amt heute ganz natürlich mit Johann Sebastian Bach verbinden, war es alles andere als ein Automatismus, dass er das Thomaskantorat letztlich übernahm. Im Gegenteil, die Leipziger hatten zunächst ganz andere Pläne.

I. LEIPZIG SUCHT DEN SUPER-CANTOR (1723)

Die Ausgangssituation

»Was er [Johann Kuhnau] nächstdem an Musicalischen Kirchen-Stücken ... seit anno 1701, da er Cantor und Director Musices worden, componiret habe, mag wohl schwerlich zu zählen seyn, gestalt er bey seinen häuffigen musicalischen Aufführungen sich fremder Composition niemahls oder doch gar selten bediente; da hingegen mit seiner Arbeit er andern vielfältig aushelffen müssen ... Solchem nach wird er umso viel mehr vermisset, je schwerer es fällt, einen würdigen Nachfolger auszufinden und zu erlangen«.

Mit diesen berührenden Worten beendete der Leipziger Stadtchronist Christoph Ernst Sicul 1722 seinen ausführlichen Nachruf auf Johann Kuhnau. Er sprach dabei aus, was in den Wochen und Monaten nach Kuhnaus Tod viele Leipziger gedacht haben mögen: Es wird nicht leicht werden, einen Musiker ins Thomaskantorat zu locken, der dem seligen Kuhnau das Wasser zu reichen vermag.

Für die Nachfolger-Suche war der Leipziger Stadtrat zuständig. Denn das Thomaskantorat, also die Position des Musiklehrers im berühmtesten Musik-Internat des protestantischen Deutschlands, war ein städtisches Amt. Der Amtsinhaber unterrichtete die 55 Internatsschüler in der Musik (und einige in Latein) und besorgte mit ihnen den Gesang in allen vier Leipziger Kirchen, bei Begräbnissen und Hochzeiten. Außerdem hatte er mit den besten unter ihnen an den Sonn- und Feiertagen, wechselweise in Thomas- und Nikolaikirche zwischen Evangeliumslesung und Predigt, die vornehmste seiner regulären Aufgaben zu erledigen: die Aufführung der »Haupt-Music« – ein Format, das wir heute allgemein als Kantate bezeichnen. Sie stammte vorzugsweise aus seiner eigenen Feder. In ihr musste sich der Thomaskantor als Ausleger der Bibel erweisen, denn der Text einer Kantate stand üblicherweise in enger Beziehung zu den jeweiligen Lesungstexten – und der Kantor mit dieser Art

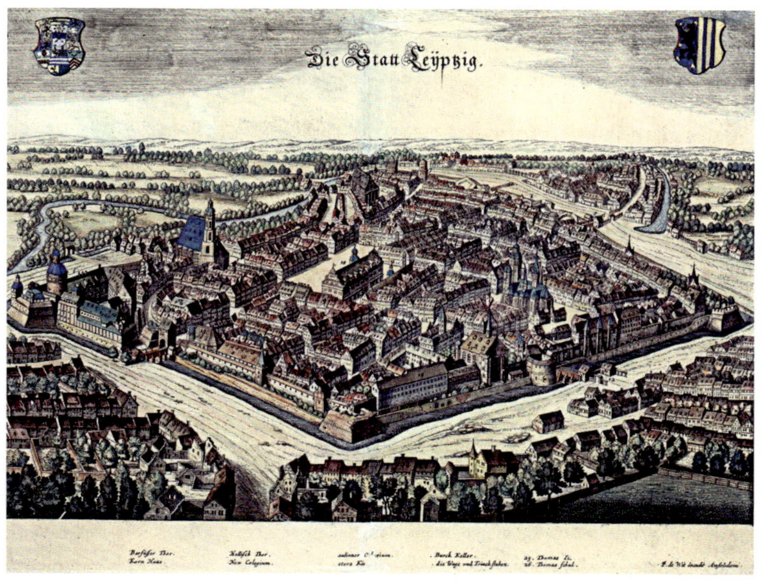

Leipzig aus der Vogelperspektive
Kupferstich von Frederik de Wit, Amsterdam 1682

von ›musikalischer Predigt‹ auf gewisse Weise in Konkurrenz mit den Pfarrern.

Zugleich musste er als Direktor des gesamten Leipziger Musikwesens die vier Stadtpfeifer und drei Kunstgeiger nebst Gesellen beaufsichtigen sowie die Anschaffungen von Musikinstrumenten überwachen und oft genug selbst organisieren. Mit anderen Worten: Die Leipziger Ratsherren um die drei Bürgermeister Gottfried Lange, Abraham Christoph Platz und Adrian Steger d.J. suchten ab Juni 1722 einen breit aufgestellten Musiker: einen sendungsbewussten ›Super-Cantor‹, der das facettenreiche Amt des »Director Chori Musices Lipsiensis« bestmöglich auszufüllen vermochte. Sicherlich hofften sie, einen der bekanntesten Musiker aus der Generation der 35- bis 50-Jährigen für das Amt gewinnen zu können – nicht zuletzt aus Selbstzweck, denn beides, eine gute Kirchenmusik und ein prominenter Musikdirektor, wären für das Außenbild der Stadt eine Zierde und für die musikliebenden Einwohner ein Genuss.

Telemann: Wie gewonnen, so zerronnen

Tatsächlich zeigte einer der gefragtesten Musiker seiner Zeit schon wenige Wochen nach Kuhnaus Tod Interesse an der Stelle: Georg Philipp Telemann. Er war seit einem Jahr Musikdirektor in Hamburg und in Leipzig kein Unbekannter. In seinen Jahren als Student an der örtlichen Universität (ab 1701) hatte er das Musikleben der Stadt kräftig durcheinandergewirbelt. Er hatte ein alsbald weitberühmtes Collegium musicum gegründet, war Kapellmeister im inzwischen verwaisten Opernhaus und Musikdirektor der Neukirche gewesen und hatte – neben Kuhnau – regelmäßig Kantaten für die Thomaskirche komponiert. Inzwischen, fast 20 Jahre später, galt sein Name als der Inbegriff für innovative Kirchen- und Instrumentalmusik; sein Komponiereifer war so grenzenlos wie legendär. Kurz: Die Ratsherren waren begeistert. Und so gab Telemann am 9. August 1722, dem 10. Sonntag nach Trinitatis, mit der Aufführung zweier Probekantaten sein Comeback in der Thomaskirche – »mit besonderer Approbation«, wie die Gazetten schwärmten. Zwei Tage später wurde er in der großen Ratsversammlung einstimmig zum neuen Thomaskantor gewählt: weil er »wegen seiner Music in der Welt bekannt wäre«.

Telemann inspizierte den ihm angetragenen Arbeitsplatz und unterbreitete seine Forderungen. Um ihn tatsächlich zurück an die Pleiße zu holen, waren die Ratsherren, erstmals in der Geschichte des Thomaskantorats, zu einem besonderen Zugeständnis bereit. Sie räumten ihm ein, dass er den traditionellen Schulunterricht des Kantors – vier Wochenstunden Latein sowie eine Stunde Katechismuslehre in Quarta und Tertia – gegen Bezahlung an einen Kollegen abtreten darf.

Zurück in Hamburg, schrieb Telemann sein Entlassungsgesuch. Darin schilderte er seinen Noch-Dienstherren genüsslich, welch »beträchtliche« finanzielle »Verbesserung« ihm das Leipziger Amt einbrächte und dass er dessen »gute Beschaffenheit bis ins späte Alter, ohne große Arbeit und bey guter Ruhe genießen« könne. Ein Wink mit dem Zaunpfahl! Der Hamburger Stadtrat beschloss umgehend eine Erhöhung der Kantoratsbesoldung, und die fiel so beträchtlich aus, dass Telemann noch im Herbst den Rücktritt vom Rücktritt vollzog. Es ist gut möglich, dass der clevere Stratege von Anfang an auf einen solchen Ausgang spekuliert hatte.

Als der regierende Leipziger Bürgermeister Lange am 23. November dem Ältestenrat die Nachricht von der Absage Telemanns überbrachte, zeigten sich die Ratsherren uneins über das weitere Vorgehen. An Kandidaten, die sich ebenfalls für das Thomaskantorat ins Gespräch gebracht hatten, mangelte es nicht; unter ihnen Johann Friedrich Fasch aus Zerbst, der Magdeburger Kantor Christian Friedrich Rolle, der Braunschweiger Kantor Andreas Christoph Duve, der Merseburger Domorganist Georg Friedrich Kaufmann – allesamt gestandene Musikdirektoren. Aber Langes Bürgermeisterkollege Platz, ein auf das Gemeinwohl bedachter Anhänger des Pietismus mit wenig Sinn für ›Äußerlichkeiten‹, mahnte zur Vorsicht: »man habe hauptsächlich ... dahin zu gedencken, dass das Subjectum nicht allein die Music verstehe, sondern auch informiren [d.h. Latein unterrichten] könne.« Die Entscheidung lautete letztlich: drei weitere Kandidaten zur Probe und einem jeden 20 Taler für das »Hin- und Herreisen«.

Hoffen auf Graupner

Keiner der Kandidaten überzeugte die Ratsherren. Kriegsrat Lange, seit August regierender und damit einflussreichster Bürgermeister der Stadt, wollte sich nicht mit der Bewerberliste abfinden. Der am Dresdner Hof bestens vernetzte Schöngeist, der in jungen Jahren Gedichte und Romane verfasst hatte und für den es von nachrangiger Bedeutung war, ob der künftige Kantor auch ein guter Schulmann sei, ging nun offenbar selbst auf Kandidatensuche. Alsbald präsentierte er den Ratsältesten einen weiteren großen Namen in der Bewerberrunde: Christoph Graupner, den Darmstädter Hofkapellmeister, einst Thomaner unter Kuhnau. Aber Lange warnte die Ratskollegen zugleich vor einem Déjà-vu-Erlebnis: Graupner habe »allenthalben ein gutes Lob, wie unterschiedene Briefe auswiesen, nur wäre praecaution zu nehmen, daß er bey seinem Hofe dimittiret [entlassen] werden könne«.

Als am 15. Januar 1723 im Ältestenrat auf das bevorstehende Probespiel Graupners vorausgeschaut wurde, zeigten sich alle erwartungsfroh. Nur der alte Baumeister Wagner erhob seine Stimme und brachte zwei weitere Namen ins Spiel, die seit einigen Wochen ebenfalls auf der Bewerberliste standen: »ob man Rollen und Bachen noch zur Probe admittiren solle?« Seinem Kollegen Kregel war dies entschieden zu viel: Es wäre »zweiffelhafft, ob man noch mehr Proben lassen machen solle«.

Christoph Graupner legte am 17. Januar, dem 2. Sonntag nach Epiphanias, im Gottesdienst der Thomaskirche seine Kantoratsprobe ab. Mit der Aufführung seiner – bis heute erhaltenen – zwei Kantaten »Aus der Tiefen rufe ich, Herr, zu Dir« und »Lobet den Herrn alle Heiden« erfüllte er die hohen Erwartungen. Die Ratsherren wollten ihn umgehend als Thomaskantor verpflichten. Jedoch entwickelte sich die Causa Graupner buchstäblich zur Hängepartie, weil der Kapellmeister die Leipziger wochenlang über das Votum seines Landgrafen und seine eigene Entscheidung im Unklaren ließ.

»Sehr gelobet«: Bachs Probekantaten

Wohl deshalb beschlossen die Ratsherren wenig später, dem Köthener Kapellmeister Johann Sebastian Bach nun doch die Chance zu geben, sich in Leipzig zu präsentieren. Bach reiste an und führte am Sonntag Estomihi (7. Februar) mit den Thomanern ebenfalls zwei Probestücke auf: die Kantaten »Jesus nahm zu sich die Zwölfe« BWV 22 und »Du wahrer Gott und Davids Sohn« BWV 23. Beide Werke nehmen textlich Bezug auf das Sonntagsevangelium bei Lukas 18,31–43: Jesu Heilung eines Blinden und die Ankündigung seines Leidens in Jerusalem. Trotz ihrer äußerlichen Knappheit bot Bach in den Stücken einen subtil gestalteten Aufriss seines musikalischen Vokabulars und seiner brillanten satztechnischen Fähigkeiten. Zugleich verzichtete er sichtlich auf alle Arten von aufgesetzter opernhafter Prachtentfaltung, die womöglich Wasser auf die Mühlen der nicht wenigen Kritiker theatralischer Kirchenmusik in den Reihen des Stadtrates gewesen wären. Seine Probekantaten strahlen vielmehr von innen heraus.

Der Höhepunkt in BWV 23 ist die abschließende Bearbeitung von
Martin Luthers deutschem Agnus-Dei-Lied, »Christe, du Lamm 1
Gottes, der du trägst die Sünd' der Welt, erbarm' dich unser!« – eine
großangelegte Choralfantasie, die Bach erst kurzfristig, vielleicht aus
einer älteren Komposition, in sein Probestück integrierte. Luthers
Lied ist zugleich die große musikalische Klammer innerhalb der
Kantate, denn es erklingt bereits im Accompagnato-Rezitativ nach
dem eröffnenden Duett, hier allerdings unter der Oberfläche: als
recht unauffällige, nur von den Instrumenten gespielte Begleitung. 2

Cleverer Bach, ein raffinierter Kunstgriff, mit dem Sie sicherlich gegenüber den musikalischen Kennern in Kirche und Stadtrat blicken lassen wollten, wie tiefendurchdringend Ihre kompositorischen Ausdrucksmöglichkeiten waren. Und keineswegs Selbstzweck! Denn die Melodie bietet einen unausgesprochenen Kommentar zur gleichzeitig vom Tenor vorgetragenen Bitte an den im Evangelium vorübergehenden Jesus, das »Lamm Gottes«, das der Blinde hier sinnbildlich im Namen der gesamten Menschheit anruft: »Ach! gehe nicht vorüber; Du, aller Menschen Heil, bist ja erschienen, die Kranken und nicht die Gesunden zu bedienen.«

In BWV 22 hingegen präsentierten Sie sich (kalkuliert?) fasslicher; etwa
in der Alt-Arie mit einer plastischen Darstellung des »Ziehens« oder mit 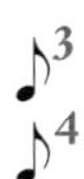 3
dem unmittelbar als Ohrwurm sich festsetzenden Schlusschoral, dessen zu- 4
packende Streicherbegleitung wie ein Perpetuum mobile daherkommt.

Glauben wir der kurzen Zeitungsnotiz, hat Bach mit seinen Vertonungen der beiden anonymen Kantatenlibretti ins Schwarze getroffen: »Am verwichenen Sonntage Vormittags machte der Hochfürstliche Capellmeister zu Cöthen, Monsieur Bach, allhier in der Kirchen zu St. Thomä wegen der bisher noch immer vacant stehenden Cantor-Stelle seine Probe, und ist desselben damahlige Music von allen, welche dergleichen ästimiren, sehr gelobet worden.«

Aber trotz aller Begeisterung hielten ihn die Leipziger Ratsherren einstweilen hin. Und Bach selbst fragte sich selbst wochenlang, ob er wirklich den Kapellmeisterdienst in Köthen an den Nagel hängen wolle, nur um Kantor in einer Knabenschule zu werden. Rückblickend wird er gegenüber seinem Jugendfreund Georg Erdmann bekennen: »Ob es mir nun zwar anfänglich gar nicht anständig seyn wolte, aus einem Capellmeister ein Cantor zu werden, weswegen auch meine resolution auf ein vierthel Jahr trainirete.«

Entschieden war im Februar 1723 also noch nichts, nur dass die Ratsherren Graupner weiterhin als die bessere Wahl für das Thomaskantorat ansahen und inständig auf seine Freigabe hofften. Es vergingen fast zwei Monate, bis sich der Darmstädter Hofkapellmeister wieder meldete. Er hatte keine guten Neuigkeiten. In einem Brief an Bürgermeister Lange übermittelte er seine endgültige Absage, sein Landgraf wolle ihn nicht ziehen lassen. Graupner machte dem Bürgermeister aber auch deutlich, wen unter den verbliebenen Kandidaten er für die beste Alternative hielt: Bach sei »ein Musicus, ebenso starck auf der Orgel, wie erfahren in Kirchensachen und Capell-Stücken« und würde sicherlich »honeste und gebührlich die zugeeignete Function versehen«.

In der Ratsstube regierte nun die Ungeduld. Als sich der Ältestenrat am 9. April erneut in der Sache besprach, versuchte Bürgermeister Lange seine Kollegen wieder von der Wahl eines gestandenen Kapellmeisters zu überzeugen. Doch Bürgermeister Platz hatte nach neun Monaten Suchverfahren und zwei Absagen Angst vor weiteren Enttäuschungen. Laut Sitzungsprotokoll schlug er vor: »Da man nun die besten nicht bekommen könne, müsse man mittlere nehmen, es sey von einem [Kantor] zu Pirna ehemals viel Gutes gesprochen worden.«

Endgültig Bach

Wie der Vorschlag von Platz im Ratskollegium aufgenommen und mit welchen Argumenten er letztlich abgelehnt wurde, ist nicht überliefert. Just nach dem Vorpreschen des Bürgermeisters wurde der protokollierende Stadtschreiber wegen einer Finanzangelegenheit in die benachbarte Steuerstube gerufen, und deshalb hat niemand für die Nachwelt festgehalten, wie und unter welchen Bedingungen es dem regierenden Bürgermeister Lange in der Sitzung gelang, die Ratsältesten doch noch auf einen von den »Besten«, nämlich auf Johann Sebastian Bach, einzuschwören – und diesem außerdem die ehemals Telemann zugebilligte Möglichkeit einzuräumen, den mit dem Kantorenamt verbundenen Lateinunterricht gegen Bezahlung an einen Kollegen abtreten zu dürfen.

Fest steht, dass Bach schon zehn Tage später, am 19. April, im Rathaus einen vorläufigen Anstellungsvertrag unterzeichnete, drei Tage später in der großen Ratsversammlung einstimmig zum neuen Thomaskantor und Musikdirektor der Stadt Leipzig gewählt wurde und am 5. Mai seinen endgültigen Arbeitsvertrag besiegelte – ganze elf Monate nach dem Tod Johann Kuhnaus.

In seinem Arbeitsvertrag musste Bach unter anderem versprechen, dass er den Schülern der Thomasschule »in einem ehrbaren Leben und Wandel mit gutem Exempel vorleuchten«, sie »treulich« unterrichten und, »wenn sie nicht folgen wollen«, »mit Behutsamkeit tractiren« und höchstens »moderat züchtigen« würde. Auch musste er zusichern, dem Stadtrat in allem Folge zu leisten, niemals ohne die Erlaubnis des regierenden Bürgermeisters zu verreisen und keine unmusikalischen Knaben in den Chor aufzunehmen. Was seine musikalischen Aufgaben betraf, so blieb im Vertrag offen, in welchem Umfang Bach als Komponist tätig werden müsse. Es heißt hier lediglich, er solle »die Music in beyden Haupt-Kirchen«, St. Thomas und St. Nikolai, nach seinem »besten Vermögen in gutes Aufnehmen bringen«. Vor allem aber solle er darauf achten, dass sie »nicht zu lang währen« und so »beschaffen seyn möge«, dass sie »nicht opernhafftig herauskomme, sondern die Zuhörer vielmehr zur Andacht aufmuntere«. Der Wortlaut des Vertrages entsprach im Wesentlichen demjenigen seines Vorgängers Johann Kuhnau aus dem Jahr 1701.

Heute können wir nur ungläubig staunen, wie schwer sich die Ratsherren taten, Bach das altehrwürdige Thomaskantorat zu übertragen. Er war tatsächlich nur die dritte Wahl!

Exzellente Rahmenbedingungen

Verehrter Bach, auch für uns ist es schwer nachvollziehbar, dass Sie – ein höfischer Kapellmeister mit allerhöchsten Ansprüchen an seine Musiker – die Zusammenarbeit mit einem professionellen Erwachsenen-Ensemble aufkündigten, nur um Kantor in einer Knabenschule zu werden. Sie gestehen ja selbst später gegenüber Ihrem Schulfreund Erdmann, wie schwer Ihnen diese Entscheidung gefallen sei. Ihnen sei »diese station« aber als »derma-

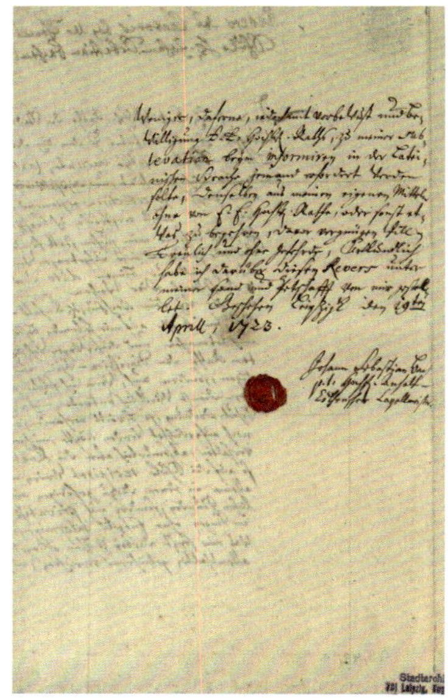

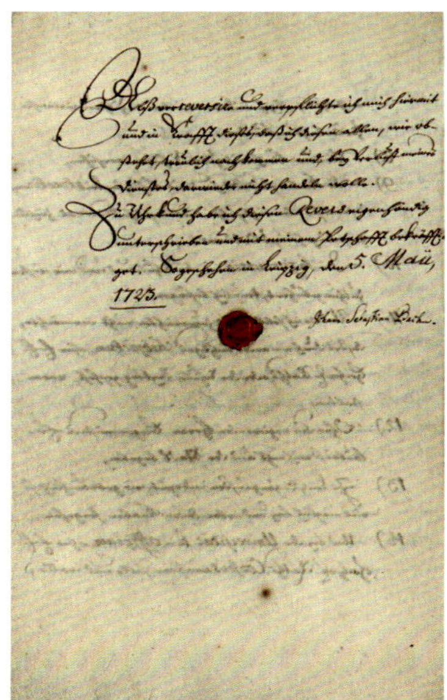

J.S. Bach, Vorläufiger und endgültiger Anstellungsvertrag als Thomaskantor – Leipzig, 19. April und 5. Mai 1723

ßen favorable beschrieben« worden, so dass Sie es letztlich »in des Höchsten Namen« wagten und Ihren Arbeitsvertrag unterschrieben. Ich vermute, es waren drei gute Gründe, die dafür letztlich den Ausschlag gegeben hatten.

Zum einen lieferte Ihnen das Thomaskantorat, trotz des niedrigen Festgehalts von nur 100 Gulden pro Jahr, die Chance auf ein vielfach höheres Gesamteinkommen. Als Thomaskantor waren Sie der Musikdirektor der gesamten 30 000-Einwohner-Stadt, verdienten an jedweder Trauung, jedem Begräbnis und sämtlichen Geldern, die die Thomaner bei den wöchentlichen Singeumgängen in den Straßen einsammelten, kräftig mit. Erdmann verrieten Sie später, Ihre Einkünfte würden sich jährlich auf um die 700 Taler (800 Gulden) belaufen.

Zum anderen bot Ihnen die Universitäts- und Handelsstadt Leipzig für Ihre drei Söhne perspektivisch wesentlich bessere Ausbildungsmöglichkeiten als das provinzielle Köthen. Vor allem aber wird für Sie eine Rolle gespielt haben, dass die Thomasschule schlichtweg die musikalisch leistungsfähigste Schule im gesamten protestantischen Raum war. Hier konnte der Kan-

tor von alters her alle Internatsschüler, die sogenannten Alumnen, auf der Basis eines harten Eignungstests auswählen. Ausschlaggebend war dabei allein, dass ein künftiger Thomaner – wie es in der verbindlichen Schulordnung von 1634 hieß – schon zum Zeitpunkt seiner Aufnahmeprüfung in der Musik kein Anfänger mehr war, sondern bereits »ein Stück fertig und artig musiciren« konnte. An keiner anderen Schule in Deutschland schaute man damals bei der Auswahl der Schüler derart auf die mitgebrachten musikalischen Fähigkeiten. Genau aus diesem Grund hatte schon der Dresdner Hofkapellmeister Heinrich Schütz lange vor Ihnen, im Jahr 1648, voller Verehrung den »Musicalischen Chor zu Leipzig« mit den Worten geadelt, dieser habe »allezeit vor allen andern« im Kurfürstentum »einen großen Vorzug gehabt«. Kann es sein, dass Ihnen schon Ihre einstigen Kollegen in der Weimarer Hofkapelle Samuel Weldig und Hofkantor Johann Döbernitz, beide ehemalige Thomaner, von den Vorteilen des Musik-Internats Thomasschule vorgeschwärmt hatten? Oder war es der Thomaskantor Johann Kuhnau persönlich gewesen, den Sie bei zwei Orgelprüfungen – im April 1716 in Halle und im Dezember 1717 in Leipzig – kennengelernt hatten? Wie dem auch sei, diese hervorragenden Rahmenbedingungen lockten seit dem frühen 17. Jahrhundert immer wieder berühmteste Musiker ihrer Zeit ins Thomaskantorat. Und, ich lege mich fest, verehrter Bach, nun auch Sie!

Die Leistungsfähigkeit des Thomanerchors zu Bachs Zeiten sollte in der Tat nicht unterschätzt werden. Auch der Klangcharakter des Ensembles wird sich von demjenigen gegenwärtiger Knabenchöre wesentlich unterschieden haben. Denn die 55 Alumnen waren deutlich älter als heute. Sie bezogen das Internat mit circa 13 Jahren und verließen es oft erst (teils deutlich) nach ihrem 21. Geburtstag. Diese Praxis war folgerichtig, weil sich der Stimmbruch damals zumeist – wegen einer vergleichsweise eiweißarmen Ernährung – erst im 17. oder 18. Lebensjahr einstellte, ergo: inmitten der Schulzeit.

Sämtliche Alumnen hatten viermal pro Woche nach dem Mittagessen eine gemeinsame Singestunde, außerdem erhielten sie Einzelunterricht. Formiert in drei »Kurrenden«, zogen sie dreimal pro Woche singend durch die Stadt, um Spenden für die Schule zu sammeln. Hinzu traten Singedienste bei Kasualien und in den innerstädtischen Kirchen St. Thomas, St. Nikolai, Neukirche und St. Petri. Hier fand an den Sonn- und Feiertagen in den Frühgottesdiensten der wichtigste musikalische Pflichtauftritt statt. Eingeteilt in vier Chöre, denen jeweils ein Präfekt vorstand, besorgten die Alumnen dann in allen vier Kirchen zeitgleich den Choral- und Motetten-Gesang. Erster und zweiter Chor sangen dabei im wöchentlichen Wechsel an den beiden Hauptkirchen St. Thomas und St. Nikolai. Allerdings musizierte nur der erste Chor, bestehend aus den 12 bis 16 besten Sängern, unter der Leitung des Kantors und gemeinsam mit dem aus Stadtpfeifern, Kunstgeigern und freiwilligen Helfern bestehenden Kirchenorchester. Dabei erklang anspruchsvolle Figuralmusik (d.h. mit Instrumenten dargebotene elaborierte Kompositionen): eine Kantate und gegebenenfalls weitere Werke, etwa Vertonungen von Teilen des Ordinarium Missae oder ein Magnificat.

An der Thomasschule herrschte ein strenges Leistungsprinzip, verknüpft mit einem raffinierten Anreizsystem. Jährlich um den ersten Advent, den Beginn des Kirchenjahrs, teilte der Kantor die von ihm als gerade am besten erachteten 32 Sänger in vier achtköpfige »Cantoreyen« ein, die mit Beginn des neuen Jahres zum dreiwöchigen »Neujahrssingen« aufbrachen: Vor und teilweise in den Häusern der Leipziger gaben sie gegen Geldspenden kleine Konzerte. Das Besondere: Die Mitglieder der »Cantoreyen« durften die beim Neujahrssingen eingenommenen Gelder behalten. Die erste »Cantorey« bestritt mit dem Kantor zudem sämtliche bezahlten musikalischen Aufwartungen, die das Jahr über anfielen: etwa anlässlich von Brautmessen oder anderen Festivitäten. Sie war das Elite-Ensemble des Kantors, erhielt zusätzlichen Musikunterricht, genoss allerhand Privilegien und beachtliche Einkünfte – derart hoch, dass sie mitunter ausreichten, daraus später ein mehrjähriges Studium an der Universität zu finanzieren. Kein Wunder, dass deshalb alle 55 Alumnen beständig danach strebten, möglichst häufig vom Kantor einer der Neujahrs-»Cantoreyen« und namentlich der ersten zugeteilt zu werden.

Auch wenn wir bis heute nicht genau wissen, wie sich der erste »Chor« bei Bachs Kantatenaufführungen im (unbezahlten) regulären Gottesdienst zusammensetzte, spricht doch vieles dafür, dass ihm die acht Mitglieder der ersten »Cantorey« dafür stets als Kernbesetzung dienten.

Eine verhängnisvolle Unterschrift

Angesichts dieses ›Gesamtpaketes‹ ist die Entscheidung des Kapellmeisters Bach pro Thomasschule also durchaus verständlich. Der Teufel steckte allerdings im vorläufigen Anstellungsvertrag, den Bach am 19. April, zwei Tage vor seiner Wahl, unterzeichnen musste. In diesem hatte er versprochen, sich als Thomaskantor auch an die »Schul-Ordnung, so bereits vorhanden, oder noch aufgerichtet werden möchte«, zu halten. Was er nicht ahnte: In den Schubladen des Rathauses schlummerte bereits der Entwurf zu einer neuen Schulordnung, verfasst mit dem Vorsatz, diejenigen Paragrafen aus der alten Schulordnung von 1634 auszuhebeln, die die Thomasschule mitten im Dreißigjährigen Krieg ohne Wenn und Aber als musikalisches Elite-Internat definiert hatten.

Die neue Ordnung war zum Zeitpunkt von Bachs Vertragsunterzeichnung im Wesentlichen fertiggestellt, jedoch ihr Inhalt bis dato nicht einmal Bachs Kollegen an der Thomasschule in Gänze bekannt. Denn die Lehrer um den Rektor Johann Heinrich Ernesti und den ehemaligen Kantor Kuhnau hatten in den vergangenen Jahren immer wieder lautstark gegen das Vorhaben protestiert, weshalb der Stadtrat die Überarbeitung der Schulordnung letztlich an den Lehrern vorbei vorgenommen hatte. Auch der neue Kantor sollte offensichtlich vor vollendete Tatsachen gestellt werden.

Getäuschter Bach, die Unterschrift unter Ihren vorläufigen Arbeitsvertrag haben Sie später sicherlich vielfach bereut. Was für ein Bluff! Ja, ich vermute, hätten Sie den Inhalt der dann im November, fünf Monate nach Ihrem Dienstantritt, publizierten neuen Schulordnung schon erahnt oder gekannt, Sie wären sehr wahrscheinlich abgesprungen. In jedem Fall hätten Sie sich erst einmal garantieren lassen, dass Sie auch weiterhin das letzte Wort bei der Auswahl Ihrer Sängerknaben haben werden!

II. VIELFÄLTIG: BACHS ERSTER KANTATEN-JAHRGANG (1723/24)

Auftakt nach Maß: Die Antrittsmusik

Am 22. Mai 1723, gegen 12 Uhr, erreichten vier Pferdewagen den Thomaskirchhof. Sie waren mit »Hausrat« des neuen Thomaskantors Johann Sebastian Bach beladen. Bach selbst fuhr zwei Stunden später auf dem Kirchhof vor – mit zwei Kutschen, denn er reiste nicht allein an. Mit ihm waren seine Frau Anna Magdalena, seine Schwägerin und Haushälterin Friedelena Margaretha (die Schwester seiner ersten Frau, Maria Barbara); dazu seine vier noch lebenden Kinder aus erster Ehe: Catharina Dorothea (14 Jahre), Wilhelm Friedemann (12), Carl Philipp Emanuel (9) und Johann Gottfried Bernhard (8); außerdem die womöglich erst wenige Tage oder Wochen alte Christiana Sophia Henrietta, das erste gemeinsame Kind mit Anna Magdalena – es hat irgendwann im Frühjahr 1723 das Licht der Welt erblickt, wird aber weder in den Taufbüchern von Köthen noch von Leipzig erwähnt und sollte schon 1726 im Alter von nur drei Jahren sterben. Die achtköpfige Bach-Familie bezog die frisch renovierte Dienstwohnung des Kantors in der Thomasschule.

Acht Tage später, am 1. Sonntag nach Trinitatis (30. Mai), gab Bach im Gottesdienst der Nikolaikirche seinen musikalischen Einstand. Seine Antrittsmusik, die Kantate »Die Elenden sollen essen« BWV 75, hätte kaum eindrucksvoller ausfallen können. Ein Auftakt nach Maß für den neuen Thomaskantor, der beim Komponieren des halbstündigen Werks stilistisch mit der Souveränität und dem kosmopolitischen Weitblick eines gestandenen Hofkapellmeisters zu Werke ging und hinsichtlich des technischen und intellektuellen Anspruchs seiner Musik an alle Anwesenden ein klares Signal aussandte: Schaut her, ich bin in allen Stilen zu Hause; ich weiß überbordenden musikalischen Pomp mit Tiefgang und dem – in meinem Arbeitsvertrag betonten – Gebot theatralischer Mäßigung zu verbinden. Aber beim Erschaffen und Umsetzen meiner Kantaten werde ich keine Kompromisse eingehen!

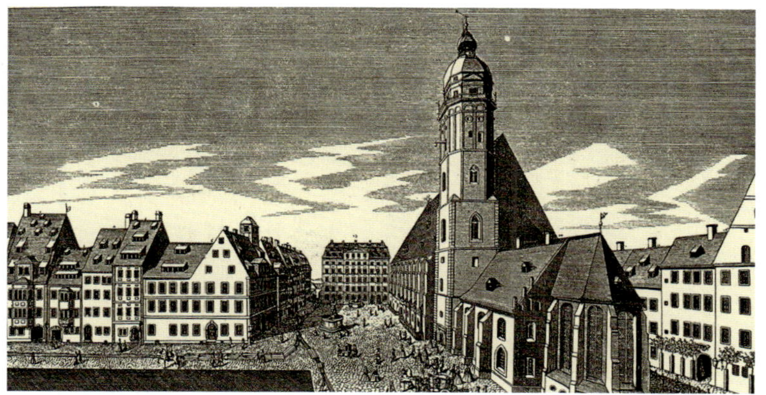

Der Leipziger Thomaskirchhof nach der Erweiterung der Thomasschule (1731/32) – Kupferstich von Johann George Schreiber, 1735

Eine kurze Zeitungsmeldung verrät, dass Bachs Kantate von den Kirchgängern mit »gutem Applausu« aufgenommen wurde. Die Bemerkung kann zwischen leerer Floskel und echtem Lob so ziemlich alles bedeuten. Jedoch wäre es nicht verwunderlich, wenn die hochkomplexe Musik des neuen Kantors bei manchen Mitwirkenden zunächst einmal Ratlosigkeit oder sogar Entsetzen ausgelöst haben sollte. Denn was Bach hier von der ersten Note an zu Papier gebracht hatte – am Anfang steht ein mehrteiliger Eingangschor, beginnend mit einem ouvertürenartigen Motiv, entwickelt (wie passend!) aus der musikalischen Figur des Auftaktes –, war in puncto Virtuosität ♪5 und Komplexität verglichen mit den Werken seines Vorgängers Johann Kuhnau eine völlig neue Welt. Der Herausforderung, solcherlei Kompositionen aufzuführen, musste sich nun ein Sängerensemble aus etwa 16 Internatsschülern der Thomasschule im Alter zwischen 13 und 23 Jahren und ein Orchester aus altgedienten Stadtpfeifern und Leipziger Universitätsstudenten allwöchentlich stellen. Mit anderen Worten: ein Musikerapparat, dessen Grad an Professionalität und Leistungsfähigkeit eben doch ein gutes Stück entfernt war von dem, was Bach in den Jahren zuvor in seinen hochspezialisierten Hofkapellen zu Köthen und Weimar kennengelernt hatte.

Und dennoch machte er bereits mit seinem musikalischen Ein-

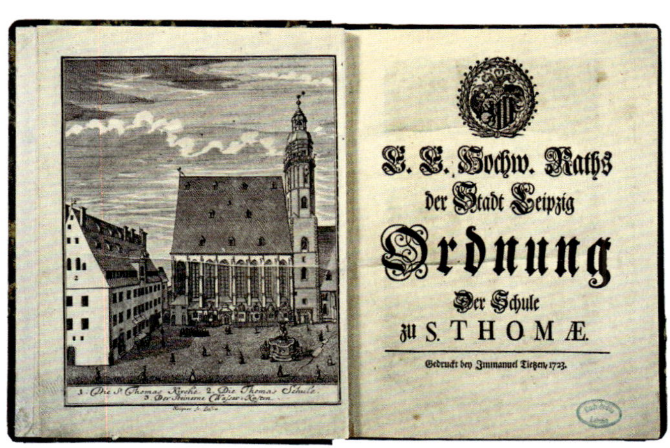

Die »Ordnung der Schule zu S. Thomæ« – mit Kupferstich von Thomasschule und Thomaskirche, Leipzig 1723

stand unmissverständlich deutlich, was er zum Credo seines gesamten 27-jährigen Thomaskantorats erheben würde: Nicht die Noten werden sich seinem Personal fügen müssen, sondern das Personal seinen Noten.

Dabei war es keineswegs so, dass Bachs Vorgänger die Leipziger Musiker bis dato unterfordert hätte. Im Gegenteil, Kuhnaus Kantaten gehören zu den anspruchsvollsten ihrer Zeit. Aber Bachs Partituren sind durch und durch mit besonderen Schwierigkeiten gespickt; Nebenstimmen im wörtlichen Sinne gibt es nicht; ein jeder Akteur trägt gleichermaßen hohe Verantwortung. Eigentlich die perfekte musikalische Demokratie. Aber alle Beteiligten werden umgehend auch gespürt haben: In diese neue Art von Musik müssen wir erst hineinwachsen, und das dürfte eine sehr lange und sicher auch sehr anstrengende Reise werden.

Zuversichtlicher Bach, apropos Lebensreise: Erstaunlich finde ich, dass sich Ihre Einstandsmusik inhaltlich durchaus weit vom im Hintergrund stehenden Evangeliumstext, dem Gleichnis vom armen Lazarus und vom reichen Mann (Lukas 16,19–31), entfernt; und dass Sie – gemeinsam mit dem uns unbekannten Textdichter – ans Ende beider Teile der Kantate Strophen ei-

nes Chorals setzten, der wie kein zweiter von grenzenlosem Gottvertrauen handelt und das Bekenntnis ausdrückt, sich stets dem Willen des Höchsten zu fügen: »Was Gott tut, das ist wohlgetan« von Samuel Rodigast. Zu Beginn des zweiten Teils der Kantate präsentierten Sie den Leipzigern sogar – soweit wir heute wissen, einmalig in Ihren Kantaten – eine ausgedehnte Instrumental-Fantasie über das beliebte Lied. ♪6-7 ♪8

Ich frage mich: Könnte es sein, dass »Was Gott tut, das ist wohlgetan« bei Antritt des Thomaskantorats so etwas wie Ihr Wahlspruch gewesen ist und dass Sie dem Choral deshalb in der Kantate eine derart prominente Rolle einräumen wollten? Die Deutung drängt sich auf, weil Sie später gegenüber Ihrem Jugendfreund Georg Erdmann ausführten: »Gott« habe es »gefügt«, dass Sie den Ruf nach Leipzig erhalten hatten. Und sie selbst hätten es – nach reichlichem Hin- und Herüberlegen, ob Sie den höfischen Kapellmeisterposten gegen den Kantorenrock eintauschen wollen – letztlich »in des Höchsten Namen gewagt«, die Stelle auch wirklich anzutreten. Da Sie außerdem drei Kantaten eigens diesem Choral widmeten (BWV 98–100), würde es mich sehr wundern, wenn Sie kein besonderes Verhältnis zu ihm gehabt haben sollten!

Magnificat wie nie zuvor

Unüberhörbar dürfte die neue kirchenmusikalische Ära für alle Musiker und Zuhörer geworden sein, als Bach gut vier Wochen nach seinem Einstand erstmals ein Marienfest musikalisch auszugestalten hatte. Am 2. Juli 1723, dem Fest Mariæ Heimsuchung, wurde in den Kirchen üblicherweise Marias Lobgesang intoniert – jener Lobpreis, den die Gottesmutter anstimmt, nachdem der Erzengel Gabriel ihr die Geburt des Heilands angekündigt hat, und der seit jeher Komponisten zu künstlerischen Höhenflügen inspirierte. Bachs Amtsvorgänger Kuhnau hatte für diesen Anlass wenige Jahre zuvor ein prunkvolles Magnificat komponiert und darin das komplette barocke Instrumentarium aufgefahren. Bach schuf sein berühmtes Magnificat BWV 243.2 offenbar für sein erstes Leipziger Marienfest (zunächst in der heute seltener gespielten Es-Dur-Fassung BWV 243.1), und er trat dabei – sicher wohlwissend, dass er nun erstmals wirklich ›vergleichbar‹ war – mit Ansage in die Fußstapfen sei-

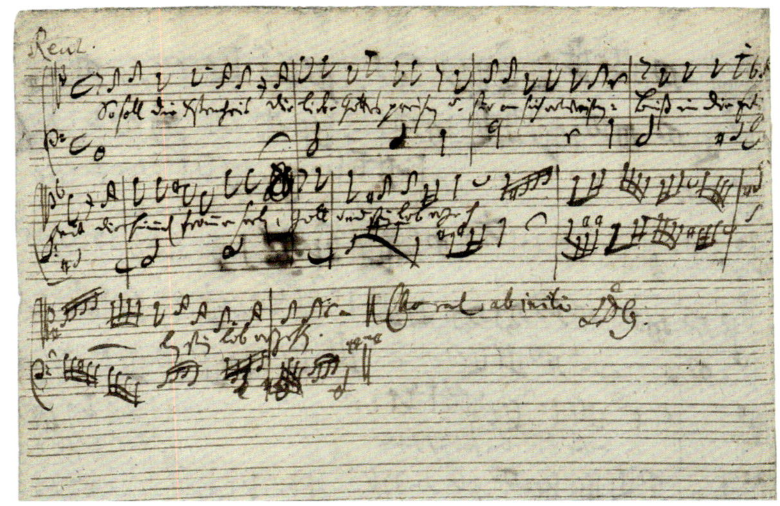

Bachs erster SDG-Vermerk? – Schluss der autografen Partitur zur Kantate »Die Himmel erzählen die Ehre Gottes« BWV 76, uraufgeführt am 2. Sonntag nach Trinitatis 1723 (6. Juni) in der Thomaskirche

nes Vorgängers: Beider Lobgesänge versetzen den Kirchenraum für annähernd 30 Minuten in gewaltige Schwingungen und sind nahezu identisch besetzt und disponiert. Doch in Sachen kontrapunktischer Finesse komponierte Bach den seinerzeit weitberühmten Fugenkomponisten Kuhnau und dessen im Vergleich viel blockhafter und eindimensional wirkenden Satz buchstäblich an die Wand. Vielfalt der polyphonen Formen, kanonische Strukturen, Trompeten, die nicht nur für Druck und fanfarenartiges Gotteslob sorgen, sondern genauso am dichten kontrapunktischen Geflecht beteiligt sind, wie Sänger und Streicher, harmonisch ausgreifende und von überbor-
9-14 ♪ dender Virtuosität geprägte Ariensätze – nichts fehlt in diesem von Bach hastig aufs Papier gebrachten epochalen Wurf. Ja, das gewaltige Stück steht vielleicht wie kein zweites für das Einläuten einer neuen kirchenmusikalischen Epoche im musikverwöhnten Pleiß-Athen – und für eine der folgenreichsten Zäsuren in der Geschichte der protestantischen Kirchenmusik.

Gottgefälliger Bach, Sie haben bei Ihrem Amtsantritt offensichtlich eine unbändige Lust auf das Komponieren von Kirchenmusik gespürt. Aber ich frage mich: Woher kam diese neuerliche Motivation? War es der Ihnen von Ihren Söhnen nachgesagte Eifer, als Komponist »immer weiter zu kommen«, der Sie veranlasste, das nur mit weltlichen Musikgattungen verknüpfte Arbeitsumfeld am Köthener Hof hinter sich zu lassen und sich einer neuen Aufgabe zuzuwenden? Oder hatten Sie Ihr Wirken als Köthener Kapellmeister von vornherein nur als Durchgangsstation in Ihrem Lebenslauf angesehen? Zu einer solchen Sichtweise würde passen, dass Sie einst, im Jahr 1708, nach einer kaum einjährigen Amtszeit als Organist in Mühlhausen an den Weimarer Hof gewechselt waren und Ihren unerwarteten Weggang gegenüber den Ratsherren von Mühlhausen folgendermaßen begründeten: Anders als dort könnten Sie in Weimar endlich »eine regulirte Kirchen-Music Gott zu Ehren« aufführen, was letztlich nichts anderes bedeutete, als die erhoffte Dienstpflicht, regelmäßig in der Kirche gesungenes Gotteslob darbieten zu müssen – seien es fremde oder eigene Kompositionen.

Aber mal ganz ehrlich und unter uns gesprochen: Weder als Hoforganist in Weimar noch viel weniger als Kapellmeister im reformierten Köthen hatten Sie sich auf diesen, wie Sie den Mühlhäuser Stadtvätern weiter verrieten, »eigentlichen Endzweck« Ihres Lebens konzentrieren können. Nun jedoch, als Leipziger Thomaskantor, rückte das Komponieren und Aufführen von Kirchenmusik tatsächlich in den Mittelpunkt Ihres Wirkens. »Endzweck« erreicht? Ich glaube schon – und in einem winzigen Detail scheint mir diese Zäsur, Ihr nunmehr unumstößlich gefasster Entschluss, künftig im Wochentakt sich vor allem dem Höchsten mit Ihrer Kunst dienstbar machen zu wollen, auch jenseits der Noten sichtbar zu werden: Erst in Leipzig gingen Sie dazu über, am Ende Ihrer Kantaten-Partituren nicht mehr – wie noch in Weimar – nur ein kurzes »Fine«, sondern Ihr heute berühmtes »S[oli] D[eo] G[loria]«-Signum zu vermerken: allein Gott zu Ehren!

Statistisches

In seinem ersten Jahr in Leipzig, also vom 1. Sonntag nach Trinitatis 1723 bis zum Trinitatisfest 1724, führte Bach ausschließlich eigene Werke auf. In Zahlen: über 60 Kantaten in den Frühgottesdiensten an insgesamt 59 zu bespielenden Sonn- und Feiertagen. Nicht zu bespielen hatte er die Sonntage nach dem 1. Advent bis zum Weihnachtsfest sowie die Sonntage der Passionszeit (nach Estomihi bis einschließlich Palmarum), da in diesen Zeiten ein »tempus clausum« herrschte, eine Zeit, in der in den Gottesdiensten auf jeglichen Schmuck und damit auch auf figurierte Kirchenmusik verzichtet wurde.

Von den 1723/24 aufgeführten Kantaten komponierte Bach mindestens 38 Stücke neu, vier weitere im sogenannten Parodieverfahren, also auf der Basis von bereits vorhandener eigener Musik, die lediglich einen neuen Text erhielt. In ca. 20 Fällen präsentierte er den Zuhörern ältere Werke aus seiner Weimarer Zeit in mehr oder weniger überarbeiteten Fassungen. Eine stolze Bilanz, wobei noch nicht einmal gesichert ist, dass diese – sämtlich erhaltenen – Stücke tatsächlich alles umfassen, was Bach in seiner ersten Leipziger Kantaten-Saison zu Papier brachte. Erstaunlich ist nämlich, dass sich – speziell während seiner ersten Monate – für mindestens sechs Sonntage die Aufführungen von je zwei circa 20-minütigen Kantaten belegen lassen oder dass Bach für vier weitere Sonntage großdimensionierte Kantaten schuf, die ausdrücklich zweiteilig angelegt waren. In der Praxis muss dies bedeutet haben, dass er seine Kantaten nicht nur am dafür vorgesehenen Platz im Gottesdienst aufführte, also zwischen Evangeliumslesung und Predigt, sondern dass er nach der Predigt (während des Abendmahls?) entweder mit dem zweiten Teil einer Kantate fortfuhr oder aber ein weiteres Stück auf die Pulte legte. Da ein solches Vorgehen dann für immerhin zehn (von 59) Terminen belegt wäre, glauben manche Forscher, Bach könnte 1723/24 sogar einen Doppeljahrgang, also konsequent zwei(teilige) Kantaten pro Sonn- und Festtag, aufgeführt haben – die fehlenden Stücke wären dann schlichtweg verlorengegangen.

Hochmotivierter Bach, oder ist es nicht eher so gewesen, dass keine Note verlorenging und Ihre Vorgesetzten Sie nach einer ›Schonfrist‹ sanft, aber bestimmt an Paragraf 7 Ihres Anstellungsvertrages erinnert haben. Dort hatten Sie versprochen, Ihre »Music«, also die Kantaten, »nicht zu lang« einzurichten. Das hieß bei einem üblicherweise fast vierstündigen Gottesdienst im Klartext doch wohl: maximal 20 Minuten Dauer für die Kantate, denn die Pfarrer wollten Punkt 8 auf der Kanzel stehen, um dann eine volle Stunde zu predigen. Bei einer Länge von knapp 20 Minuten haben sich Ihre Kantaten letztlich auch eingepegelt. Kein Zufall, oder?

Chöre voller Kreativität

Charakteristisch für die Kantaten aus Bachs erstem Leipziger Jahrgang ist, dass sie sich kaum in ein verbindliches Schema pressen lassen. Vielfalt und Experimentelles waren für Bach offensichtlich Programm. Dies zeigte sich Woche für Woche vor allem in den Eingangschören, die in der Regel Sprüche (Dikta) aus der Bibel – zumeist aus dem Alten Testament – wirkungsvoll präsentieren. Häufig gestaltete Bach die Chöre zweiteilig und in der Form freies Präludium plus strenge Fuge – ein Schema, das ihm, dem gelernten Organisten, sehr vertraut war. Aber manchmal ließ er die Grenzen zwischen Chorsatz, Arie und Rezitativ auch auf zauberhafte Weise verschwimmen.

Das außergewöhnlichste Beispiel für eine solche Verschmelzung von Gattungen bietet die Kantate »Christus, der ist mein Leben« BWV 95, entstanden für den 16. Sonntag nach Trinitatis (12. September 1723). Der Lesungstext für diesen Sonntag ist die Erweckung des toten Jünglings zu Nain aus dem Lukas-Evangelium, eines der spektakulärsten Wunder, die Jesus vollbrachte – Grund genug, an diesem Sonntag sowohl in den Predigten als auch in den musizierten Kantaten über die Sehnsucht der Gläubigen nach dem Tod zu reflektieren (der ja lediglich eine Zwischenstation auf der Reise zu Jesus sein müsste); und dies geschieht in Bachs Komposition auf betörende Weise. Der Eingangschor von BWV 95 beginnt mit einem farbigen Concerto-Satz für zwei herrlich elegisch klingende Oboen d'amore und Streicher, in den Bach nach ein paar Takten den beliebten Sterbechoral »Christus der ist mein Leben, sterben ist mein Gewinn« hineinflechtet, wirkungsvoll veredelt mit einer tonmalerischen Dehnung und Harmonisierung der Choralmelodie auf das Wort »Ster-ben«. Doch nach dem Durchlauf der ersten Strophe kommt die große Überraschung. Das Instrumentalkonzert wird von einem solistischen Tenor jäh unterbrochen. Er besingt mit zunächst ariosen, bald nur noch rezitativischen Gesten enthusiastisch seine Bereitschaft, besser heute als morgen »von hinnen scheiden« zu wollen. Sein Monolog endet mit dem Hinweis, dass sein Sterbelied »schon gemacht« sei und er nur noch darauf warte, es endlich

anstimmen zu dürfen. Eine Steilvorlage für Bach, der nun das Orchester augenscheinlich spontan – wie in einer Jam-Session – sich in fünf improvisiert wirkenden Takten auf das bekannteste aller Sterbelieder ›eingrooven‹ lässt: »Mit Fried und Freud ich fahr dahin«, Martin Luthers Version vom Lobgesang des greisen Simeon. Der
15♪ Chor trägt daraufhin das Lied mit vollster Überzeugung vor und demonstriert damit, wie der Sterbende sich in der Tat »mit Fried und Freud« ins Jenseits singt.

Kreativer Bach, wieder eine dieser fabelhaften Kombinationen unterschiedlichster Gattungen: ein Eingangschor, der zwei Choräle durch ein dazwischengesetztes Rezitativ spielerisch miteinander verbindet; und zugleich eine in sich geschlossene Eröffnungsszene der Kantate, die auf anschauliche Weise einem jeden Zuhörer die Quintessenz des Evangeliumstextes vor Ohren führt. Auch wenn viele Menschen des 21. Jahrhunderts sicherlich nicht mehr Ihr unverbrüchliches Gottvertrauen haben: (erst) Ihre friedvollen Klänge lassen mich glauben, dass der Tod nichts Endgültiges sein muss und Sterben tatsächlich ein »Gewinn« sein könnte.

Drei Wochen vor der Uraufführung von BWV 95 präsentierte Bach einen weiteren Geniestreich, diesmal allerdings einen, der sich nur den größten musikalischen Kennern in allen Details erschlossen haben wird – und auch diesen womöglich nur, wenn sie die Möglichkeit hatten, einen Blick in Bachs Partitur zu werfen. Das Evangelium zum 13. Sonntag ist Jesu Gleichnis vom barmherzigen Samariter (Lukas 10,25–37): Gefragt von einem Schriftgelehrten, was ein Mensch denn tun müsse, um das »ewige Leben zu ererben«, antwortet Jesus: Nach den Geboten Gottes leben, namentlich nach den zwei wichtigsten (vgl. Matthäus 22,37–39): »Du sollst Gott, deinen Herrn, lieben von ganzem Herzen, von ganzer Seele, von allen Kräften und von ganzem Gemüte, und deinen Nächsten wie dich selbst.« Zur Verdeutlichung, wer denn der »Nächste« sei, erzählt er das rührende Gleichnis vom barmherzigen Samariter, also von jenem Fremden, der sich – anders als die einheimischen Priester und Leviten – eines ausgeraubten und halbtot auf der Straße nach Jericho liegenden hilfsbedürftigen Menschen selbstlos annahm und ihn rettete. Bachs Kantate »Du sollt Gott, deinen Herrn lieben« BWV 77, aufgeführt am 22. August 1723, beginnt mit genau jenem zentralen

Leitsatz Jesu. Bach vertont ihn in einem ausgedehnten Chorsatz und lässt dabei den Text in der Manier einer Motette durch alle Stimmen laufen. Das Besondere: Jede der Passagen des Chores wird von einer eigenständigen Liedmelodie begleitet, die parallel in zwei Instrumentalstimmen erklingt: in der Trompete und im Basso continuo, hier jedoch in verdoppelten Notenwerten – ein sogenannter Vergrößerungskanon. Die Melodie wird seinerzeit jeder Kirchgänger sofort erkannt haben. Sie gehört zu Martin Luthers berühmtem Choral »Dies sind die heil'gen zehn Gebote« (1524), eine in Liedform referierte Paraphrase der Zehn Gebote. Bachs Motivation für diesen Kunstgriff ist offensichtlich: Luthers Choral soll den – zwar wortlos vorgetragenen, inhaltlich aber perfekt passenden – musikalischen Kommentar zum vom Chor gesungenen Diktum aus dem ♪ 16 Lukas-Evangelium bieten; und um diese Kombination in einem Wohlklang enden zu lassen, modellierte er das Thema für das Diktum als einen Komplementär zu Luthers Liedmelodie.

Doch damit nicht genug der inhaltlichen Bezüge. Bach präsentiert das Lied im Kanon, also in derjenigen polyphonen Gattung, die den strengsten Gesetzmäßigkeiten – wir sollten besser sagen: Geboten! – unterliegt, und dies zeitgleich in tiefster und höchster Lage. Warum? Gewiss, weil im gesungenen Text von den zwei wichtigsten Geboten die Rede ist, die zeitlose und allumfassende Gültigkeit haben und deshalb sowohl im Fundament als auch in den höchsten Trompetentönen erklingen.

Doch es wäre ungerecht, diesen Eingangschor allein wegen der durchdachten inhaltlichen Bezüge zu würdigen. All die simultan ertönenden Themen ergeben eine Art Klanginstallation, wie das Damaskus-Erlebnis des Paulus, weil Bibeltext und Choralmelodie gleichsam aus allen Himmelsrichtungen auf den Hörer herunterzuschallen scheinen. Die Wirkung des Satzes ist phänomenal und übrigens ganz ähnlich dem ›Surround-Effekt‹, den Bach im Eingangschor seiner Epiphanias-Kantate »Sie werden aus Saba alle kommen« BWV 65 erreichte, komponiert gut vier Monate später. ♪ 17

Eine Frage zu BWV 77 hätte ich aber noch, vielschichtiger Bach. Haben Sie bei alldem den Eingangschor ganz bewusst so proportioniert, dass die Trompete insgesamt zehnmal zu den einzelnen Choralabschnitten ansetzt –

entsprechend der Zahl aller Zehn Gebote? Mich würde es jedenfalls nicht wundern. Und natürlich frage ich mich angesichts dieser mehrdimensionalen Klänge mit dem Rest der staunenden Nachwelt, wie Sie in der Lage waren, sich im Wochentakt Kompositionen einfallen zu lassen, die nicht nur satztechnisch brillant sind und betörend klingen, sondern zugleich auf so vielen Ebenen klingende Exegese des gesungenen Textes sind. Denn Stücke wie jener Eingangschor in BWV 77 waren keineswegs Eintagsfliegen. Bereits eine Woche später haben Sie das Kunststück de facto wiederholt: als Sie Ihre Kantate auf den 14. Sonntag nach Trinitatis, »Es ist nichts Gesundes an meinem Leibe« BWV 25, zu Papier brachten und im Eingangschor die vokale Doppelfuge ebenfalls aus inhaltlichen Erwägungen mit dem instrumental vorgetragenen Choral »Ach Herr, mich armen Sünder, straf
18♪ *nicht in deinem Zorn« kombinierten.*

Hand aufs Herz: Wenn Ihnen die Noten derart gefügig waren, Ihnen selbst beim Komponieren unter größtem Zeitdruck alles zu gelingen schien, müssen Sie sich doch wirklich ein wenig wie der ›Spielmann Gottes‹ (Wilibald Gurlitt) gefühlt haben?!

P.S. Eines muss ich noch zu BWV 77 loswerden, und zwar ein doppeltes
19♪ *Dankeschön. Einmal für das herzerwärmende Accompagnato-Rezitativ*
nach dem Eingangschor, in dem Sie Gott so einfühlsam beschwören, uns
allen ein »Samariter-Herz« zu schenken. Zum anderen für die anschließen-
20♪ *de Arie, in der Sie Alt und Trompete im Wechselspiel mit sehr melancholisch daherkommenden Klängen eingestehen lassen, dass die Tugend der Nächstenliebe im tagtäglichen Nahkampf oft alles andere als leicht ›durchzubringen‹ ist: »Ach, es bleibt in meiner Liebe lauter Unvollkommenheit!« – plötzlich menschelt es in Ihren Noten, grandios und entwaffnend ehrlich, göttlicher Bach!*

Arien voller Effekte

Auch in den Arien des ersten Jahrgangs überrascht Bach immer wieder mit Experimenten, trefflichen musikalischen Bildern und einer atmosphärischen Bandbreite, die von der intimen Meditation bis hin zu ungezügelter Theatralik reicht. Für Letztere steht im besonderen Maße die Donner-und-Blitz-Arie aus der Kantate »Schauet doch und sehet, ob irgend ein Schmerz sei« BWV 46, komponiert Ende Juli

1723 für den 10. Sonntag nach Trinitatis, den »Israels-Sonntag« (1. August 1723). Kantaten auf diesen Tag thematisieren üblicherweise den weinenden und strafenden Jesus, denn im Evangelium des Sonntags weint Christus über all die Gottlosigkeit, die sich ihm nach seinem Einzug in Jerusalem offenbart; er hat die Vision von der Zerstörung der Stadt und dem Strafgericht Gottes und vertreibt schließlich voller Zorn die Händler aus dem Tempel (Lukas 19,41–48). Nachdem Bach im ergreifenden Eingangschor und anschließenden Rezitativ
die Tränen Jesu mit Hilfe zweier Blockflöten Klang werden ließ, ♪21,22
folgt eine hochvirtuose Bass-Arie auf den Text:

»Dein Wetter zog sich auf von weiten
Und muss dir unerträglich sein,
Da überhäufte Sünden
Der Rache Blitz entzünden
Und Dir den Untergang bereiten.«

Die Arie geriet Bach zu einem Inferno aus Noten, das allen damaligen Kirchgängern eine ziemlich drastische Vorstellung von der Zerstörung des Sündenpfuhls Jerusalem geboten haben wird. Weil Gott sein Strafgericht unmöglich mit Blockflöten abhalten kann,
griff Bach nun zur letzten Posaune: ergo zur Zugtrompete. Er lässt ♪23
sie im Duett mit dem Bassisten ein musikalisches Koloraturengewitter entfachen, das dem Sänger nur wenige Möglichkeiten bietet, nach Luft zu schnappen. Dabei bringt es der göttliche »Strahl«, mit dem Bachs Notenblitz über Jerusalem einschlägt, einmal sogar auf die rekordverdächtige Koloraturenfolge von sage und schreibe 104 Sechzehntelnoten am Stück, Atempausen Fehlanzeige. Nur einmal in seinem Kantatenwerk scheint Bach die Länge dieser Koloratur noch übertroffen zu haben: gut anderthalb Jahre später, in der Tenor-Arie »Sende deine Macht von oben, Herr der Herren, starker
Gott« aus der Choralkantate »Erhalt uns, Herr, bei deinem Wort« ♪24
BWV 126, komponiert für den Sonntag Sexagesimae (4. Februar) 1725. Hier muss der Sänger ohne Unterbrechung 105 Noten auf die Silbe »-streu-« (des Wortes »zer-streu-en«) singen, hat aber immerhin bei einzelnen längeren Notenwerten die Chance, kurz zu atmen, ohne dabei einzelne Noten ›herunterschlucken‹ zu müssen.

Vergleichbar bewegt ging es gut fünf Monate nach der Aufführung von BWV 46 zu. In der Kantate »Jesus schläft, was soll ich hoffen« BWV 81 für den 4. Sonntag nach Epiphanias 1724 porträtierte Bach in einer Arie mit höchster Dramatik die Todesangst der Jünger Jesu, als diese auf dem See Genezareth von einem heftigen Sturm überrascht werden, während ihr Meister trotz tosender Wellen den Schlaf der Gerechten schläft (Matthäus 8,23–27). Hier ist es ebenfalls ein solistischer Tenor, der Bachs gewaltigen Koloraturensturm aus der Kehle herausbringen muss, um gemeinsam mit den stürmenden Streichern ein realistisch anmutendes Bild der »schäumenden Wel-
25 ♪ len von Belials Bächen« zu zeichnen.

Erbarmungsloser Bach, ich frage mich, ob Sie mit derartigen Notenstürmen die Lungenkapazitäten Ihrer jugendlichen Sänger nicht gelegentlich vor unlösbare Aufgaben gestellt haben? Konnten die Knaben und jungen Männer im Thomanerchor – auch wenn sie weit überdurchschnittliche sängerische Fähigkeiten gehabt haben sollten – Ihre kompositorischen Ergüsse tatsächlich Woche für Woche adäquat zum Klingen bringen? Sicherlich, hin und wieder werden Sie die solistischen Partien in den tiefen Registern mit brauchbaren Universitätsstudenten (oft ehemaligen Thomanern) besetzt haben. Aber auch die waren keine Profis und dürften angesichts solcher expressiven Virtuosität mitunter ebenfalls an ihre Leistungsgrenzen gestoßen sein.

Und noch unter uns gefragt: Könnte es sein, dass Sie mit solchen Arien wiederum Paragraf 7 Ihres Anstellungsvertrages, in dem Sie auch versprochen hatten, Ihre Musik würde nicht »opernhafftig herauskommen«, ziemlich vorsätzlich verletzt haben? Wobei: Ich vermute, Sie hätten solcherlei Ermahnungen locker mit dem Hinweis auf all die satztechnischen und exegetischen Raffinessen pariert, die Ihre Kantaten allenthalben auszeichnen – und die unterm Strich für eine Ausgewogenheit der Affekte sorgen.

Neben solchen Theatertönen begeistern in Bachs erstem Kantaten-Jahrgang auch die zahlreichen meditativen Momente oder, um ein weiteres Mal mit Paragraf 7 seines Arbeitsvertrages zu sprechen: Momente, die die Zuhörer »zur Andacht aufmuntern«. Beispiele dafür bietet der Jahrgang zuhauf. Ein besonders einprägsames ist die schon erwähnte Kantate »Es ist nichts Gesundes an meinem Leibe«

BWV 25 auf den 14. Sonntag nach Trinitatis. Sie basiert auf einem anonymen Libretto, das die von Jesus geheilten zehn Aussätzigen (Leprakranken) aus dem Evangeliumstext (Lukas 17, 11–19) mit der schier unheilbar erkrankten Menschheit gleichsetzt, weil diese durch und durch mit Sündengift kontaminiert sei. Im ersten Rezitativ heißt es:

»Die ganze Welt ist nur ein Hospital, wo Menschen von unzählbar großer Zahl und auch die Kinder in der Wiegen an Krankheit hart darniederliegen. Den einen quälet in der Brust ein hitzges Fieber böser Lust; der andre lieget krank an eigner Ehre hässlichem Gestank; den dritten zehrt die Geldsucht ab und stürzt ihn vor der Zeit ins Grab … Ach, dieses Gift durchwühlt auch meine Glieder! Wo find ♪26 ich Armer Arzenei? Wer stehet mir in meinem Elend bei? Wer ist mein Arzt, wer hilft mir wieder?«

Die didaktisch vorbildlich aufgebaute Dichtung ist – zumal unter Bachs Komponierfeder – zu einer veritablen ›Jesus, der Chefarzt‹-Kantate geraten, denn sie hält alles bereit, was eine musikalische Seelenkur bieten sollte: die anfängliche Anamnese des Patienten, sodann die Rezeptur der Medizin und deren Anwendung bis hin zur Genesung und schließlich – in Anlehnung an den einen dankbaren unter den geheilten Leprakranken – das angemessene Danklied.

Konzentriert und rhythmisch sonor lässt Bach in der ersten Bass-Arie den Sünder seinen Befund und sein Anliegen referieren: »Ach, ♪27 wo hol ich Armer Rat? Meinen Aussatz, meine Beulen kann kein Kraut noch Pflaster heilen … Du, mein Arzt, Herr Jesu, nur, weisst die beste Seelenkur.« Das abschließende Danklied des Soprans, ♪28 vorgetragen, um mit »schlechten (schlichten) Liedern« Jesus zu erweichen, sein »Gnadenohr« zu öffnen, hat in Bachs Vertonung gute Chancen, sein Ziel erreicht zu haben. Zumindest liefern die Echo-Effekte der drei Blockflöten in dieser Menuett-artigen Arie in der Tat einen überzeugenden Vorgeschmack auf den im Text herbeigesehnten himmlischen Gesang der Engel.

Apropos Hymnen für Jesus in Ihrem ersten Jahrgang, kunstreicher Bach: Einer der elektrisierendsten derartigen Momente ist für mich der B-Teil der Arie »Nimm mich dir zu eigen hin« aus Ihrer Epiphanias-Kantate »Sie werden aus Saba alle kommen« BWV 65. Auf die Frage, was wir Menschen

Jesus schenken sollten (in Analogie zu den Gaben der drei Weisen an der
Krippe), fällt die Antwort Ihres Textdichters wenig überraschend aus:
»Nimm mein Herze zum Geschenke«. Sie komponierten dazu ein formvoll-
endetes und ausgesprochen klangschönes Menuett, jedenfalls zu Beginn der
Arie. Aber wie Sie den Text dann im hinteren Teil ausschmückten, nament-
lich bei der Wiederholung der Zeilen »Alles, alles, was ich bin, was ich rede,
tu und denke ...«; wie Sie hier den Tenor aus dem Nichts heraus plötzlich
herrlichste Ornament-Salven abfeuern lassen. Also ganz ehrlich: Da habe
29♪ *ich beim Hören immer wieder den Eindruck, hier darf ich Ohrenzeuge der*
Übergabe Ihres ganz persönlichen Geschenkes an das Jesuskind sein – und
höre Sie dabei genau genommen sagen: ›Alles, was ich bin, rede, tu und
k-o-m-p-o-n-i-e-r-e, soll, mein Heiland, nur allein Dir zum Dienst gewid-
met sein.‹ Soli Deo Gloria einmal ganz unmittelbar. Herrlich!

Auch der Stimme Jesu widmete Bach in dem Jahrgang manche besondere Momente. Da ist gleich für den ersten Sonntag nach Epiphanias (9. Januar 1724) die dramatische Kantate »Mein liebster Jesus
ist verloren« BWV 154, ein musikalischer Kommentar zum Evangelium vom zwölfjährigen Jesus im Tempel. Als Maria und Joseph ihn
dort – nach mehrtägiger Suche – bei den Schriftgelehrten wiederfinden, belehrt er die aufgebrachten Eltern mit den Worten: »Wisset
ihr nicht, dass ich sein muss in dem, das meines Vaters ist?« (Lukas
2,49) – die ersten Worte, die von Jesus in der Bibel überliefert sind.
In Bachs Vertonung, einer undefinierbaren Mischung aus Arioso
30♪ und Arie, sind sie von großer Intensität und Autorität. Dieser Jesus
ist kein Knabe mehr, er hat den Stimmbruch längst hinter sich und
präsentiert sich bereits als jener unumstößliche Bass, der bald schon
die Vox Christi in Bachs Passionen charakterisieren sollte.

Autorität in der Ausstrahlung und Kreativität in der Form bewies Bach auch in einem anderen großen Jesus-Moment seines ersten Jahrgangs: in der Kantate »Halt im Gedächtnis Jesum Christ« BWV 67 auf den Sonntag nach dem Osterfest (Quasimodogeniti) 1724. Das Evangelium des Tages beschreibt das zweimalige Erscheinen des auferstandenen Erlösers vor seinen Jüngern, die sich aus Furcht vor Verfolgung in einem Haus in Jerusalem versteckt halten; und es beleuchtet im Besonderen die Rolle des noch nicht von der Wahrhaftigkeit der Auferstehung seines Herrn überzeugten Jüngers Thomas

(Johannes 20,19–31). Nachdem Bach in der ersten Arie dem zweifeln- ♪31
den Thomas wirkungsvoll eine Tenor-Stimme verliehen hat, setzt er in der zweiten Arie Jesu Friedensgruß beim Eintritt in das Haus buchstäblich in Szene. Dabei zeichnen die in wilden Dreiklangsbrechungen durcheinanderspielenden Streicher anfänglich ein plastisches Bild der angefeindeten christlichen Gemeinde. Doch nach einigen Takten, gleichsam aus dem Nichts heraus, übernehmen die beiden Oboen d'amore das Zepter. Sie bereiten mit zauberhaft schwebenden Gesten den Klangboden für Jesus, den Bass, der nun mit herzerwärmenden Tönen das »Friede sei mit euch« beschwörend vorträgt und damit allem Streit sofort ein Ende bereitet. Ganze vier Male wechseln sich im Verlauf der Arie die kämpferischen Abschnitte – nun sogar vom Chor gesungen, der eine Art Stoßgebet vorträgt – mit Jesu Friedensgruß ab. Und jedes Mal lösen seine Worte größtes musikalisches Durcheinander in friedvolles Wohlgefallen
auf. Was für ein bewegendes Klanggemälde des Messias, das mü- ♪32
helos mit den bekanntesten Salvator-Porträts der bildenden Kunst konkurrieren könnte!

Die Reihe überzeugender musikalischer Bilder in den Arien des ersten Jahrgangs ließe sich fast beliebig fortsetzen: aufsteigender Rauch, ›ausgestoßen‹ von der Solovioline in der Sopran-Arie »Was die Welt in sich hält« aus BWV 64; sich in Streichertönen windende und schließlich brutal geköpfte Schlangen in der Bass-Arie »Höllische Schlange, wird dir nicht bange« aus BWV 40; teuflische und »leichtgesinnte Flattergeister«, die den Notensatz in der gleichnamigen Bass-Arie aus BWV 181 permanent torpedieren; Klang gewordene Beständigkeit in der Eingangsarie der Kantate BWV 24; oder der herbeigezupfte »allerletzte Glockenschlag« der eigenen Sterbestunde in der Tenor-Arie »Ach, schlage doch bald, sel'ge Stunde« ♪33-37
in BWV 95 – Bachs Vorrat an eingängigen Metaphern aus Noten scheint grenzenlos gewesen zu sein.

Lieblingskantate I: »Herr, gehe nicht ins Gericht« BWV 105
Kapital und Interessen versus Barmherzigkeit

Nach kaum acht Wochen im Amt brachte Bach für den 9. Sonntag nach Trinitatis 1723 (25. Juli) die Kantate »Herr, gehe nicht ins Gericht« BWV 105 zu Papier – ein Stück, das mit vollem Recht »zu den großartigsten Seelenschilderungen barocker und christlicher Kunst zählen darf« (Alfred Dürr). Das Werk überwältigt mit einem Spannungsbogen, der vom ersten bis zum letzten Takt reicht und der beim Hörer den Eindruck hinterlässt, als habe der Thomaskantor in seinem hastig niedergeschriebenen Manuskript jedwede Note an den völlig richtigen Platz gesetzt.

Das Evangelium für den Sonntag ist Jesu Gleichnis vom ungerechten Haushalter (Lukas 16,1–9), also die beschriebene Umkehr eines mit allen Wassern gewaschenen betrügerischen Finanzverwalters hin zu einem gerechten, weil barmherzigen Gläubiger, der selbstlos den Bedürftigen ihre Schulden reduziert. In der Deutung Jesu: die Aufforderung an seine Gefolgschaft, den eigenen Besitz unter den Armen zu verteilen, um sich neben diesen einen Platz im Himmelreich zu sichern und das eigene Sündenkonto beim Gläubiger Gott nicht ins Unüberschaubare anwachsen zu lassen. »Ich sage euch: Macht euch Freunde mit dem ungerechten Mammon, damit, wenn er zu Ende geht, sie euch aufnehmen in die ewigen Hütten.«

Das Gleichnis war in der Messestadt Leipzig, einem der wichtigsten Handelsplätze Zentraleuropas, natürlich ein besonders heißes Eisen. Wie sollte es in den Predigten und Kantaten überzeugend ausgelegt werden? Wie könnten all die Bankiers, Kaufleute, Juristen, Pelzhändler und Juweliere dazu bewogen werden, ihr Streben nach Gewinnmaximierung mit den christlichen Lebensregeln in Einklang zu bringen und sich für das Gemeinwohl zu engagieren? Gefragt war da eine lebensnahe Argumentation und eine gute Mischung aus Zuckerbrot und Peitsche.

Bachs unbekannter (Leipziger?) Kantatenlibrettist legte sich mächtig ins Zeug. Er blieb bei seiner Auslegung zwar eng bei Lukas, bediente sich zwecks anschaulicher Bilder aber reichlich an kauf-

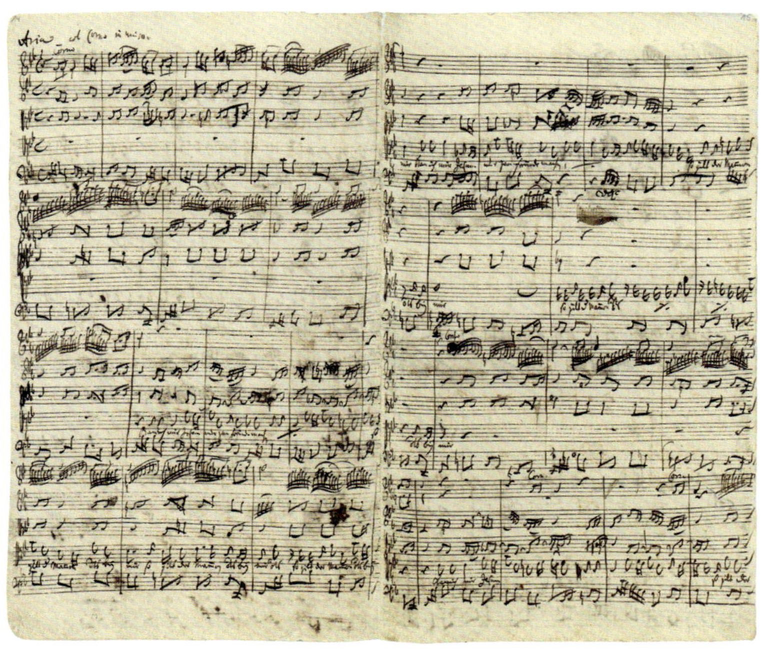

J.S. Bach, Kantate »Herr, gehe nicht ins Gericht« BWV 105
autografe Partitur: Beginn der Arie »Kann ich nur Jesum mir zum Freunde machen, so gilt der Mammon nichts bei mir«

männisch/juristischem Vokabular. Nach der anfänglich aus Psalm 143 geborgten Bitte an Gott, mit uns Menschen, die wir alle Sünder sind, nicht zu hart »ins Gericht« zu gehen, und der gefühlvoll gedichteten Schilderung des unruhigen Gewissens wegen des »untereinander Verklagens« (Nr. 3) präsentierte er den Leipzigern den einzigen konsequenten Ausweg: Ein wahrer Christ müsse sich von der Maxime der finanziellen Bereicherung verabschieden und seinem Heiland Jesus Christus folgen: »Kann ich nur Jesum mir zum Freunde machen, so gilt der Mammon nichts bei mir« (Nr. 5). Nur dieser Lebensgrundsatz könne sicherstellen, dass der »Bürge« Jesus in der »Sterbestunde« des Sünders für die präsentierte »Rechnung« aufkommen wird und der Wegzoll in den Himmel bezahlbar bleibt. Doch so einleuchtend die Schlussfolgerung auch klingen mag, der

Librettist ahnte, dass seine Forderung in der Messestadt immer nur eine unerfüllbare Maximalforderung bleiben wird. Für den Schluss der Kantate bediente er sich deshalb bei Johann Rist. Mit der elften Strophe aus dessen Choral »Jesu, der du meine Seele« (1641) machte er – ganz Lutheraner – ein Kompromissangebot, mit dem sich die Leipziger Händler sicher weit besser arrangieren konnten: »Nun, ich weiß, du wirst mir stillen mein Gewissen, das mich plagt … dass auf dieser weiten Erden keiner soll verloren werden, sondern ewig leben soll, wenn er nur des Glaubens voll.«

Bach ließ in seiner Vertonung des Kantatentextes freilich zunächst keinerlei Hoffnung auf Erlösung aufkommen. Im großen Eingangschor, folgend der Form Präludium – Fuge, komponierte er den Gottesdienstbesuchern gewaltig die Leviten: Im Präludium winseln all die Sünder in heftiger Chromatik und endlos ineinandergreifenden Dissonanzketten um Gottes Gnade, während Streicher und Oboen dem eindringlichen Flehen beständig Seufzerfiguren entgegensetzen. Die düstere Stimmung mündet in einer der martialischsten Chorfugen, die Bach je geschrieben hat: »Denn vor dir wird kein
38 ♪ Lebendiger gerecht!« Erst ganz zum Schluss löst sich die Spannung, nachdem das markante Thema ein letztes Mal exponiert von den Bässen regelrecht herausgeschrien wurde. Welchem Leipziger Zinswucherer sollten an dieser Stelle nicht die Haare zu Berge gestanden haben?

Die folgende Sopran-Arie, »Wie zittern und wanken der Sünder Gedanken«, ist ein Brillant unter Bachs Arien-Edelsteinen und neben »Aus Liebe will mein Heiland sterben« aus der Matthäus-Passion eines der wenigen Beispiele, in denen er die sogenannte Bassettchen-Technik anwendete: das Komponieren ohne ›echten‹ Generalbass. Die Entscheidung war keine beliebige. Der fehlende Bass soll hier offensichtlich als Metapher für die im Kantatentext geschilderte Welt verstanden werden, der die soliden Fundamente, also die an den Geboten der Bibel ausgerichteten Verhaltensgrundsätze, abhandengekommen sind. In dieser Klangwelt lässt Bach Oboe und Sopran zunächst ein zauberhaft klingendes Duett anstimmen. Doch der schöne Schein (des Geldes?) ist ein trügerischer: Im Mittelteil der Arie, wenn von den Menschen die Rede ist, die sich des Geldes wegen »untereinander verklagen und wiederum sich zu entschuldigen

wagen«, gerät die Arie auf verstörende Weise aus dem Rhythmus. Bach webt um das ganze Wechselspiel einen bebenden Klangtep- ♪39
pich der hohen Streicher, die permanent liegende Sechzehntelnoten spielen. Dies ist fraglos das musikalische Bild für die stets nach irdischem Reichtum strebenden Menschen, die bei all ihrem gottlosen Handeln eben doch sehenden Auges vor Gottes Strafe »zittern und wanken«. Alles in allem ein irritierend schönes und zugleich beängstigendes Klang-Idyll, mithin die sehr realistisch anmutende Zeichnung einer falschen und doch zugleich verführerischen Welt.

Als Bach sich anschließend mit der für Leipzig delikaten Arie »Kann ich nur Jesum mir zum Freunde machen, so gilt der Mammon nichts bei mir« kompositorisch auseinandersetzte, präsentierte er seinen Hörern eine herrlich augenzwinkernde Interpretation. Streicher und Horn musizieren eine stampfende Gavotte, in die der Tenor feierlich und voller Überzeugung seinen Beschluss hineinsingt. Doch immer, wenn vom »Mammon« die Rede ist, wird sein
Grundsatzreferat konsequent von rauschenden 32stel-Läufen der ♪40
ersten Violine untermalt – oder eher konterkariert? Das musikalische Bild ist offensichtlich: Die 32-stel stehen, ähnlich wie in der Arie »Gebt mir meinen Jesum wieder« aus der Matthäus-Passion, für den schnöden Mammon, die klingenden Silbermünzen, deren heller Glanz die Menschen immer wieder verblendet. Aber hier, im Verein mit der vergnüglich tönenden Gavotte, scheint Bachs Botschaft eine versöhnliche zu sein: Ja, wir alle wollen uns redlich bemühen, im Sinne Jesu ›gerechte Verwalter‹ zu sein und uns für das Gemeinwohl zu engagieren; aber dafür werden die Silberlinge auch weiterhin zunächst einmal im eigenen Geldbeutel klingen müssen.

Der abschließende Choralsatz bietet die vielleicht größte musikalische Überraschung der Kantate. Hier werden die einzelnen Verszeilen, ganz unüblich für Bach, immer wieder von kleinen instrumentalen Zwischenspielen voller Chromatik unterbrochen. Dabei greifen die Streicher zunächst, wenn im Text das eigene »schlechte Gewissen« angesprochen wird, unerwartet das Zittern-und-Wan-
ken-Motiv der Sopran-Arie wieder auf. Dessen Rhythmus gleicht ♪41
sich in den folgenden Zwischenspielen aber immer mehr demjenigen des Chorals an, und so fasst Bach auf geniale Weise den Verlauf der gesamten Kantate noch einmal in wenigen Takten zusammen –

vom Bangen vor der Strafe Gottes bis hin zum abschließenden Erlösungsversprechen. Sagenhafte und berührende musikalische Exegese!

Verehrter Bach, an der Ambivalenz, die Sie in Ihrer musikalischen Deutung von Jesu Gleichnis vom ungerechten Verwalter durchscheinen lassen, hätte Adam Smith seine Freude gehabt. Wenige Wochen bevor Sie die Kantate im Juli 1723 komponierten, erblickte der später berühmte Ökonom und Moralphilosoph am 16. Juni in Schottland das Licht der Welt. Seine Überzeugung, dass der Unternehmer stets um Produktivitätssteigerung und Gewinnmaximierung bemüht sein sollte, weil er dabei nicht nur egoistisch handelt, sondern auch unbewusst – mit einer »unsichtbaren Hand« – das Gemeinwohl fördert, passt recht gut zur Quintessenz Ihrer Kantate. Und auch Karl Marx, nicht eben als Religionsverehrer bekannt geworden (»Opium des Volkes!«), hätte womöglich aufgehorcht, wäre ihm die Tenor-Arie zu Ohren gekommen, die Sie zwei Jahre später (1725) am gleichen Sonntag
42 ♪ *in der Kantate »Tue Rechnung, Donnerwort« BWV 168 den Leipzigern in einem lammfromm daherkommenden ›Soundtrack‹ präsentierten:*

»Kapital und Interessen,
meine Schulden, groß und klein,
müssen einst verrechnet sein.
Alles, was ich schuldig blieben,
ist in Gottes Buch geschrieben
als mit Stahl und Demantstein.«

Herr Bach, apropos armer Sünder und Schuldschein: Erhaltene Rechnungsbücher im Bergarchiv Freiberg überführen Sie! Auch Sie – manche Ihrer nachgeborenen ›Jünger‹ erblicken in Ihnen den »fünften Evangelisten« – haben dem schnöden Mammon nie abgeschworen. Angesteckt von den Nachrichten über gigantische Renditen, die Glücksritter auf der Suche nach edlen Metallen im sächsischen Erzgebirge erzielt hatten, haben Sie sich ab 1741 auf ein riskantes Investment eingelassen. Sie erwarben Anteile (»Kuxe«) am Ursula-Erbstollen in Kleinvoigtsberg bei Freiberg. Ob der Herr seinen ›Evangelisten‹ strafen wollte? Der erst 1737 angelegte Stollen erwies sich als ein Reinfall. Silber wurde kaum gefunden, die Einnahmen blieben weit unter den Ausgaben. Um die Fortsetzung der Grabungen zu ermögli-

chen, waren Sie und alle übrigen Teilhaber immer wieder gezwungen, jährlich stattliche »Zubuße« zu leisten. Insgesamt haben Sie weit über 100 Taler im Ursula-Stollen versenkt – und nie einen Pfennig zurückerhalten.

Und in puncto Schuldenerlass waren Sie (zum Glück) auch nur ein Mensch: 1748 richteten Sie an den säumigen Mieter von einem Ihrer Cembali deutliche Worte: »Sie müssen es in Ordnung bringen, und das in 5 Tagen. Sonst werden wir nie Freunde!«

Andererseits, auch Sie hatten manchmal jenes »Gewissen, das mich plagt«. Von einem Ihrer bekanntesten Schüler, Johann Philipp Kirnberger, nachmals Clavierlehrer der preußischen Prinzessin Amalia, wird folgende rührende Geschichte erzählt: Der Feuereifer, mit dem er bei Ihnen sein Kompositionsstudium betrieb, soll ihm einmal ein starkes Fieber eingebracht haben. Es zwang ihn, wochenlang das Bett zu hüten, und beraubte ihn aller Möglichkeiten, das notwendige Geld zur Bezahlung Ihres Unterrichts zu verdienen. Aber Sie sollen sich in dieser Notsituation als ›gerechter Verwalter‹ erwiesen haben: Sie unterwiesen ihn selbst im Krankenbett weiter, und zwar kostenfrei. Ihre Worte, laut Kirnberger:

»Sprechen Sie, mein lieber Kirnberger, nichts von Erkenntlichkeit. Ich freue mich, daß Sie die Kunst der Töne aus dem Grunde studieren wollen, und es wird nur von Ihnen abhängen, so viel wie mir davon bekannt geworden, sich ebenfalls eigen zu machen. Ich verlange nichts von Ihnen, als die Versicherung, daß Sie dieses Wenige zu seiner Zeit wieder auf andere gute Subjecte fortpflanzen wollen, die sich nicht mit dem gewöhnlichen Lirumlarum begnügen.«

Kurzum: Die Aufnahme in die »ewigen Hütten« war sicher auch Ihnen gewiss!

Imponierende Bilanz trotz (oder wegen?) neuer Schulordnung

Die Gesamtschau auf Bachs ersten Leipziger Kantaten-Jahrgang ist durch und durch beeindruckend. Die Vielfalt der Formen, zugleich die Neigung hin zur Bildung von Binnenserien, in denen er bestimmte kompositorische Kunstgriffe immer wieder anders auslotete – all dies macht den Jahrgang zu einem Monument der Vielfalt. Es gab für Bach offenbar nur eine Konstante, und das war der gleichbleibend hohe Anspruch an seine Musiker und seine Satztechnik. Mit anderen Worten: Den postulierten Vorsatz, nicht seine Noten haben sich seinen Interpreten, sondern diese seinen Noten zu fügen, hat er tatsächlich an keiner Stelle aufgegeben – obwohl er dafür spätestens Anfang Dezember 1723 gute Gründe gehabt hätte.

Zu diesem Zeitpunkt veröffentlichte der Stadtrat die seit Jahren vorbereitete neue Ordnung der Thomasschule. Bach hatte sich zu ihr – ohne ihren Inhalt zu kennen – in seinem vorläufigen Anstellungsvertrag ausdrücklich bekennen müssen. Er und die übrigen Lehrer wurden nun vor vollendete Tatsachen gestellt.

Sie alle protestierten lautstark, weil sie in den gedruckten neuen Schulgesetzen nicht nur eine Beschneidung ihrer Privilegien und Einkünfte erblickten, sondern auch eine radikale Abkehr vom musikalischen Profil der Thomasschule und der Praxis einer strengen sängerischen Eignungsprüfung für künftige Alumnen. In einer 23 Blätter umfassenden Stellungnahme prophezeiten die Lehrer mit dramatischen Worten das schnelle Ende der ›Musikschule‹ St. Thomas, denn wären die neuen Regelungen der revidierten Schulordnung erst einmal umgesetzt, würde man in dem »zur Ehre Gottes angestellten Choro Musico« schon bald »keine Zierlichkeit« mehr hören; und dies an einem »loco splendido, als Leipzig ist, in dem man alles hat und suchet in guten Stand zu bringen«. Ja, es sei vor diesem Hintergrund unbegreiflich, warum sich der Stadtrat bei der Suche nach einem neuen Thomaskantor jüngst derart bemüht hatte, das Amt »wiederum mit einer qualificirten Person zu ersetzen«. Und deshalb könne es keiner der Lehrer »ohne Jammer ansehen«, dass in der neuen Schulordnung all jene Paragrafen nicht mehr auftauchten, die bislang die Thomasschule glasklar als musikalisches Elite-Internat definiert hatten.

Warum aber die neuen Schulgesetze, und dies ausgerechnet kurz nach der Anstellung Bachs? Die Antwort darauf liegt in der fernen Vergangenheit. Seit Jahrzehnten lag der Anteil der Einheimischen im Internat der Thomasschule bei weit unter 10 Prozent, weil die Leipziger Knaben beim Vorsingen nur selten überzeugten. Vielmehr wurde der Chornachwuchs aus ganz Mitteldeutschland rekrutiert – ein Umstand, der in den Augen mancher Stadträte mehr und mehr zum Problem wurde, als sich zu Beginn des 18. Jahrhunderts Leipzigs Einwohnerzahl fast verdoppelte (von etwa 15000 im Jahr

1697 auf annähernd 30 000 im Jahr 1725) und die Zahl der in Armut lebenden Menschen ebenfalls in die Höhe schnellte. Viele Ratsherren sorgten sich um das Gemeinwohl und sahen es nun als eine Notwendigkeit an, die freien Plätze im Internat der Thomasschule mehr als zuvor mit Kindern mittelloser Leipziger aufzufüllen. Jedoch: Entsprechende Aufforderungen an die Schulleitung während der 1710er Jahre pflegten Rektor Ernesti und Kantor Kuhnau stets mit dem Verweis auf die verbindliche Schulordnung von 1634 zu parieren; und so sah sich der Stadtrat letztlich genötigt, eine interne Arbeitsgruppe zu beauftragen, an den Lehrern vorbei eine revidierte Fassung der Schulordnung zu erarbeiten, die den gegenwärtigen innenpolitischen Herausforderungen Rechnung trüge.

Und dies tat sie: In dem im Dezember 1723 präsentierten und gleich publizierten Text war jener Paragraf nicht mehr vorhanden, der in der alten Schulordnung besagt hatte, Rektor und Kantor müssten die Auswahl neuer Alumnen allein auf der Basis einer musikalischen Aufnahmeprüfung vornehmen. Die Neufassung des Abschnitts verordnete stattdessen, dass fortan der Stadtrat selbst in letzter Instanz entscheiden solle, wer Thomasalumne und damit Chorknabe wird. Und bei den vorausgehenden Eignungstests sollten Rektor und Kantor nicht mehr allein auf die musikalischen Fähigkeiten der Knaben schauen, sondern »vornehmlich auf ein gutes und zum Studiren geschicktes Ingenium«. Basta!

Bemitleidenswerter Bach, angesichts dieser gleichsam aus dem Nichts heraus veröffentlichten neuen Schulgesetze müssen Sie sich im Dezember 1723 doch wie in einem falschen Film gefühlt haben! Mit der Klärung von Grundsatzfragen zur generellen Ausrichtung der Schule und überhaupt nur mit der Möglichkeit, dass einzelne der 55 Plätze im Alumnat der Thomasschule auch unmusikalischen Knaben zustünden, hatten Sie, der ehemalige Köthener Hofkapellmeister, doch sicherlich im Traum nicht gerechnet. Noch dazu, wenn ich mir vorstelle, wie die selbsternannten ›Experten‹ im Rathaus Ihnen diese Entscheidung begründet haben werden, à la: Ein so großer Musikus wie Sie wird doch wohl in der Lage sein, auch aus unseren Leipziger Subjecti brauchbare Sänger zu formen, nicht wahr, kunstreicher Herr Capellmeister Bach! – »Angenehmes Pleiß-Athen«, »favorable Station« und als was auch immer man Ihnen zuvor die musikalische Schlaraffen-

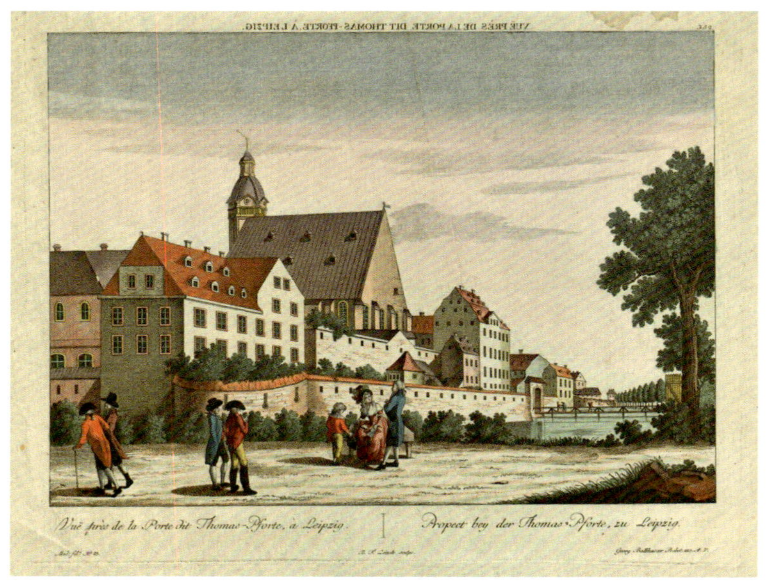

Thomaskirche, Thomasschule und Thomaspforte,
gesehen vom Westufer der Pleiße – kolorierter Kupferstich
von Balthasar Friedrich Leizelt, Augsburg, um 1785

---

stadt Leipzig verkauft haben mag – nach nur sechs Monaten im Thomaskantorat alles nur mehr ein schlechter Witz.

Doch Ihr Komponiereifer – und auch dafür kann ich Sie nur grenzenlos bewundern – wurde von dieser überraschenden Wendung Ende 1723 (noch) nicht getrübt. Im Gegenteil, mir scheint, Sie haben ziemlich schnell beschlossen, fortan die Strategie zu verfolgen, das Problem gewissermaßen wegzukomponieren. Mit Ihren Werken zu überzeugen und an Ihren Werken zu wachsen, das wird nicht nur Ihr Anspruch an Sie selbst, sondern auch an Ihr Publikum gewesen sein. Hand aufs Herz: Insgeheim hofften Sie doch sicherlich, mit Ihren allsonntäglichen Demonstrationen höchster Kompositionskunst und vielschichtiger Text-Ausdeutung auch diejenigen im Rathaus für Ihre Sache einzunehmen, denen das städtische Gemeinwohl wichtiger erschien als das sängerische Potential im Thomanerchor. Anders kann ich mir Ihre ungebrochene Produktivität bei gleichbleibend hohem Anspruch an Ihre Interpreten jedenfalls nicht erklären.

Punktuell scheint Bach in seinem ersten Jahr freilich auch Rücksicht auf die Bedürfnisse der Thomaner genommen zu haben, namentlich wenige Wochen nach Übergabe der neuen Schulordnung. In den sechs Kantaten für die Sonntage nach dem Neujahrsfest 1724 bis hin zum Fest Mariæ Reinigung (2. Februar) hat er bis auf eine Ausnahme (»Herr, wie du willt, so schicks mit mir« BWV 73) den Chor entweder gänzlich geschont oder nur beim abschließenden vierstimmigen Kirchenlied eingesetzt. Statt mit anspruchsvollen figurierten Eingangschören beginnen diese Kantaten mit Arien oder gar Rezitativen bzw. am Sonntag nach Neujahr – einmalig in Bachs überliefertem Leipziger Kantatenschaffen – sogar mit einem schlichten Choralsatz (»Schau, lieber Gott, wie meine Feind« BWV 153). Akt der Gnade oder doch kurzzeitiger Trotz? Vermutlich Ersteres, denn im Januar waren die 32 besten Alumnen der Thomasschule tagtäglich bei Wind und Winterwetter mit dem kräftezehrenden Neujahrssingen vor und in den Häusern der Stadt beschäftigt. Sie und ihre Stimmbänder werden es Bach gedankt haben!

Resilienter Bach, könnte es sein, dass wir Ihren ungebrochenen Fleiß, den Sie weiterhin allwöchentlich in Ihrer Komponierstube an den Tag legten, nicht zuletzt Ihrem damaligen Schulvorsteher Gottfried Conrad Lehmann – in dieser Funktion gewissermaßen der Geschäftsführer und Beigeordnete im Stadtrat für die Angelegenheiten der Thomasschule – zu verdanken haben? Der scheint es laut dem Alumnenverzeichnis der Schule jedenfalls erst einmal abgewendet zu haben, dass mit Beginn des neuen Schuljahrs zu Pfingsten 1724 und auch in der Folgezeit im großen Stil Kinder bedürftiger Leipziger Familien ins Internat aufgenommen wurden. Hat Lehmann Ihnen also das Auswahlprivileg Ihrer Sängerknaben weiterhin überlassen, und war die neue Schulordnung so zunächst nur ein Damoklesschwert, das über Ihnen und Ihrer Arbeit schwebte? Leider nur vorerst.

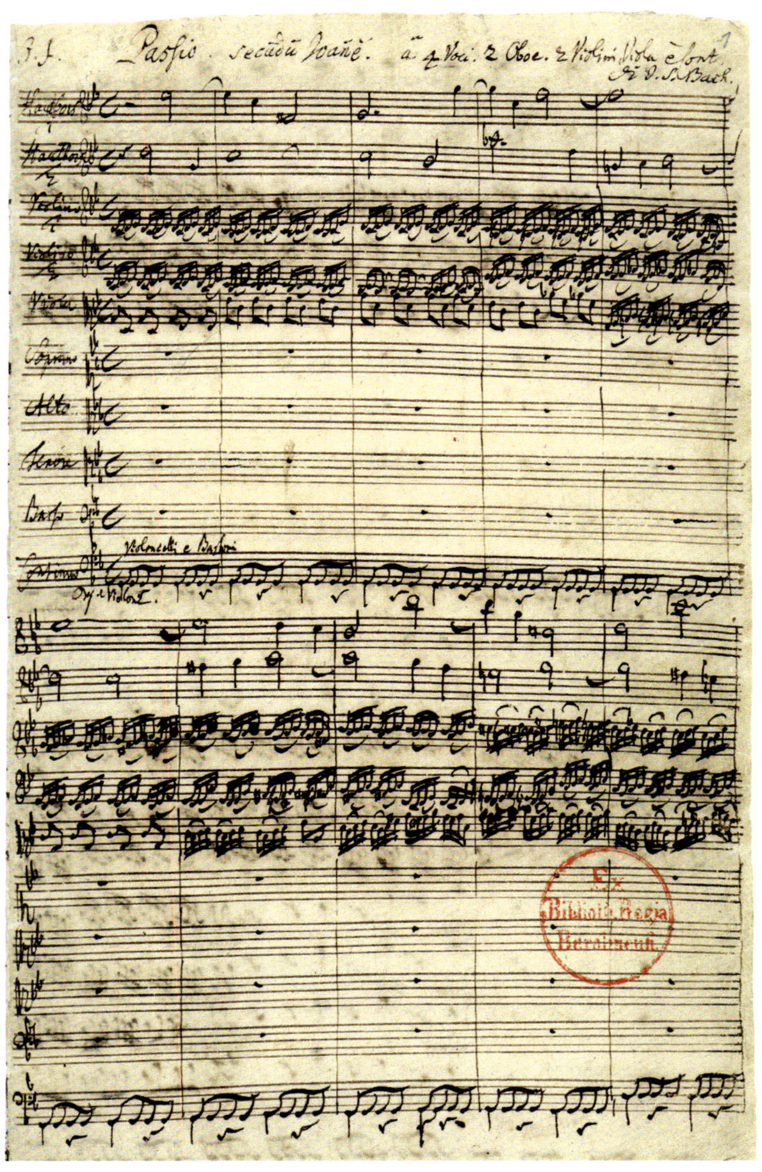

J.S. Bach, Johannes-Passion BWV 245 – erste Seite der nicht vollendeten autografen Reinschrift, entstanden wohl anlässlich einer zunächst geplanten Wiederaufführung am Karfreitag 1739

III. DRAMATISCH: DIE JOHANNES-PASSION (1724)

Der Rahmen

Die phänomenale Leistung, die Bach in seinem ersten Leipziger Jahr als Komponist vollbrachte, wird noch imponierender vor dem Hintergrund, dass seine im Wochentakt entstandenen Kantaten gar nicht die einzigen schöpferischen Resultate seines Einstands im Thomaskantorat waren. Das mit dem meisten Aufwand verbundene Projekt jenseits der ›Kantaten-Spur‹ war Bachs musikalischer Beitrag zur Karfreitagsvesper. In dieser musikalischen Andacht, abgehalten zur Todesstunde Jesu, war es seit 1721 üblich, dass der Thomaskantor einen der vier biblischen Passionsberichte musizieren ließ, vorgetragen mit verteilten Rollen im sprechenden Gesang und unterbrochen von Chorälen und freigedichteten Arien.

Passionsmusiken übertreffen die Länge einer Kantate um ein Vielfaches. Sie durften dies auch, da die Karfreitagsvesper darüber hinaus lediglich mit sehr überschaubarer Liturgie, einer Predigt in der Mitte und standardisierten Motetten zu Beginn und am Schluss bestückt war. Kuhnaus (verschollene) Markus-Passion brachte es wahrscheinlich auf eine Aufführungsdauer von circa einer Stunde. Jüngere Komponisten wie Telemann oder Reinhard Keiser hatten allerdings zuletzt schon deutlich längere Werke präsentiert. An diesen wollte Bach sich sicherlich messen und ohnehin mit seiner ersten Leipziger Passionsmusik als Komponist neben der wöchentlichen Kantaten-Pflicht seine eigentliche Kür abliefern.

Die Rahmenbedingungen dafür waren exzellent. Vor dem Osterfest lag die sechswöchige Fastenzeit, die in Leipzig mit einem Musizierverbot einherging. Bach stand somit für das Komponieren und Einstudieren seiner Passionsmusik vergleichsweise viel Vorbereitungszeit zur Verfügung. Auch personell konnte er aus dem Vollen schöpfen, weil die Aufführung der Passionsmusik in der Karfreitagsvesper der einzige Termin im Kirchenjahr war, der konkurrenzlos nur in einer der beiden Leipziger Hauptkirchen stattfand.

Bach hatte also nicht nur Zugriff auf seinen 12- bis 16-köpfigen ersten Chor, sondern theoretisch auf alle 55 Alumnen der Thomasschule.

Mit anderen Worten: Beste Voraussetzungen für den neuen Thomaskantor, seiner ersten Karfreitagsvesper am 7. April 1724 einen ganz persönlichen Stempel aufzudrücken – und Bach kostete seine Möglichkeiten vollkommen aus.

Das Stück

In den Wochen vor dem Karfreitag brachte Bach seine Johannes-Passion BWV 245 zu Papier – ein fast zweistündiges, hochdramatisches Werk. Es erzählt die Leidensgeschichte Jesu auf der Basis des aufwühlenden Berichts im Johannes-Evangelium, vorgetragen im Rezitativ von einem Evangelisten, den Soliloquenten (sprechende Rollen: Jesus, Petrus, Pilatus usw.) und mächtigen Volks-Chören; und es garniert die biblische Handlung mit hochemotionalen Arien.

Allerdings mussten Sie, verehrter Bach, bei der Vertonung des Stückes Fingerspitzengefühl walten lassen. Die Aufführung figuraler Passionsmusiken war (noch) eine junge und umstrittene Praxis, fühlte sich die Kombination von gesungener Rezitation eines Passionsberichtes und dem Erklingen freigedichteter Arien und Chöre, die die Handlung oft dramatisch ausschmücken oder reflektieren, für manche Zeitgenossen zu sehr nach geistlicher Oper an. Ich wiederhole mich: Nicht von ungefähr hatten Sie in Ihrem Anstellungsvertrag versprechen müssen, dass Ihre Musik »nicht opernhafftig wirken wird, »sondern die Zuhörer vielmehr zur Andacht aufmuntere«. Gleichwohl zogen Sie in Ihrer Johannes-Passion sämtliche Register.

Sein aufgebotenes Orchester umfasste nahezu alle theoretisch möglichen Instrumente – abgesehen von Blechblasinstrumenten, deren Einsatz in Passionsmusiken undenkbar war. Sein namentlich unbekannter Textdichter bediente sich einer extrem bildhaften Sprache und bezog dabei manche Anleihen aus dem metaphernreichen Libretto »Der für die Sünden der Welt gemarterte und sterbende Jesus« des Hamburger Patriziers Barthold Hinrich Brockes (1712). Der wuchtigen Sprache fügte Bach ein Meer an musikalischen Affekten hinzu, das in seiner Vielfalt und Vielschichtigkeit überwältigend und im besten Sinne »theatralisch« ist.

Kein Wunder, dass die Johannes-Passion heute insgesamt betrachtet als die dramatischere Bach-Passion gilt. Keinem Geringeren als Robert Schumann erschien sie sogar schlüssiger als ihr Schwesterwerk, die ungleich längere und wohl drei Jahre später entstandene Matthäus-Passion. Einem Freund verriet Schumann: »Finden Sie sie nicht um Vieles kühner, gewaltiger, poetischer als die nach dem Evangelisten Matthäus ... die andere, nach Johannes, dagegen: wie gedrängt, wie durchaus genial, namentlich in den Chören, und von welcher Kunst!«

Schon der Beginn der Johannes-Passion überwältigt mit seiner aufrüttelnden Wirkung: Im Generalbass pochen die Achtelnoten unerbittlich; die Violinen weben aus endlos fließenden Sechzehntelnoten einen dunklen Klangteppich, hinein sticken die beiden Oboen in ebenfalls nicht enden wollenden Vorhaltsdissonanzen grelle Muster, bis sich schließlich der Chor mit seinem dreifachen Ausruf »Herr, Herr, Herr« über den Orchestersatz erhebt. Danach gerät der Eingangschor zu einer bebenden Aufforderung der christlichen Gemeinde an Jesus, den Passionsbericht nun vortragen zu lassen: »Zeig ♪43
uns durch Deine Passion, dass Du, der wahre Gottessohn, zu aller Zeit, auch in der größten Niedrigkeit, verherrlicht worden bist.«

Was folgt, ist eine packende, konzentrierte Darstellung in fünf Abschnitten – Teil I: Verrat und Gefangennahme Jesu (1), Verleugnung des Petrus (2); Teil II: Verhör und Geißelung Jesu (3), Kreuzigung und Tod (4), Grablegung (5). In allen Episoden führte Bach seine damaligen Interpreten sicherlich beständig an die Grenzen des Machbaren – und vielleicht manchmal darüber hinaus. Die Menge an kreativen Einfällen und satztechnischen Hexereien ist atemberaubend, jedoch erneut nie Selbstzweck. Vielmehr fordert Bach auf verschiedenen Ebenen seine Zuhörer heraus, den raffinierten Verbindungen von textlichen Aussagen, theologischen Bezügen und musikalischen Interpretationen nachzuspüren.

Insgesamt acht Mal wird die Handlung durch freigedichtete Arien (zweimal eingeleitet mit stimmungsvollen Ariosi) und elf Mal durch eingeschobene Choräle unterbrochen. Während die Choräle eine Art Kommentierung des Geschehens aus Sicht der lauschenden Gemeinde darstellen, bieten die Arien Meditationen über einzelne Aspekte des Geschehens und musikalisch ein ganzes Kaleidoskop von menschlichen Affekten und Emotionen.

Am Ende des ersten Teils etwa, just nachdem Petrus binnen Tagesfrist dreimal verleugnet hat, ein Jünger Jesu zu sein, muss der Tenor in die Rolle des weinenden Petrus schlüpfen: »Ach, mein Sinn, wo willt du endlich hin?« Die Arie ist das Melodram eines wahnsinnig gewordenen Menschen, in dessen Kopf sich die Gewissensbisse überschlagen, der sich plötzlich mutterseelenallein fühlt, keine Zukunft für sich sieht und zugleich erkennen muss, dass er seine bitteren Fehler der Vergangenheit nicht ungeschehen machen kann: »Bei der Welt ist gar kein Rat, und im Herzen stehn die Schmerzen meiner Missetat, weil der Knecht den Herrn verleugnet hat.« Bach komponierte dazu Musik, die in jeglicher Hinsicht aus dem Takt geraten ist: ohne verlässliches Metrum, jedoch voller unerwarteter, gleichsam erschreckender Melodiesprünge und von erschütternder Intensität, kurz: einen Alptraum in Noten. Als Zuhörer bekommt man Mitleid mit diesem Petrus und mit dem Sänger, der ihm seine Stimme geben muss – und dessen Luftnot Bach regelrecht provo-
44♪ zierte: mit nicht enden wollenden Phrasen, in denen sich die überraschenden Wendungen überschlagen und in denen der Tenor seine Spitzentöne (ungeheuerliche Wirkung bei »mei-ne Missetat«) oft genug nur mit letztem verbliebenen Atem herausschreien kann.

Ähnlich anschaulich geriet die Arie »Eilt, ihr angefocht'nen Seelen« zwischen Geißelung und Kreuzigung – ein bewegter Dialog
45♪ zwischen Bass und Chor, in dem der Sänger die stoisch vorgetragene Frage des Chors nach dem Ziel dieses schicksalhaften Ganges immer wieder mit »nach Golgatha« beantwortet.

Aber trotz all der Dramatik in diesem oder jenem Abschnitt – nicht zu vergessen der atemberaubende Mittelteil der Arie »Es ist
46♪ vollbracht« – kulminiert die ganze Fassungslosigkeit über die Hinrichtung des Heilandes in der letzten Arie: »Zerfließe, mein Herze, in Fluten der Zähren«, vorgetragen von Sopran, Traversflöte, Oboe da caccia und Basso continuo, unmittelbar nach Jesu Tod. Ganze Bäche an bitteren Zähren (Tränen) lässt Bach hier in den Bläsern die Partitur herunterfließen, folgerichtig in musikalischen Wellenformen und immer untermalt mit bebenden Sechzehntelnoten im

Basso continuo. Deren Bedeutung erschließt sich erst, wenn die Sängerin den Grund ihrer Trauer offenbart und dabei zuletzt die bebende Generalbass-Motivik aufzugreifen scheint: »Erzähle der Welt und dem Himmel die Not: Dein Jesus ist to-ho-ho-ho-ho-ho-ho-ho-hot,
to-ho-ho-ho-ho-ho-ho-ho-hot, to-ho-hot.« ♪47

Selten in der Musikgeschichte wurde das Weinen derart bewegend in Noten ausgedrückt wie in dieser Arie. Sie ist der emotionale Höhepunkt der gesamten Passion und in der zauberhaften Klangmischung von Sopran, Traversflöte und Oboe da caccia zugleich ihr farbigster Moment.

Apropos Oboe da caccia, verehrter Bach: Dass Sie dieses – offenbar in Leipzig vom Instrumentenbauer Johannes Eichentopf entwickelte – Instrument mit seinem elegischen Klang gleich nach Ihrem Amtsantritt für sich entdeckt und nicht nur in der Johannes-Passion immer wieder für Momente höchster Intensität eingesetzt haben, ist ein weiterer Glücksfall der Musikgeschichte. Und zu was für unvergleichlichen Melodien es Sie inspiriert hat! Gehe ich recht in der Annahme: Sie und die Oboe da caccia, das war Liebe auf den ersten Ton?

Doch Bachs Musik ist auch deshalb so besonders, weil sie nicht nur in der Lage ist, Momente größter Trauer in Klänge zu verwandeln, sondern weil sie den Hörern auch Trost zu bieten vermag. Und der stellt sich in der Johannes-Passion buchstäblich mit den allerletzten Noten ein: wenn mit der Schlussstrophe von Martin Schallings altem Choral »Herzlich lieb hab ich dich, o Herr« das Werk vollendet, der Kreuzeshügel Golgatha verlassen und die Urhoffnung aller Christen in die Worte gefasst wird:

»Ach Herr, lass dein lieb Engelein
Am letzten End die Seele mein
In Abrahams Schoß tragen;
Den Leib in sein'm Schlafkämmerlein
Gar sanft ohn' ein'ge Qual und Pein
Ruhn bis am jüngsten Tage!
Alsdenn vom Tod erwecke mich,
Dass meine Augen sehen dich
In aller Freud, o Gottes Sohn,

Mein Heiland und Genadenthron!
Herr Jesu Christ, erhöre mich,
Ich will dich preisen eeeeeeh-wig-lich!«

Unter all den schlichten vierstimmigen Chorälen, die Bach setzte, ist dieser sicher einer der ergreifendsten – weil es ihm auch hier wie von Zauberhand gelungen ist, mit wenigen Tönen und umso dichteren harmonischen Abfolgen Textaussage und Notenfluss in einen vollkommen stimmigen Einklang zu bringen.

Verehrter Bach, es mag für Sie reines Handwerk gewesen sein. Aber wie Sie namentlich den ›Abgesang‹ des Chorals so wunderbar subtil gestalteten, den Moment, wenn von der Hoffnung auf die eigene Auferstehung die Rede ist – wie da plötzlich die tiefen Stimmen aus der Grabesruhe der dominie-
48♪ *renden Viertelnoten heraus sich in bewegte Achtelnoten verwandeln und dem Ganzen wieder Leben und Zuversicht einhauchen; und wie danach die Bässe »in aller Freud« noch ein letztes Mal zum hohen Es emporspringen: Dies alles ist für mich unbegreifliche Kunst – und bis heute nach zwei Stunden Wechselbad der Gefühle immer wieder der zu Tränen rührende Abschluss Ihrer ersten Leipziger Passionsmusik.*

Großes Theater vor Ort

Wie die Leipziger am Karfreitag 1724 die Johannes-Passion aufnahmen, wissen wir nicht. Dokumentiert ist lediglich, dass die Planung der Aufführung für Bach zu einem ziemlichen Ärgernis geriet. Er hatte die Darbietung auf dem Titel des vorab gedruckten Textbuchs für die Thomaskirche angekündigt. Entsprechend einer älteren Verordnung sollte die Aufführung der Passionsmusik aber jährlich wechselweise in einer der beiden Hauptkirchen stattfinden, und 1724 war St. Nikolai an der Reihe. Der Vorsteher der Nikolaikirche, Bürgermeister Platz, schlug Alarm, und der Stadtrat ordnete daraufhin an, dass Bach seine ›Falschmeldung‹ umgehend öffentlich zu korrigieren habe: mit einem Mitteilungszettel, gedruckt auf Bachs eigene Kosten. Als ein Exemplar dieses Zettels in die Hände des örtlichen Superintendenten Salomon Deyling gelangte, zeigte dieser sich erbost. Deyling bestellte den Thomaskantor ein, rügte

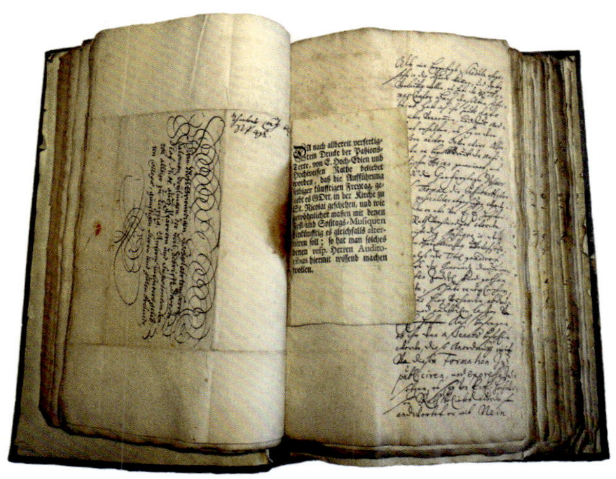

Da nach allbereit verfertig-
tem Drucke der Paßions-
Texte, von E. Hoch-Edlen und
Hochweisen Rathe beliebet
worden, daß die Aufführung
selbiger künfftigen Freytag, geliebt es GOtt, in der Kirche zu
St. Nicolai geschehen, und wie
gewöhnlicher maßen mit denen
Fest- und Sontags-Musiquen
hinkünfftig es gleichfalls alter-
niren soll; so hat man solches
denen resp. Herren Audito-
ribus hiermit wissend machen
wollen.

Gedruckte Mitteilung zur Verlegung der Aufführung von Bachs Johannes-Passion in die Nikolaikirche, abgelegt in einem Aktenvorgang des Leipziger Superintendenten, Leipzig 1724

ihn und warf ihm vor, er hätte den Text der gedruckten Mitteilung vorab von ihm, dem Superintendenten, absegnen lassen müssen. Bach muss laut Deylings Gesprächsnotiz ziemlich überzeugend zu Kreuze gekrochen sein: »Der Herr Cantor erkennet auch, dass er geirret, hoffet aber, man werde ihm als einem Frembden, so hiesiger Gewohnheiten nicht kundig, perdoniren. Künfftig wolle er sich besser in Acht nehmen, und in dergleichen Dingen mit mir, seinem Superintendenten, communiciren, welches ich ihm auch ernstlich injungiret habe.«

Wenigstens einen Vorteil hatte das ganze Theater für Bach. Geistesgegenwärtig hatte er den Ratsherren zu verstehen gegeben, dass eine kurzfristige Verlegung der Aufführung in die Nikolaikirche nur möglich sei, wenn der Stadtrat endlich die Gelder für eine seit Jahren – bereits von Bachs Vorgänger Kuhnau – angemahnte Reparatur des Kirchencembalos freigeben würde. Und siehe da: Der Taler im ›Tempel‹ rollte!

IV. EINGÄNGIG(ER): DER CHORALKANTATEN-JAHRGANG (1724/25)

Zauber der Choräle

Das Phänomen ist bis heute in den Kirchen greifbar: Die Choräle sind das Herzstück eines jeden Gottesdienstes. Ihre Melodien stiften Vertrauen; sie zu singen, erzeugt ein wohliges Gemeinschaftsgefühl und garantiert große Emotionen. Die Grundlage dafür schuf Martin Luther. Er ersann den Text zu manchem – wie er es nannte – »schön new Lied« und entlehnte die Musik bekannten Gassenhauern oder vertrauten gregorianischen Gesängen. Mit dieser Mischung aus altbekannten Melodien und Texten, die didaktisch klug zentrale biblische Inhalte aufbereiten, traf er den Nerv seiner Zuhörer. Sei es sein Osterlied »Christ lag in Todesbanden«, seine »Feste Burg« oder sein Adventschoral »Nun komm, der Heiden Heiland« – all diese »schönen newen Lieder« wurden die ersten Repertoirestücke der Protestanten und werden seit nunmehr fast 500 Jahren in mehrstimmigen Aussetzungen immer wieder dem Zeitgeschmack angepasst.

Ein Komponist machte sich dabei unsterblich: Johann Sebastian Bach. Er sorgte mit den vielen vierstimmigen Choralsätzen in seinen Kantaten und Passionen wie kein anderer dafür, dass die Lieder Luthers, Philipp Nicolais, Martin Rinckarts oder Paul Gerhardts bis heute immer wieder angestimmt werden – und dass manche dieser Bach-Choräle inzwischen genauso ›klassisch‹ sind wie die Kirchenlieder selbst.

Kernkompetenz Choralveredlung

Es gehört zum Naturell des Menschen, dass er die Dinge, die er liebt und verehrt, schmücken und verschönern will. Wie es deshalb Tradition ist, den Weihnachtsbaum mit Lametta und bunten Kugeln zu behängen, so werden auch die beliebten Choräle Luthers und seiner Nachfolger seit Jahrhunderten immer wieder als Spielwiese für allerlei musikalische Experimente genutzt. Sei es in der Form von Choralfantasien für die Orgel oder von Choralkonzerten, Choralmotetten und Choralkantaten für Sänger und Instrumente – überall ist es das Ziel der Komponisten, die eigene Kunst in den Dienst der Veredlung eines bekannten Kirchenlieds zu stellen und zugleich dessen Prominenz zu nutzen, um damit die eigene Kunst zu adeln.

Diese Art der ›Choralveredlung‹ fand ihren Höhepunkt in Johann Sebastian Bachs zweitem Dienstjahr als Leipziger Thomaskantor – just nachdem er am Trinitatisfest 1724 seine erste Kantaten-Saison abgeschlossen und darin den Gottesdienstbesuchern eine große Vielfalt an Kantatenformen präsentiert hatte. In dem neuen Jahrgang wollte er sich von diesem Ansatz absetzen und entschied deshalb, künftig nach einem einheitlichen Formmodell zu komponieren. Was er plante: Fortan, beginnend am Jahrestag seines Dienstantritts, dem 1. Sonntag nach Trinitatis, Sonntag für Sonntag und Festtag für Festtag jeweils ein bestimmtes Kirchenlied in eine großangelegte Kantate zu verwandeln.

Bachs Ansatz hatte in Leipzig Tradition. Sein Vorvorgänger im Thomaskantorat, Johann Schelle (gest. 1701), hatte 1689/90 einen ganzen Jahrgang Choralkonzerte komponiert – sogar in Abstimmung mit dem Thomaspfarrer, der damals nicht über die Evangeliumstexte, sondern über die von Schelle verschönerten Choräle predigte. Ein solches Gemeinschaftsprojekt aus Kantaten und Liederpredigten schwebte Bach 1724 zwar augenscheinlich nicht vor. Aber er hatte ein klares Konzept: Die ausgewählten Choräle sollen ihm zwar den verbindlichen Text und die Melodie für die Eingangs- und Schlusschöre seiner jeweiligen Kantaten bieten. In den dazwischen erklingenden Arien und Rezitativen hingegen wollte er das Kirchenlied nur hier und da durchschimmern lassen und sollte der verantwortliche Textdichter sich bemühen, inhaltlich immer wieder Brücken zwischen der Choraldichtung und den Evangeliums- und Episteltexten der einzelnen Tage zu schlagen.

Die selbstgestellte Aufgabe zielte auf eine Kernkompetenz Bachs, denn dass er mit Chorälen zauberhafte Dinge zu vollbringen vermochte, hatte er sich und seinem Umfeld in 15 Dienstjahren als Kirchenmusiker bereits immer wieder bewiesen. Es begann schon mit

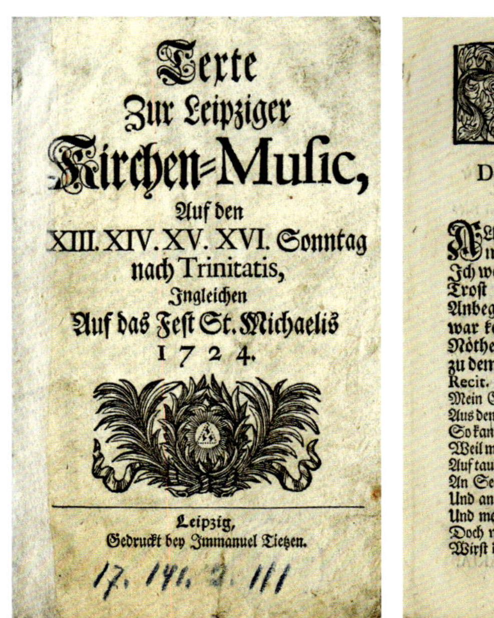

Texte
Zur Leipziger
Kirchen-Music,
Auf den
XIII. XIV. XV. XVI. Sonntag
nach Trinitatis,
Ingleichen
Auf das Fest St. Michaelis
1724.

Leipzig,
Gedruckt bey Immanuel Tietzen.

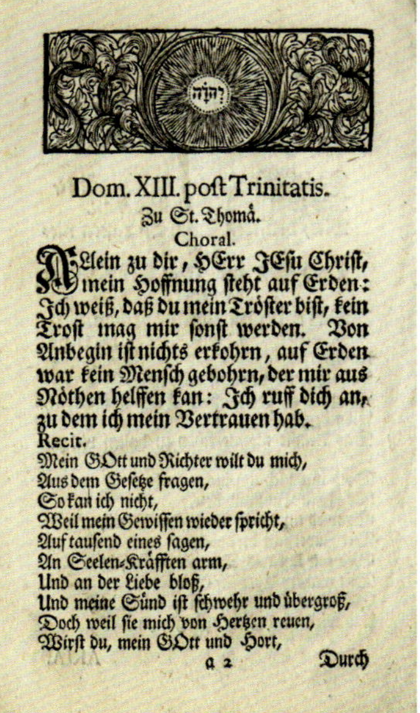

Dom. XIII. post Trinitatis.
Zu St. Thomä.
Choral.
Allein zu dir, HErr JEsu Christ, mein Hoffnung steht auf Erden: Ich weiß, daß du mein Tröster bist, kein Trost mag mir sonst werden. Von Anbegin ist nichts erkohrn, auf Erden war kein Mensch gebohrn, der mir aus Nöthen helffen kan: Ich ruff dich an, zu dem ich mein Vertrauen hab.
Recit.
Mein GOtt und Richter wilt du mich,
Aus dem Gesetze fragen,
So kan ich nicht,
Weil mein Gewissen wieder spricht,
Auf tausend eines sagen,
An Seelen-Kräfften arm,
Und an der Liebe bloß,
Und meine Sünd ist schwehr und übergroß,
Doch weil sie mich von Hertzen reuen,
Wirst du, mein GOtt und Hort,
a 2 Durch

Originales Textheft zu Bachs Leipziger Kirchenmusik vom 13. Sonntag nach Trinitatis bis zum Michaelisfest 172 – Beginn des Kantatentextes zu »Allein zu Dir, Herr Jesu Christ« BWV 33

seinem Wirken als Organist in Arnstadt, Mühlhausen oder Weimar, wo er sich allsonntäglich in seinen Choralvorspielen und -fantasien – zumeist improvisierend – mit den Melodien der Lieder kreativ auseinandergesetzt hatte. Johann Adam Reincken, der große alte Meister der norddeutschen Choralbearbeitung auf der Orgel, hatte Bach dafür – bei dessen Probespiel um den Hamburger Organistendienst 1720 – mit einem der schönsten Komplimente in seiner Musikerlaufbahn belohnt: »Ich dachte, diese Kunst wäre gestorben; ich sehe aber, dass sie in Ihnen noch lebet.«

Doch auch Bachs gesungenes Gotteslob profitierte schon früh von seiner Leidenschaft für Choralveredlung. Bereits in seinen ältesten Vokalwerken, namentlich in den wahrhaften musikalischen ›Weltwundern‹ aus seiner Mühlhäuser Zeit, »Actus tragicus« BWV 106, »Aus der Tiefe« BWV 131 und »Christ lag in Todesbanden« BWV 4, hatte der kaum 20-jährige Organist phänomenale Kunststücke mit Kirchenliedern präsentiert und diese scheinbar mühelos mit simultan vorgetragenen (Bibel-)Texten verwoben – eine Spezialität, bei der ihm anscheinend niemand gleichkam und die er sicher auch deshalb genussvoll in einer seiner Probekantaten für das Leipziger Thomaskantorat (BWV 23) zur Schau gestellt hatte.

Motive

Warum Bach nun, in seinem zweiten Leipziger Amtsjahr, ganz konsequent bekannte Choräle als Grundlagen für seine Kantaten nutzte, verrät uns womöglich sein Schüler und Amtsnachfolger Johann Friedrich Doles. Als Kantor zunächst in Freiberg (ab 1744) und ab 1756 als Thomaskantor in Leipzig machte er beim Aufführen seiner Kantaten eine besondere Beobachtung. Einem ehemaligen Schüler berichtete er:

»Sie wissen noch, daß in Freyberg anfangs die Leute, unter der Musik vor der Predigt meistentheils in Büchern lasen, und nach der Predigt aus der Kirche gingen – so lange, bis ich in die Musiken Strophen aus bekannten Chorälen einflochte, da sogleich beydes aufhörte. Hier in Leipzig war es eben so: … Kaum hatte ich es das erstemal mit der obgleich unbekannten, jedoch nach einer Choralmelodie gesetzten Ode … getan, so blieb außerordentlich viel Volk da, man las in ihren Minen eine besondere Aufmerksamkeit, und wenn itzt der Sonnabend kömmt, so ist die Nachfrage häufig: Was wird morgen für ein Lied … musicirt? Und die Aufmerksamkeit ist gleich groß, es mag nun ein bekanntes, oder ein unbekanntes Lied seyn. Ich bin lebhaft überzeugt, daß es daher rührt, daß die Gemeine an dieser Art von natürlich harmonischer und andächtiger Musik mehr Antheil nehmen kann, als an einer anderen künstlichern…«

Verehrter Bach, könnte es sein, dass Sie für Ihren musikalisch außerordentlich anspruchsvollen ersten Leipziger Kantaten-Jahrgang nicht nur Lob erfahren hatten? Hatten Ihnen manche Ihrer Musiker oder Vorgesetzten vielleicht durch die Blume angedeutet, dass trotz aller satztechnischen Kunstfertigkeit und dem unbedingten Willen, Soli Deo Gloria regelmäßig die musikalischen Sterne vom Kantaten-Himmel zu holen, Sie Ihre Interpreten und Zuhörer nicht beständig überfordern dürfen? Da bis heute keinerlei Zeitzeugenberichte über die Aufnahme Ihrer Kantaten-Jahrgänge bekannt geworden sind, bleibt dies eine Vermutung. Es würde mich andererseits ebenfalls nicht wundern, wenn während Ihres ersten Dienstjahres als Thomaskantor auch in Ihnen die Erkenntnis gereift sein sollte, dass die Masse der Gottesdienstbesucher wesentlich leichter mit vertrauten Melodien in den Bann zu ziehen war als mit raffinierten polyphonen Hexereien.

Doch was auch immer der ausschlaggebende Grund für diesen konsequenten Paradigmenwechsel gewesen sein mag: Bach blieb Bach, und deshalb hat er auch in seinem zweiten Leipziger Kantaten-Jahrgang, dem sogenannten Choralkantaten-Jahrgang, nicht auf ein Höchstmaß an Kompositionskunst verzichtet. Aber die stellte er nun ganz in den Dienst der Veredlung allseits bekannter Kirchenlieder.

Auftakt und Lieblingskantate II: »O Ewigkeit, du Donnerwort« BWV 20

Dass der Spagat zwischen satztechnischem Anspruch und allgemeiner Fasslichkeit gelingen kann, demonstrierte Bach bereits zum musikalischen Auftakt des neuen Jahrgangs. Demonstration ist dafür das richtige Wort, denn für den Gottesdienst am 1. Sonntag nach Trinitatis 1724 nahm er sich das bekannte Kirchenlied »O Ewigkeit, du Donnerwort« von Johann Rist vor und kleidete es im Eingangschor der gleichnamigen Kantate (BWV 20) in das Gewand einer gewaltigen französischen Ouvertüre – und auch wenn man mit Superlativen besser geizen sollte: in einer Weise, wie dies die Welt noch nicht gehört hatte.

Die Gottesdienstbesucher dürften ihre Häupter jedenfalls zunächst ziemlich überrascht Richtung Chorempore gewendet haben. Denn die feierlichen Töne, die Bach in den ersten Takten seiner Kantate im Orchester anschlug, werden sie mit einem sich öffnenden Vorhang im Opernhaus, jedoch nicht mit den Sphären andächtiger Kirchenmusik assoziiert haben. Dass es ihr Kantor aber ernst mit

diesen Klängen meinte und er die ganz weltliche Form der Opern-Ouvertüre tatsächlich als das treffende musikalische Bild für den Beginn des großangelegten Projektes Choralkantaten-Jahrgang ansah, offenbarte er den Zuhörern nach langen zwölf Takten. Nun zauberte er mitten in das prächtige Klanggetümmel mit überragender Meisterschaft Rists Choral. Die Grenzen zwischen Choralbearbeitung und opulenter Repräsentationsmusik verschwimmen mit den ersten gesungenen Noten. Und bei alledem gelang es Bach, den Choral – sowohl in der langsamen Einleitung als auch im schnellen Mittelteil – derart geschickt zu harmonisieren, zu platzieren und mit den musikalischen Gesten einer Ouvertüre zu vermengen, dass die
schweren Worte von Rist, die von ewigem Leid, Donner, Tod und ♪49
Hölle künden, in ihrer Wirkung um ein Vielfaches verstärkt werden.

Verehrter Bach, das Kunststück, die Form der französischen Ouvertüre mit einem Kirchenlied oder einem Bibeltext zu verschmelzen, haben Sie fast ein Komponistenleben lang immer mal wieder präsentiert – und auf dieser Basis einige Ihrer erhebendsten Kantaten-Eingangschöre geschaffen. Erstmals bereits in Weimar, als Sie 1714 am 1. Advent das neue Kirchenjahr
musikalisch mit Ihrer Kantate »Nun komm, der Heiden Heiland« BWV 61 ♪50
begrüßten und dabei Luthers Choral im alten dorischen Modus wie von Geisterhand in eine Ouvertüre im reinsten Lully-Stil integrierten. (Könnte es sein, dass Ihnen diese Invention seinerzeit Ihr Freund Telemann eingeflüstert hatte, als er im März 1714 bei der Taufe Ihres Sohnes Carl Philipp Emanuel Pate stand und wenige Tage später selbst diesen Kunstgriff im Eingangschor der Osterkantate »Christ ist erstanden« innerhalb seines »Französischen Jahrgangs« demonstrierte?) Zweimal dann in Ihrem ersten Jahr als Thomaskantor: zunächst, als Sie für die feierliche Einsegnung des neuen Stadtrats im August 1723 Ihre erste Leipziger Ratswahlkantate,
»Preise, Jerusalem, den Herrn« BWV 119, komponierten und in den bra- ♪51
chialen Ouvertüren-Sound von drei Trompeten, Pauken, drei Oboen, zwei Flöten und Streichern Verse aus Psalm 147 hineinmeißelten; sodann, etwas
kammermusikalischer, im Eingangschor Ihrer Kantate »Höchsterwünsch- ♪52
tes Freudenfest« BWV 194 für die Orgelweihe in Störmthal. Dann für das Weihnachtsfest 1725 ein irrwitziger Parforceritt: als Sie für den Beginn der
Kantate BWV 110 Ihre prächtige Ouvertüre BWV 1069 kurzerhand mit ♪53,54
den Worten »Unser Mund sei voll Lachens« aus Psalm 126 textierten. Und

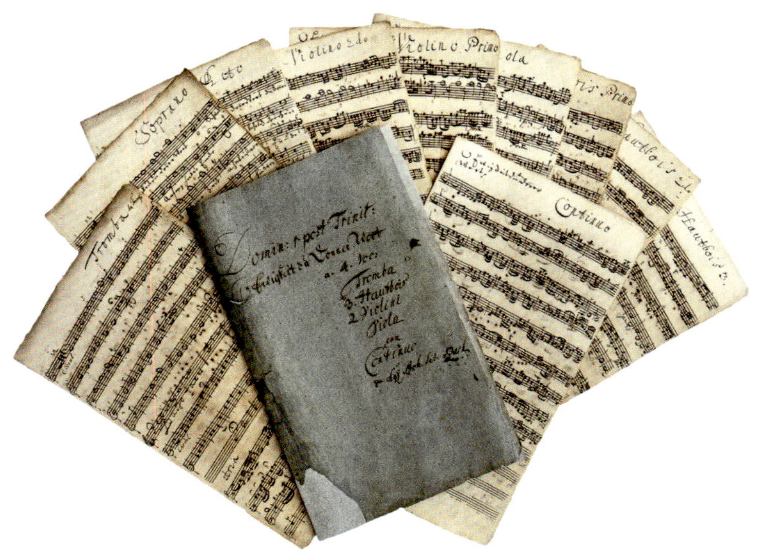

J.S. Bach, Kantate »O Ewigkeit, du Donnerwort« BWV 20, uraufgeführt am 11. Juni 1724 – originale Aufführungsstimmen aus dem Besitz Bachs

schließlich im Jahr 1734 im Eingangschor der herrlichen Choralkantate »In
55 *allen meinen Taten lass ich den Höchsten raten« BWV 97.*

In all diesen gewaltigen Chorsätzen erscheint mir Ihre Motivation auf der Hand zu liegen: Angesprochen wird in den Texten der König der Könige, also wahlweise Gott oder Jesus, dessen Einzug oder Erscheinen Sie offensichtlich mit jener musikalischen Form zelebrieren wollten, die einst Jean-Baptiste Lully, der Musikdirektor von Louis XIV., etabliert hatte, um den Sonnenkönig standesgemäß im Opernhaus zu begrüßen.

Ich bin mir aber auch sicher: Mit diesen Adaptionen, die ich in dieser Fülle und Meisterschaft von keinem anderen Komponisten kenne, haben Sie der Leipziger (bei BWV 61 zunächst Weimarer) Hörerschaft immer auch Ihren eigenen Anspruch vor Ohren führen wollen: nämlich Soli Deo Gloria wahrhaft kosmopolitische Kapellmeister-Musik zu komponieren – Musik, die im besten Sinne europäisch war, weil sie den Vergleich mit den Klängen an den wichtigsten Höfen und Metropolen Europas nicht scheuen musste, ja diesen vielmehr provozieren wollte.

So gesehen kann ich mir auch lebhaft vorstellen: Bei solchen unverhohlen nach Versailles duftenden Repräsentationsklängen werden sich die (wenigen) Musikverständigen unter Ihren Stadträten in den Kirchenbänken ziemlich zufrieden zugenickt haben. Diese Musik stand für Internationalität, Modernität, Reichtum und Macht, kurz: für all das, wofür die Kauf- und Handelsstadt Leipzig im Reigen der wirtschaftlichen und kulturellen Zentren des Kontinents eben auch stehen wollte. Heute würde es schwärmerisch heißen: Bach&Leipzig – the perfect match!

Nach diesem gewaltigen Eingangschor – der Ouvertüre zum gesamten Choralkantaten-Jahrgang – musste Bach und seinem namentlich unbekannten Textdichter in der Kantate ein weiterer Spagat gelingen: die Kernaussagen des Chorals mit den Lesungstexten des betreffenden Tages in Verbindung zu bringen. Mit dem Choral »O Ewigkeit, du Donnerwort« als ›Kantaten-Rohling‹ war dies ein vergleichsweise leichtes Unterfangen, denn die von Rist in 16 Liedstrophen thematisierte unbegreifliche Vorstellung von Ewigkeit steht ohnehin in enger Beziehung zum Evangeliumstext am 1. Sonntag nach Trinitatis, dem Gleichnis vom reichen Mann und dem armen Lazarus (Lukas 16,19–31). Der Reiche will zu Lebzeiten Lazarus nicht einmal die Brotkrumen überlassen, die von seinem reich gedeckten Tisch auf den Boden fallen. Stattdessen hetzt er die Hunde auf den hilflosen Bettler. Lazarus ruht nach dem Tod wohlbehütet in Abrahams Schoß, der reiche Mann jedoch muss wegen seines menschenverachtenden Verhaltens im Diesseits ewig in der Hölle schmoren.

Die kaum greifbare Vorstellung von Ewigkeit ist das zentrale Thema der ersten Arie, deren Beginn der Kantatentextdichter wortwörtlich aus der zweiten Strophe von Rists Choral übernommen hat: »Ewigkeit, du machst mir bange. Ewig, ewig ist zu lange!« ♪56
Bachs Vertonung für Tenor und Streicher bietet Tonmalerei par excellence: Eine schier endlose halbe Note auf »E-wig«, gefolgt von bestürzend chromatischen Intervallfolgen auf das Wort »bange« illustrieren den Text mit anspringender Plastizität, eingerahmt von permanenten Seufzergesten der Streicher. Im Mittelteil der Arie ist von »Flammen, die auf ewig brennen«, die Rede. Deshalb schlagen in Bachs Partitur nun wilde Tenor-Koloraturen in alle Richtungen

aus, bevor das Stück bei den Worten »Es erschrickt und bebt mein Herz« überraschend und zugleich folgerichtig aus dem Takt gerät. Spätestens in diesem Moment sollten die Leipziger Gottesdienstbesucher eine ziemlich beängstigende Vorstellung vom Fegefeuer und von den drohenden Konsequenzen des eigenen Handelns vor Augen gehabt haben.

In den drei folgenden Arien konfrontierte sie ihr Kantor denn auch mit nicht ganz so dramatischen Klängen, schließlich galt es, die Gemeinde nun nachhaltig zur Umkehr zu animieren. Dabei kommt die Bass-Arie »Gott ist gerecht in seinen Werken« mit ihren drei Oboen,
57♪ zumindest im A-Teil, wie ein Natur-Idyll daher.

Ich frage mich, verehrter Bach, ob John Eliot Gardiner nicht den Nagel auf den Kopf trifft. Er erzählte mir mal, auf ihn wirke der tapsig naive Ton, den Sie hier anschlagen, wie das Klang-Porträt schnatternder Enten (so klingt es auch in seiner Einspielung). Von denen gab es rund um Ihre Wohnung in der Thomasschule sicherlich einige: Richtung Osten, am Brunnen auf dem Thomaskirchhof, dort wo heute Ihr Denkmal steht; Richtung Westen, entlang der Pleiße. Apropos: Wenn ich es mir recht überlege, hatten Sie durch das Fenster aus Ihrer Komponierstube stets die Möglichkeit, auf die Flussaue und die dahinter auslaufende großflächige Parklandschaft zu schauen (s. Abb. S. 103). Hat Sie diese Idylle, der Blick auf ›Gottes gerechte Werke‹ in Flora und Fauna, gelegentlich inspiriert? Pflegten Sie sogar längere Spaziergänge entlang der Pleiße und schöpften daraus Inspiration?

Erhebend wird es dann in der ersten Arie des zweiten Teils der Kantate, aufgeführt nach der Predigt: »Wacht auf, wacht auf, verlorne Schafe, ermuntert euch vom Sündenschlafe und bessert euer
58♪ Leben bald. Wacht auf, eh die Posaune schallt, die euch mit Schrecken aus der Gruft zum Richter aller Welt vor das Gerichte ruft!« Bei Bach ist die Posaune des Jüngsten Gerichts wieder eine Trompete. Sie sorgt mit kräftigen Signalen und gemeinsam mit dem machtvoll singenden Bass tatsächlich für Ermunterung – hoffentlich seinerzeit auch bei denjenigen Gottesdienstbesuchern, die während der Aufführung der Kantate notorisch in Büchern zu lesen pflegten.

Die Moral von Jesu Gleichnis und zugleich die Quintessenz der ganzen Kantate liegt auf der Hand: Mensch, bemühe dich im Diesseits immer so zu handeln, wie es sich für einen Christen gebührt; es ist nie zu spät, damit anzufangen! Oder, um es mit den Worten des letzten Rezitativs der Kantate in einer Mischung aus originalen Choralzeilen von Rist und Versen von Bachs Textdichter wesentlich drastischer auszudrücken:

»Verlass, o Mensch, die Wollust dieser Welt, Pracht, Hoffart, Reichtum, Ehr und Geld; bedenke doch in dieser Zeit annoch, da dir der Baum des Lebens grünet, was dir zu deinem Friede dienet! Vielleicht ist dies der letzte Tag, kein Mensch weiß, wenn er sterben mag. Wie leicht, wie bald ist mancher tot und kalt! Man kann noch ♪59
diese Nacht den Sarg vor deine Türe bringen. Drum sei vor allen Dingen auf deiner Seelen Heil bedacht!«

Um dieser ernsthaften Ermahnung Nachdruck zu verleihen, erklingt in der Kantate zwischen Rezitativ und Schlusschoral ein verstörendes Duett. Mit raffinierter Rhythmik, bohrender Textdeklamation und exzessiven chromatischen Gängen bietet Bach hier all den kleinen und großen Sündern nochmals einen schockierenden Vorgeschmack auf die unermesslichen Qualen der Hölle.

»O Menschenkind,
Hör auf geschwind,
Die Sünd' und Welt zu lieben,
Dass nicht die Pein, wo Heulen und Zähnklappen sein,
Dich ewig mag betrüben!
Ach, spiegle Dich am reichen Mann,
Der in der Qual auch nicht einmal ♪60
Ein Tröpflein haben kann!«

Verstörend ist das Duett vor allem, weil es nur vom Generalbass begleitet wird und dieser mehr skizziert als auskomponiert daherkommt. Wie ein Flackern aus den fernen Tiefen in Luzifers Reich erscheint diese Grundierung. Sie liefert im Verein mit den wilden Girlanden und endlos wirkenden chromatischen Gängen der beiden Sänger in der Tat eine furchterregende Vorstellung vom »Heulen und Zähn(e)klappe(r)n« und der entsetzlichen Einsamkeit in den Gefilden des Teufels. Mit anderen Worten: Die 35-minütige Choralkantate, die mit einer schlichten vierstimmigen Variante der letzten Strophe von Rists Lied endet, wird zumindest den Aufmerksamen unter Bachs Zuhörern gute Gründe für das Überdenken ihres eigenen Lebens und Wandels geboten haben. Kurzum: »erbauliche Kirchenmusik« im wahrsten Sinne des Wortes.

Strategische Vielfalt in den Eingangschören

Mit der musikalischen Intensität, die Bach im Eröffnungsstück des
Choralkantaten-Jahrgangs an den Tag legte, jedoch stets anderen
stilistisch/formellen Ansätzen, fuhr der Thomaskantor nun Woche
für Woche fort. Für den 2. Sonntag nach Trinitatis nahm er sich den
Luther-Choral »Ach Gott, vom Himmel sieh' darein« vor (BWV 2)
und kleidete im Eingangschor die erste Liedstrophe in das Gewand
61 ♪ einer strengen Stile-antico-Motette. *Kann es sein, verehrter Bach, dass
Sie mit diesem demonstrativen Rückgriff auf den alten Kirchenstil nicht
zuletzt etwaigen Kritikern Ihres offensiv ›weltlichen‹ Umgangs mit »O
Ewigkeit, du Donnerwort« proaktiv den Wind aus den Segeln nehmen
wollten?*

Sechs Tage später, zum Johannistag, vermischte er Luthers Tauf-
lied »Christ unser Herr zum Jordan kam« mit einem musikalischen
Bericht von der Taufe Jesu – herrlich, wie hier in dem Concerto-
artigen Eingangschor die Solo-Violine das Glitzern der Wellen des
62 ♪ Jordans illustriert (BWV 7).

Schon am Tag darauf, dem 3. Sonntag nach Trinitatis, präsentierte Bach eine ebenfalls fesselnde Choralkantate über die berühmte
Liedparaphrase von Psalm 6: »Ach Herr, mich armen Sünder, straf
nicht in Deinem Zorn« (BWV 135); diesmal mit einem Eingangschor,
der auf der Basis eines intrikat-polyphonen Gewebes aus augenscheinlich eigenständigen instrumentalen und vokalen Motiven, die
63 ♪ doch immer aus der Choralmelodie gewonnen sind, erneut einen
ganz anderen Ton anschlägt.

Eine Woche später, am Fest Mariæ Heimsuchung, glänzte Bach
64 ♪ dann in der Kantate »Meine Seel erhebt den Herren« (BWV 10), dem
deutschen Magnificat, mit einem Beispiel, wie sich das Konzept des
Jahrgangs auch auf den neunten Psalmton (»tonus peregrinus«) anwenden lässt, der genau genommen gar keine Choralmelodie ist.

Und nochmals eine Woche später, für den 5. Sonntag nach Trinitatis, folgte dann im Eingangschor von »Wer nur den lieben Gott lässt

walten« BWV 93 wiederum eine ganz neue Lösung: Je zwei Sänger singen erst einmal fröhlich und losgelöst von der weitbekannten
Liedmelodie den Text einer jeden Choralzeile, bevor diese dann ♪65
vom gesamten Chor in der allgemein bekannten Form vorgetragen wird. *Ein herrliches Konzept, Herr Bach, um die Grundaussage dieses Liedes zu transportieren: Es kommt im Leben zwar oft erst einmal anders, als man geglaubt oder sich erhofft haben mag, aber letztlich ist die Hilfe Gottes, also im übertragenen Sinne: die originale Choralmelodie, gewiss.*

Welch eine Vielfalt der musikalischen Sprachen allein in den ersten Wochen des Zyklus, und doch komponiert und konzipiert auf der Basis einer Planung, die über den wöchentlichen Horizont weit hinausreichte. Denn bei aller überbordenden Vielfalt lotete Bach schon in den Eingangschören der ersten vier Choralkantaten die Darstellungsmöglichkeiten der eigentlichen Choralmelodie, des sogenannten Cantus firmus, in einer werkübergreifenden Systematik aus: Im Auftaktstück, BWV 20, lag er im Sopran, in BWV 2 im Alt, in BWV 7 im Tenor und in BWV 135 schließlich im Bass.

Verehrter Bach, über jede einzelne dieser innerhalb von nur 14 Tagen aufgeführten vier Kantaten wie über den gesamten Jahrgang könnte man stundenlang schwärmen – und man würde dabei schnell ein Vielfaches jener Zeit aufbringen, die Sie sich nehmen konnten, um die Werke zu komponieren. Eigentlich unvorstellbar. Umso mehr möchte ich an dieser Stelle den Text jener packenden Sopran-Arie auf Sie selbst beziehen, den Sie eine weitere Woche später, am Fest Mariæ Heimsuchung, als Teil Ihrer deutschen Magnificat-Paraphrase (»Meine Seel erhebt den Herren« BWV 10) vertont
haben: »Herr, der du stark und mächtig bist ... wie wunderbar sind Deine ♪66
Werke!«

Doch es sind nicht nur die Werke selbst, die faszinieren. Hinter dem Projekt Choralkantaten-Jahrgang, in dem Sie innerhalb von nur 36 Wochen den Leipzigern insgesamt 40 ausnahmelos neukomponierte Kantaten von höchster Qualität präsentierten, muss neben einer eisernen Selbstdisziplin auch eine straffe Logistik gestanden haben. Ich bin mir sicher: Schaffen, Schreiben, Spielen, das wird das Leitbild in Ihrer ›Kantaten-Werkstatt‹ gewesen sein.

Kaum war ein Stück komponiert, übernahm ein Thomaner – der sogenannte Hauptkopist – die Erstellung des Stimmensatzes. Anschließend wurde das Aufführungsmaterial von Bach kontrolliert und die Kantate innerhalb von kaum mehr als drei Tagen so einstudiert, dass die Uraufführung irgendwie sauber ablief.

Wie stark Bach selbst damals unter Zeitdruck stand, verraten seine oft in sehr eiligem Schriftduktus niedergeschriebenen Partituren kaum. Zwar finden sich am Anfang der Sätze gelegentlich Stellen, wo er die noch nicht getrocknete Tinte weggewischt hat, um an einem melodischen Einfall zu feilen oder die zunächst angedachte Besetzung des Stückes nochmal zu ändern. Doch sobald der Einfall stand, flossen die Gedanken aus seinem Kopf direkt in die Komponierfeder, schaltete Bachs Gehirn sozusagen auf Autopilot und war er ganz offenkundig in der Lage, selbst die kompliziertesten kontrapunktischen Strukturen gleichsam aus dem Stegreif aufs Papier zu bringen und so großdimensionierte Chöre oder Arien buchstäblich in Windeseile zu schaffen. Dennoch bleibt es unbegreiflich, wie er über einen so großen Zeitraum in der Lage war, im Wochentakt musikalische Reflexionen über die einzelnen Choralmelodien auf diesem Niveau zu ersinnen. Offensichtlich hatte er inzwischen ein kompositorisches Kunst-Handwerk ausgeprägt, das ihm auf beispiellose Weise ermöglichte, die Verarbeitungs- und Deutungsmöglichkeiten musikalischer Themen rasch zu erkennen und diese dann mit einem untrüglichen Gespür für Phrasierung, Tonmalerei, Textdeklamation, Proportionen und Timing im ›Auto-Pilot-Modus‹ auszuarbeiten.

Schon seinem Umfeld muss diese phänomenale Fähigkeit im polyphonen Denken ungeheuerlich vorgekommen sein. Sein Sohn Carl Philipp Emanuel berichtete staunend dem ersten Bach-Biografen Johann Nikolaus Forkel (1776):

»Bey Anhörung einer starck besetzten und vielstimmigen Fuge wuste er bald, nach den ersten Eintritten der Thematum, vorherzusagen, was für contrapuncktische Künste möglich anzubringen wären und was der Componist auch von Rechtswegen anbringen müste. Und bey solcher Gelegenheit, wenn ich bey ihm stand, und er seine Vermuthungen gegen mich geäußert hatte, freute er sich und stieß mich an, als seine Erwartungen eintrafen!«

Verehrter Bach, ich liebe diese kurze Bemerkung Ihres Sohnes, denn sie ist eine der ganz wenigen bekannten Äußerungen eines Zeitzeugen, die der ratlosen Nachwelt wenigstens einen Eindruck von Ihrer Arbeitsweise, wenn auch keine hinreichende Erklärung für Ihr Genie liefern. Mein Lieblingswort ist dabei »von Rechtswegen«, denn ich vermute, dass hier eine Formulierung durchschlägt, die Sie selbst beim Unterrichten Ihrer Söhne gelegentlich zu gebrauchen pflegten.

»Von Rechts wegen« meint so etwas wie »dem Gesetze nach« und impliziert, weil es zwar Dutzende Regeln vom Kontrapunkt, jedoch kein offizielles »Gesetzbuch« dazu gibt, dass sich in Ihrem Kopf über die Jahre eifrigem Noten- und Harmoniestudiums eine Art unbestechliche Kontrollinstanz eingenistet haben muss. Nennen wir Sie besser Ihren ›inneren Komponierlotsen‹, der hochkonzentriert jegliches musikalische Thema mit Blick auf denkbare Routen durch das klippenreiche Meer des Kontrapunktes analysierte. Er verrichtete seine Arbeit offenbar so versessen, dass er es nicht leicht verkraftete, wenn er sich einmal eingestehen musste, nicht den brillantesten Weg gefunden oder gar Schiffbruch erlitten zu haben. Und der kleine Stupser, den Sie Ihrem Sohn bei Eintreffen Ihrer Prophezeiungen zu geben pflegten, zeugt meines Erachtens ebenfalls von einem geradezu manischen Eifer Ihres inneren Lotsen, zugleich aber von einer regelrecht kindlichen Freude an Ihrer untrüglichen Urteilskraft – die Sie sich bewahrt hatten und wenigstens hin und wieder mit anderen teilen wollten.

Aber wer weiß: Vielleicht blieb es tatsächlich nur einem kleinen Kreis von Vertrauten vorbehalten, aus Ihrem Mund überhaupt etwas über Ihre Strategien als Komponist und Ihre kunst-handwerklichen Überlegungen auf der Kantatenwerkbank zu erfahren. Womöglich konnten oder wollten Sie gar nicht in Worte fassen, geschweige denn niederschreiben, was sich in Ihnen abspielte, wenn in der Komponierstube sich all Ihre Gedanken und Ihr ›innerer Komponierlotse‹ auf die Klangwerdung eines Kantatentextes fokussierten. Wie schrieb Ihr Sohn Carl Philipp Emanuel an anderer Stelle ebenfalls an Forkel:

»Bey seinen vielen Beschäftigungen hatte er kaum zu der nöthigsten Correspondenz Zeit, folgl[ich] weitläuftige schriftliche Unterhaltungen konnte er nicht abwarten. Desto mehr hatte er Gelegenheit mit braven Leuten sich mündlich zu unterhalten, weil sein Haus einem Taubenhause und dessen Lebhaftigkeit vollkommen gliche. ... Der Umgang mit ihm war jederman angenehm, und oft sehr erbaulich. Weil er nie selbst von seinem Leben etwas aufgesetzt hat, so sind die Lücken darin unvermeidlich.«

Seltener Einblick

Am deutlichsten sichtbar für uns Außenstehende wird Bachs hochkonzentrierte Kopfarbeit während der Erstellung des Choralkantaten-Jahrgangs auf der ersten Partiturseite zum prachtvollen Sanctus BWV 232.1 – ein Werk, das Bach für den ersten Weihnachtsfeiertag 1724 gewissermaßen nebenbei komponierte und das später als Teil der h-Moll-Messe unsterblich wurde. Auf den untersten beiden Notenzeilen finden sich zwei der ganz wenigen bekannten Skizzen Bachs. Die eine, eine sechstaktige Notenzeile mit der Textunterlegung »pleni sunt coeli«, entspricht dem Fugenthema, das er später, nach 47 Takten, in das Sanctus einführen sollte. In die beiden anderen unteren Notenzeilen schrieb er außerdem den Text und die Melodie des Kirchenliedes »Ich freue mich in Dir«.

Niemals gläserner Bach, ich bin neugierig, was waren die spezifischen Gründe für diese Gedächtnisstützen? Befürchteten Sie, die (spontane?) Idee zu dem Fugenthema für »Pleni sunt coeli« könnte Ihnen entrinnen, bevor es zu dessen eigentlicher Ausarbeitung kommen würde? Drohte Ablenkung? Haben Sie das Thema hastig niedergeschrieben, weil Anna Magdalena Sie inzwischen zum x-ten Mal gebeten hatte, Ihre staubige Perücke endlich aus der Komponierstube Richtung Abendbrottisch zu bewegen? Oder passierte alles weit nach Mitternacht, weil Sie schlichtweg nicht mehr arbeiten konnten (oder wollten); oder weil es nebenan, in der Schlafstube der Alumnen, lärmte und Sie erst einmal zu einem Ihrer nächtlichen Inspektionsgänge aufbrechen mussten?

Für die Niederschrift der Melodie des Kirchenlieds »Ich freue mich in Dir« von Caspar Ziegler liegt der Grund hingegen auf der Hand: Am dritten Weihnachtsfeiertag 1724, zwei Tage nach der Uraufführung des Sanctus am ersten Feiertag, präsentierten Sie im Gottesdienst eine Kantate über diesen noch vergleichsweise jungen Leipziger Choral, der Ihnen zuvor womöglich noch nie untergekommen war. Offensichtlich wollten Sie den ›Rohling‹ für Ihre anstehende Choralkantate bereits während der Erstellung des Sanctus irgendwo in Ihren Gehirnwindungen ablegen, damit Ihr ›innerer Komponierlotse‹ schon mal einen Blick darauf werfen konnte. Es dürfte ihm
67 ♪ *dann umso leichter gefallen sein, Zieglers Weihnachtslied wenig später in aller Eile mit herrlich glitzerndem Noten-Lametta zu schmücken. Zumal*

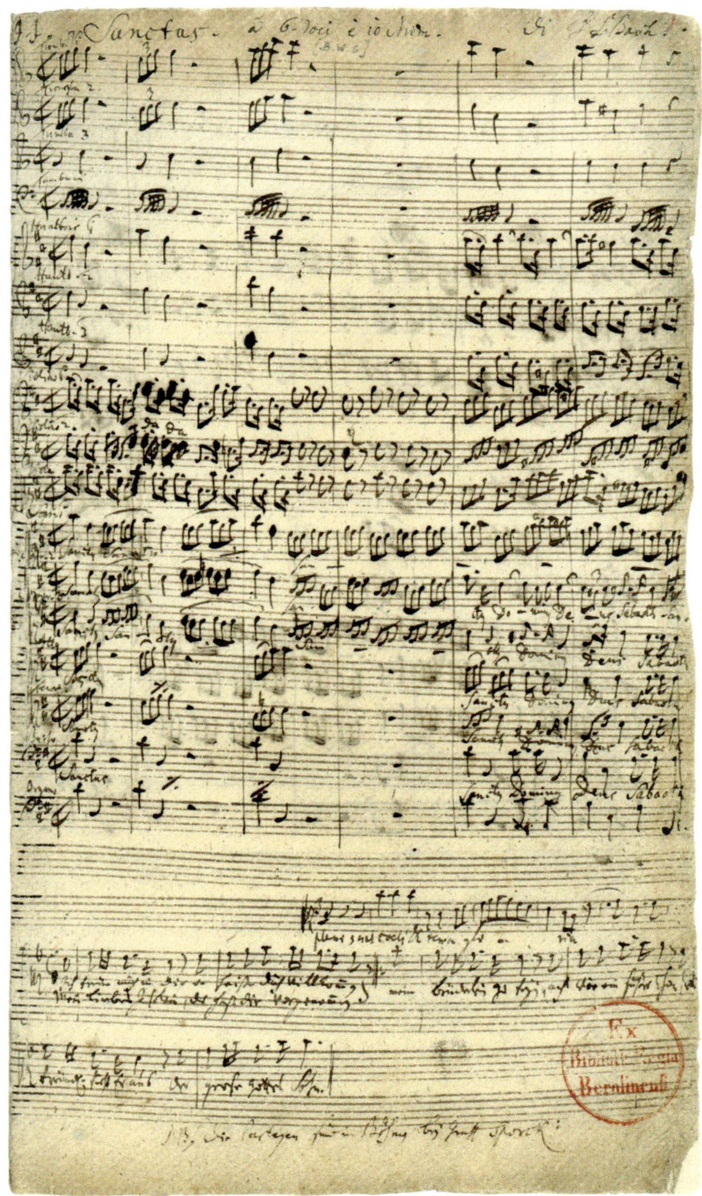

J. S. Bach, »Sanctus« BWV 232.1,
uraufgeführt am 25. Dezember 1724 – autografe Partitur,
erste Seite mit Skizzen am unteren Seitenrand

Ihr Zeitplan damals so eng wie nie gewesen war: Fünf Choralkantaten plus das Sanctus, letztlich uraufgeführt innerhalb von nur acht Tagen, zwischen 25. Dezember 1724 und 1. Januar 1725. Da wird es auf Ihrer Kantaten-Werkbank regelrecht geglüht haben, durfte kein Einfall verloren gehen und mussten Sie mit Ihren eigenen Kräften, denen Ihrer Kopisten, Sänger und Instrumentalisten sicherlich mehr denn je haushalten. Und selbst wenn Sie die Kantaten-freie Adventszeit zum Vorkomponieren der Weihnachtsstücke genutzt haben sollten, frage ich mich: Welcher Motivationsbooster mag Sie auch in derart stressigen Zeiten zuverlässig zu nicht nur handwerklich solider Arbeit, sondern auch beständig zu künstlerisch innovativen Höhenflügen animiert haben? Den Ergebnissen höre ich jedenfalls an keiner Stelle Ihren enormen Zeitdruck an.

Im Übrigen: Pardon, dass ich Sie an die Titelseite Ihrer Sanctus-Partitur erinnere. Eine Notiz – unter den beiden genannten Melodieskizzen – habe ich bislang den Lesern unterschlagen, aber ich muss das auflösen: Ganz am unteren Seitenrand haben Sie geschrieben: »N[ota] B[ene] Die Parteyen sind in Böhmen bey Graff Sporck«. Dies war eine Gedächtnisstütze anderer Art, nicht wahr? Vermerkt, weil Sie wenig später das Aufführungsmaterial (»die Parteyen«) zum Sanctus an den in Kuks in Ostböhmen residierenden Grafen verliehen haben – und anscheinend nie zurückerhielten. Dieser Verleihvorgang geriet offenbar zu einem jener Präzedenzfälle, die Sie letztlich veranlassten, weniger freigebig mit Ihren eigenen Musikalien umzugehen. Ihr Schweinfurter Vetter Johann Elias Bach, während seines Theologiestudiums in Leipzig um 1740 Ihr Privatsekretär, kommentierte einmal das Interesse eines Kantorenkollegen an den Noten zu einer Ihrer Bass-Solokantaten (BWV 56 oder 82) mit dem Stoßseufzer: »Die Partitur aber will er nicht aus den Händen geben, weil er auf solche Art schon um viele Sachen gekommen ist.«

Knacknuss der besonderen Art: »Jesu, der du meine Seele« BWV 78

Die Vielfalt der kompositorischen Herausforderungen, mit denen Bach seinen ›inneren Komponierlotsen‹ während der Erstellung des Choralkantaten-Jahrgangs permanent konfrontierte, fand einen besonderen Höhepunkt in der Kantate auf den 14. Sonntag nach Trinitatis (BWV 78). Für die Verarbeitung des Chorals »Jesu, der du meine Seele« von Johann Rist stellte sich Bach die Aufgabe, im Kopfsatz die achtzeilige erste Strophe des Liedes mit der Gattung der Passacaglia zu kombinieren. Eigentlich ein Ding der Unmöglichkeit, denn beide Formen scheinen inkompatibel: Eine Ostinato-Form wie die Passacaglia basiert auf einem ständig sich wiederholenden kleinen Bass-Motiv, auf dessen harmonischer Basis die Oberstimmen immer neue Variationen auszuprägen haben; Rists Lied hingegen bedient die typische Barform AAB (Stollen+Stollen+Abgesang), die nur bedingt und auf ganz andere Weise mit Wiederholungen aufwartet. Und dennoch gelang es Bachs ›innerem Komponierlotsen‹, diese selbstgestellte schwere Denkaufgabe grandios zu lösen.

Als Bassmotiv wählte er – weil das Lied auf Jesu Kreuzestod abzielt – die immer für Affekte von Trauer und Schmerz stehende Figur des Passus duriusculus: eine chromatisch in Halbtönen absteigende
Quarte. Ganze 27 Mal lässt Bach die fünftaktige Figur durchlaufen, ♪68
während der Choral in den Oberstimmen zeilenweise durchgeführt wird und abschließend stets als cantus firmus im Sopran erklingt. Dabei sind die einzelnen Abschnitte so gestaltet, dass sie stets eine in sich schlüssige musikalische Ausdeutung des Textes liefern. Aber zugleich bietet der Satz eben auch all das, was man in einer großangelegten Bach'schen Passacaglia – Vergleiche zu seiner legendären c-Moll-Passacaglia für Orgel BWV 582 oder der d-Moll-Chaconne für Solo-Violine (aus BWV 1004) drängen sich auf – erwarten würde: abwechslungsreiche Variationen über gleichbleibendem (manchmal gespiegeltem) Bass-Motiv, ein Mittelteil, der von Moll nach Dur wechselt, harmonische und melodische Kontraste allenthalben ... Mit anderen Worten: Der Satz ist ein musikalischer Zwitter, den es in der Theorie eigentlich gar nicht geben dürfte und der doch unter Bachs Händen zu einem seiner eindrucksvollsten und komplexesten Chorsätze geriet.

Kunsterfahrener Bach, hatten Sie hier womöglich den Ehrgeiz, Ihr Spiel mit der Ostinatoform in Vokalwerken, das Sie bereits in Mühlhausen im
Schlusschor der Kantate »Nach dir, Herr, verlanget mich« BWV 150 und in ♪69,70
Weimar im Eingangschor der Kantate »Weinen, Klagen, Sorgen, Zagen« BWV 12 so überzeugend betrieben hatten, nun in Leipzig auf die Spitze zu treiben? Doch welch ein Kontrast: So düster und bitter der Eingangschor

klingt, so zupackend, tänzerisch und mit hohem Operettenpotential ausgestattet kommt das anschließende Duett daher: »Wir eilen mit schwachen, doch emsigen Schritten, o Jesu, o Meister, zu helfen zu dir«. Das Stück ist zweifellos eines der schönsten Beispiele für plastische Tonmalerei in Ihrem Kantatenwerk: Die Sänger eilen in der Tat, und zwar konsequent mit den
71 *gleichen Noten, einer dem anderen hinterher, denn sie besingen ihr Ziel, die Nachfolge Christi. Dies alles wird – wie passend – begleitet im »schwachen« piano von wirklich »emsigen« kleinen Sprüngen im Basso continuo. Ohrwurmfaktor gigantisch!*

Im Grunde genommen hält Bach in jeder der Choralkantaten mindestens eine große Überraschung bereit und beweist buchstäblich auf Takt und Note immer wieder, dass seine Entscheidung für ein augenscheinlich einheitliches Formmodell ihn im Besonderen motiviert haben muss, den Zyklus möglichst abwechslungsreich zu gestalten – und dabei sogar gelegentlich überraschende verbindende Elemente jenseits der zugrundeliegenden Kirchenlieder zu (er)-finden.

Erfindungsreicher Bach, in diesem Zusammenhang hätte ich eine Nachfrage: Am 1. Januar 1725 haben Sie das neue Jahr mit der opulent besetzten Kantate »Jesu, nun sei gepreiset« BWV 41 begrüßt. Dabei muteten Sie Ihren drei Trompetern im Eingangschor einen halsbrecherischen Part zu. Ge-
72 *wissermaßen neujahrstrunken mussten sie zwischen den Choralzeilen für glänzenden musikalischen Champagner sorgen und den Satz zu einem der klangprächtigsten des gesamten Choralkantaten-Jahrgangs geraten lassen. Überraschenderweise erklingt das charakteristische Festmotiv aus dem Eingangssatz dann wieder im schlichten Schlusschoral als Zeilenzwischenspiel*
73 *und beendet schließlich die ganze Kantate genauso, wie sie begonnen hatte. Jetzt meine Frage: Könnte es sein, dass Sie diese Entscheidung getroffen haben, weil in der ersten Arie der Kantate die Sopranistin dem Schöpfer »ein Halleluja« singt und ihn dabei bittet: »Lass uns, o höchster Gott, das Jahr vollbringen, damit das Ende so wie dessen Anfang sei«? Zumindest hätten Sie – mein Kantaten-Gott – diese Bitte dann schon mal vorfristig erfüllt!*

»Nimm von uns, Herr, du treuer Gott« BWV 101 und die falschen Pilze

Erstaunlich am Choralkantaten-Jahrgang ist auch die Bandbreite an Affekten, die Bach beim ›Veredeln‹ der Kirchenlieder auffuhr und die im Resultat zu Kompositionen führte, die von der prächtig pompösen Festmusik bis hin zum ergreifenden Hilferuf an Gott reichten. Einen besonders dramatischen musikalischen Hilferuf setzte er im August 1724 ab. Genauer gesagt am 10. Sonntag nach Trinitatis, als der Evangeliumstext – ein Jahr nach der Entstehung von »Schauet doch und sehet« BWV 46 – erneut dazu herausforderte, im Gottesdienst musikalisch über Jesu Vision von der Zerstörung Jerusalems und Gottes Strafgericht zu reflektieren. Grund genug für Bach und seinen anonymen Textdichter, sich den Choral »Nimm von uns, Herr, Du treuer Gott« vorzunehmen – ein Lied, das der Görlitzer Pastor Martin Moller 1584 im Angesicht einer verheerenden Pestepidemie auf die Melodie von Luthers »Vater unser im Himmelreich« gedichtet hatte. Schon der Eingangschor dieses musikalischen Stoßgebets geht unter die Haut und lässt einen verstörenden Eindruck zurück. Bach verarbeitete die alte dorische Choralmelodie im pseudoalten motettischen Kirchenstil und umrahmte die zeilenweise Durchführung des Chorals mit einem düster aufspielenden Orchestersatz, durchzogen von Seufzergesten der Oboen und Streicher. Alles ist angereichert mit scharfer Chromatik; doch in den Schlusszeilen, wo es heißt: »Behüt für (vor) Krieg und teurer Zeit, vor Seuchen, Feu'r ♪74
und großem Leid«, intensivierte Bach die ohnehin schon schweren Harmonien in einem Grade, dass das Ergebnis fast schon atonal klingt und so eher an einen Chorsatz Max Regers oder gar Arnold Schönbergs erinnert.

Verwegener Bach, natürlich haben Sie auch hier wieder ›nur‹ konsequent Text-Exegese betrieben und deshalb Mollers alte Melodie stellenweise mit einer Harmonisierung ›verseucht‹, die selbst heute noch jeden Hörer erschauern lässt. Aber ich möchte mir nicht ausmalen, wie die damaligen Gottesdienstbesucher diese harmonischen Grenzüberschreitungen auffassten – die sich auch für Ihre Verhältnisse schon in den alleräußersten Bereichen des harmonisch Vertretbaren abspielten. Ja, bei aller Meisterschaft frage ich mich ernsthaft, ob an dem Tag, als Sie diese völlig fremd klingende Musik zu Papier brachten, womöglich die falschen Pilze in Ihr Mittagessen gelangt waren?

Doch selbst wenn ihm Anna Magdalena seinerzeit versehentlich die falschen Pilze aufgetischt haben sollte, Bachs Bewusstsein haben sie höchstens erweitert, nicht aber getrübt. Denn auch in den Binnensätzen der Kantate fand er immer wieder überraschende Möglichkeiten, Floskeln aus Mollers Choral mit freigedichteten Formen zu verbinden und die Grenzen zwischen Arie, Rezitativ und Kirchenlied verschwimmen zu lassen. Das Glanzstück ist dabei die Bass-Arie. Hier heißt es bei Moller:

»Warum willst du so zornig sein
über uns arme Würmelein?
Weißt du doch wohl, du treuer Gott,
dass wir nichts sind als Erd und Kot.
Es ist ja vor dei'm Angesicht
unser Schwachheit verborgen nicht.«

Unter der Feder von Bachs Textdichter wurde daraus:

»Warum willst du so zornig sein?
Es schlagen deines Eifers Flammen
schon über unserm Haupt zusammen.
Ach, stelle doch die Strafen ein
und trag aus väterlicher Huld
mit unserm schwachen Fleisch Geduld!«

Bach gelang es auf eindrucksvolle Weise, aus dieser Vorlage einen musikalischen Gnadenschrei zu formen. Die Rolle der göttlichen Strafe übernehmen anfänglich drei heftig schnatternde Oboen, deren bewegte Motivik sicher für die Flammen des Eifers stehen soll.
75♪ Der Bass-Sänger übernimmt diese, verwendet für die erste – aus dem Choral übernommene – Textzeile jedoch zunächst und auch später immer mal wieder Mollers originale Melodie, die er jedoch stellenweise in rezitativartige Floskeln voller entrückter Harmonien abwandelt. Im B-Teil, ab »Ach, stelle doch die Strafen ein«, wech-

selt die Choralmelodie in die Oboen, was dazu beiträgt, die Arie zwischenzeitlich zu beruhigen, ergo: die göttliche Strafe abzumildern. Der Höhepunkt an Intensität ist dann aber bei der Bitte um »Geduld« mit »unserm schwachen Fleisch« erreicht. Hier schlagen die Flammen in den Oboen nochmals heftig aus, doch die förmlich ewig stehende Note des Sängers auf Ge-»duld« (zwei ganze und eine halbe Note am Stück) wirkt letztlich wie ein ›Feuerlöscher‹ in diesem wahrhaft ›lodernden‹ Ariengebilde.

Grenzenlose Klangrede: die Arien

Überhaupt wimmelt es im Choralkantaten-Jahrgang auch innerhalb der Arien an kreativen Formen und einer konsequenten Klangrede, mit der Bach selbst die abstraktesten Textaussagen anschaulich in Noten verdeutlichte.

Ein gutes Beispiel hierfür liefert die Tenor-Arie »Schweig, schweig nur, taumelnde Vernunft! Sprich nicht: Die Frommen sind verlorn, das Kreuz hat sie nur neu geborn …« aus der Kantate »Wo Gott, der Herr, nicht bei uns hält« BWV 178 auf den 8. Sonntag nach Trinitatis (30. Juli 1724). Die Kantate reflektiert über den Evangeliumstext des Tages, Jesu Warnung vor den falschen Propheten, vorgetragen innerhalb der Bergpredigt: »Sehet euch vor vor den falschen Propheten, die in Schafskleidern zu euch kommen, inwendig aber sind sie reißende Wölfe. An ihren Früchten sollt ihr sie erkennen« (Matthäus 7,15–16).

Nachdem im Eingangschor und in der Seesturm-artigen ersten Arie all die Feinde der Christenheit erfolglos getobt haben, benennt Bachs Textdichter in der anschließenden Tenor-Arie unverblümt, wer die falschen Propheten der Gegenwart sind: die »taumelnde Vernunft«, sprich die Protagonisten der Aufklärung, die alles hinterfragen, weil sie nicht mehr bedingungslos glauben wollen. Die Aufgabe, mit der Vertonung des Arientextes all die aufgeklärten Zweifler oder Besserwisser zum Schweigen zu bringen und im günstigsten Falle zur Umkehr zu bewegen, erledigte Bach mit Bravour. Seine Mittel: abgerissene Floskeln in den Instrumenten, instabile
Harmonik und eine holprige Rhythmik voller Synkopen. Dies alles ♪76

vermittelt tatsächlich das Bild einer taumelnden Welt, in welcher der Tenor als Fels in der Brandung all die ›Wölfe im Schafspelz‹ zunächst regelrecht niederbrüllt und ihnen zuletzt den – aus Sicht des orthodoxen Luthertums – einzigen möglichen Ausweg präsentiert: »Denn denen, die auf Jesum hoffen, steht stets die Tür der Gnaden offen; und wenn sie Kreuz und Trübsal drückt, so werden sie mit Trost erquickt.«

Gottesfürchtiger Bach, wahrlich ein auskomponierter erhobener Zeigefinger Richtung aufgeklärter Gelehrten. Gehe ich recht in der Annahme, dass Ihnen die Aufgabe, diesen Text mit Musik zu dekorieren, umso leichter fiel, weil Ihr eigenes Weltbild womöglich ebenfalls nicht recht kompatibel mit den neuesten Tendenzen der Aufklärung war?

Wenn es so etwas wie die ›dissonanteste‹ Arie in Bachs Choralkantaten geben sollte, wäre die Bass-Arie »Empfind ich Höllenangst und Pein, doch muss beständig in dem Herzen ein rechter Freudenhimmel sein …« ein heißer Titel-Anwärter. Das Stück aus der Kantate »Ach Gott, wie manches Herzeleid« BWV 3, entstanden für den 2. Sonntag nach Epiphanias 1725 (14. Januar), ist eine nur vom Basso continuo begleitete Arie. Doch diese Partie hat es in sich, speziell was die Aneinanderreihung von harmonischen Querständen betrifft. Denn natürlich ließ Bach es sich nicht nehmen, die Signalworte
77♪ »Höllenangst« und »Pein« mit ›teuflischen‹ Dissonanzen zu spicken – damit der Kontrast zum »Freudenhimmel«, ausgedrückt in langen aufsteigenden Melismen, umso stärker wirken kann. Der Grad an hier nie aufgelösten Querständen machte es sogar erforderlich, dass Bach vor der Aufführung in die von seinem Neffen Johann Heinrich Bach (Thomaner seit 1724) ausgeschriebene zusätzliche Continuo-Stimme (für Cembalo?) eigenhändig eine genaue Generalbass-Bezifferung eintrug – offensichtlich um dem Spieler eine verlässliche ›Wegbeschreibung‹ für diese nervenaufreibende Reise durch den ›Dissonanzendschungel‹ an die Hand zu geben (s. Abb. S. 90).

Dennoch, unersättlicher Bach, wird der betreffende Continuo-Spieler an Orgel- oder Cembalo (Ihr Neffe?) sich bei der Aufführung der Arie wie auf einem heißen Stuhl gefühlt haben. Und dies nicht nur, weil er vor Ihren scharfen Ohren die überaus anspruchsvolle Partie dahingehend realisieren musste, dass er mit seiner rechten Hand eine aus Ihren Ziffern abgeleitete und in sich stimmige Generalbassaussetzung zu präsentieren hatte; sondern auch, weil ihm eigentlich klar sein musste, dass er in dieser Position immer unter verschärfter Beobachtung stand und von Seiten des omnipräsenten Aufführungsleiters mit allem rechnen musste. Johann Christian Kittel, ein Schüler während Ihrer letzten Lebensjahre, nachmals Organist in Erfurt, hat uns diesbezüglich eine ziemlich bezeichnende Beschreibung hinterlassen:

»Wenn Sebastian Bach eine Kirchenmusik aufführte, so musste allemal einer von seinen fähigsten Schülern auf dem Flügel accompagnieren. Und es lieget auf der Hand, dass man sich mit einer mageren Generalbassbegleitung da nicht vorwagen durfte. Dem ohngeachtet musste man sich immer darauf gefasst halten, dass sich plötzlich Bachs Hände und Finger unter die Hände und Finger des Spielers mischten und – ohne diesen weiter zu genieren – das Accompagnement mit Massen von Harmonien ausstaffierten, die noch mehr imponierten, als die unvermutete nahe Gegenwart des strengen Lehrers.«

Zwei der packendsten bzw. ergreifendsten Beispiele für theatralische Klangrede innerhalb des Choralkantaten-Jahrgangs sind die erste Arie der Kantate »Ach, lieben Christen, seid getrost« BWV 114 auf den 17. Sonntag nach Trinitatis (1. Oktober 1724) und die zweite Arie aus der Kantate »Erhalt uns, Herr, bei Deinem Wort und steur des Papsts und Türken Mord« BWV 126 auf den Sonntag Sexagesimae (4. Februar 1725). In letzterer muss der Bass in extrem großen absteigenden Intervallsprüngen das Zunichtemachen aller Feinde des wahren Glaubens beschwören, unterstützt lediglich vom Basso continuo: »Stürze zu Boden, schwülstige Stolze! Mache zunichte, ♪78
was sie erdacht!« Dabei macht die Generalbass-Begleitung mit ihren wilden, konsequent abwärts gerichteten Tonskalen aus reißenden Zweiunddreißigstelnoten, die hinunter bis zum großen C ›stürzen‹, die ersehnte Unterwerfung der Gegnerschaft Christi permanent hörbar und verwandelt das ganze Stück in eine Art Arien-Variante der berühmten Erdbeben-Szene aus der Matthäus-Passion.

In ersterer Arie hingegen lässt Bach auf den Text »Wo wird in diesem Jammertale vor (für) meinen Geist die Zuflucht sein« den Tenor und die Traversflöte ein aus rezitativischen Gesten zusammen-

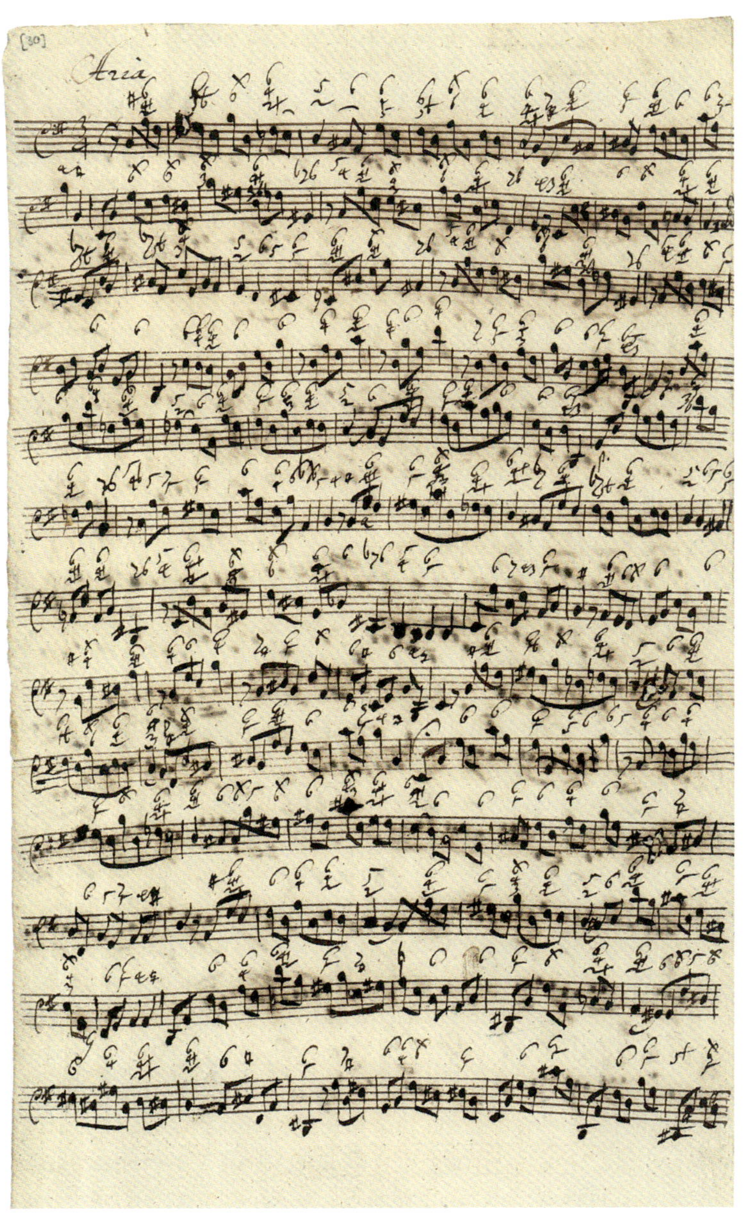

J.S. Bach, Kantate »Ach Gott, wie manches Herzeleid« – Originalstimme für Basso continuo, kopiert von Johann Heinrich Bach, mit eigenhändigen Generalbassziffern von J.S. Bach.

gesetztes Lamento vortragen, das in seiner Intensität und völlige Ausweglosigkeit suggerierenden Stimmung einer jeden Barockoper ♪79 ihren melodramatischen Höhepunkt beschert hätte.

Seliger Bach, beides sind zugleich Stücke, die sicher nicht nur bei mir immer wieder größtes Bedauern darüber aufkommen lassen, dass es sich in Ihrem Leben anscheinend nie gefügt hat, einmal für ein Opernhaus zu komponieren. Ich bin mir sicher: Sie hätten auch zu der theatralischsten aller musikalischen Gattungen etwas ganz Besonderes beigetragen und dabei noch zu den weltlichsten Sujets bestechende musikalische Bilder gezeichnet.

Ein Beispiel dafür: In der Bass-Arie »Weicht, all ihr Übeltäter« aus seiner dritten Choralkantate, »Ach Herr, mich armen Sünder« ♪80 BWV 135 (25. Juni 1724), gelang es Bach im B-Teil, die im Text erwähnten »rückwärts prallenden« Pfeile durch eine kühne Umdeutung der vorherrschenden wilden Streichermotivik glaubhaft einen 180-Grad-Richtungswechsel vornehmen zu lassen.

Und apropos Naturalismus, schweigsamer Bach: Haben Sie uns in der Bass-Arie »Bald zur Rechten, bald zur Linken lenkt sich mein verirrter Schritt« aus der Kantate »Herr Christ, der einge Gottessohn« BWV 96, komponiert auf den 18. Sonntag nach Trinitatis (8. Oktober 1724), womöglich einen Teil Ihrer sehnlich vermissten ›Schatzkarte‹ hinterlassen, auf deren Basis die Nachwelt wenigstens teilweise das völlig verlorengegangene Wissen um die Aufführungs- und Positionierungspraxis in Ihrem Kirchenorchester ›wiederfinden‹ könnte? Es müsste doch mit dem Teufel zugehen, wenn Ihre Entscheidung, die instrumentale Begleitung des Textes so zu gestalten, dass die Worte »Bald zur Rechten« fast immer von den Oboen, ♪81 »bald zur Linken« hingegen von den Streichern begleitet werden, nicht dadurch motiviert war, dass die unterschiedlichen Instrumentengruppen offensichtlich getrennt voneinander – auf den beiden Emporen rechts und links von der Orgel? – aufgestellt wurden. Überführt? Wobei dann immer noch zwei Fragen blieben: ob Sie das Ganze aus Sicht des Aufführungsleiters auf der Westempore (Blickrichtung nach Westen) oder seitenverkehrt, aus Sicht des Publikums (Blickrichtung nach Osten zum Altar), konzipiert haben? Und würde das Ganze für Thomas- und/oder Nikolaikirche gelten? Bach-Forschung ist wirklich eine Never-ending-Story …

Spielwiese Rezitative

Umwerfende Beispiele für Bachs hochkonzentrierte Kopfarbeit während der Erstellung des Choralkantaten-Jahrgangs finden sich auch in seinen Rezitativen – üblicherweise eher die Teile einer Kantate, die Bach gewissermaßen im Vorübergehen komponierte, indem er oft zunächst die Verse unter die Notenlinien schrieb und dann den Notentext gleichsam ex-improviso ergänzte. In den Choralkantaten hingegen übernahmen Bach und sein anonymer Textdichter oft einzelne Text- und Melodiezeilen aus der Liedvorlage in die Rezitative und kombinierten sie mit freier Dichtung. Auf diese Weise kommt es gleich in der zweiten Kantate des Jahrgangs, »Ach Gott, vom Himmel sieh darein« BWV 2, zu einer Art Kommentierung von originalem Luther-Text (erste Text- und Melodiezeile der zweiten Strophe) aus der Sicht des frühen 18. Jahrhunderts – im speziellen Fall mit einer weiteren handfesten Warnung des Textdichters vor den falschen Propheten der Aufklärung, die das alte christliche Dogma, bedingungslos zu glauben, mehr und mehr in Frage stellten:

82 ♪ »*Sie lehren eitel falsche List,*
Was wider Gott und seine Wahrheit ist;
Und was der eigen Witz erdenket
– O Jammer! der die Kirche schmerzlich kränket –,
Das muss anstatt der Bibel stehn.
Der eine wählet dies, der andre das,
Die törichte Vernunft ist ihr Kompass;
Sie gleichen denen Totengräbern
Die, ob sie zwar von außen schön,
Nur Stank und Moder in sich fassen
Und lauter Unflat sehen lassen.«

Manchmal wurden auf diese Weise sogar ganze Choralstrophen seziert und in einen Dialog mit den Versen des anonymen Textdichters gestellt – so etwa im ersten Rezitativ der Kantate »Ach Gott,
83 ♪ wie manches Herzeleid« BWV 3 (2. Sonntag nach Epiphanias 1725),

wo die eingeflochtenen Choralzitate sogar vom gesamten Chor
vorgetragen werden, oder ganz konsequent in den Rezitativen der
Kantaten »Wer nur den lieben Gott lässt walten« BWV 93 (5. Sonn- ♪84
tag nach Trinitatis 1725) und »Wo Gott, der Herr, nicht bei uns hält«
BWV 178 (8. Sonntag nach Trinitatis).

Rezitativ 1 aus BWV 3 – mit Choralzitaten (kursiv) aus Martin Mollers »Ach Gott, wie manches Herzeleid«

CHOR: *Wie schwerlich lässt sich Fleisch und Blut*
TENOR: So nur nach Irdischem und Eitlem trachtet
Und weder Gott noch Himmel achtet,
CHOR: *zwingen zu dem ewigen Gut!*
ALT: Da du, o Jesu, nun mein alles bist,
und doch mein Fleisch so widerspenstig ist.
CHOR: *Wo soll ich mich denn wenden hin?*
SOPRAN: Das Fleisch ist schwach, doch will der Geist;
so hilf du mir, der du mein Herze weißt.
CHOR: *Zu dir, o Jesu, steht mein Sinn.*
BASS: Wer deinem Rat und deiner Hilfe traut,
Der hat wohl nie auf falschen Grund gebaut,
Da du der ganzen Welt zum Trost gekommen
Und unser Fleisch an dich genommen.
So rettet uns dein Sterben
Vom endlichen Verderben.
Drum schmecke doch ein gläubiges Gemüte
Des Heilands Freundlichkeit und Güte.

Für die Kantate am 7. Sonntag nach Trinitatis (»Was willst du dich
betrüben« BWV 107) brachte es Bach sogar fertig, eine ganze Choralstrophe in ein Rezitativ zu verwandeln – womöglich, weil der
Textdichter seine Dichtung nicht rechtzeitig geliefert hatte und der
Thomaskantor die Kantate wohl deshalb notgedrungen gänzlich ♪85
auf der Basis des originalen Choraltextes erstellen musste.

Dramaturgisches Geschick bewies das Autorenduo hingegen mit den nicht selten vorkommenden Momenten, wenn im Rezitativtext das Singen eines »Freudenliedes«, eines Choralzitates oder das ge-

meinschaftliche Beten ausdrücklich herausgefordert wird und daraufhin als Musik in der Musik erklingt. Ein ziemlich drastisches Beispiel dafür bietet die Neujahrskantate »Jesu, nun sei gepreiset«
86♪ BWV 41, wo im zweiten Rezitativ plötzlich der ganze Chor der Aufforderung des Bassisten Folge leistet, gemeinschaftlich »den Satan unter unsre Füße [zu] treten« – ein Moment, der bei den Kirchgängern für einen sprunghaften Anstieg ihrer Pulsfrequenz gesorgt haben wird.

Hier und da gibt es aber auch in den Rezitativen Momente, wo Bach staunenswerte Hexereien mit den Chorälen gelangen. Zwei herausragende Kunstgriffe:

In der Kantate auf den 8. Sonntag nach Trinitatis (30. Juli 1724), »Wo Gott, der Herr, nicht bei uns hält« BWV 178, verwandelte er das
87♪ mit den Zeilen einer ganzen Choralstrophe durchsetzte Rezitativ nach dem Eingangschor kurzerhand in einen Proportionskanon, in dem der Alt in halben Noten die Choralmelodie vorträgt, während simultan im Basso continuo die gleiche Melodie in geviertelten Notenwerten viermal durchläuft.

Unglaublicher Bach, ich sehe es förmlich vor mir, wie Sie in Ihrer Komponierstube zufrieden in sich hineingelächelt haben mögen, als Ihnen der Gedanke kam, den Text »Was Menschenkraft und -witz anfäht (anfängt), soll uns billig nicht schrecken« mit diesem extrem geistreichen, genau genommen sogar ein wenig selbstironischen Kunstgriff musikalisch zu kommentieren. Sagenhaft – und von Ihrem ›inneren Komponierlotsen‹ meisterhaft umgesetzt! Ich wünsche mir so sehr, dass möglichst viele Zuhörer bei der Aufführung der Kantate Ihren genialen, von »Menschenkraft und Menschenwitz« nur so strotzenden Streich bemerkt haben – und Ihnen, sei es handfest oder verbal, hinterher anerkennend auf die Schulter klopften!

Und dann ist da noch die Kantate auf den ersten Weihnachtstag 1724 über den Luther-Choral »Gelobet seist Du, Jesu Christ, dass Du Mensch geboren bist« BWV 91. Hier ist ein freigedichtetes Rezitativ ebenfalls mit Choralzeilen durchzogen. Und was machte Bach:
88♪ Wann immer im Rezitativ der Sopran Teile des Chorals zu singen hat, verwendet er die anfängliche Melodiefloskel des Chorals als ostinatohaft wiederkehrende Generalbass-Begleitung.

Intrikater Bach, gehe ich recht in der Annahme, dass diese Entscheidung hier als Ihre komponierte Antwort auf Luthers Textbeginn, »Des ewgen

Vaters einigs Kind«, zu verstehen ist? Das »einig Kind« wäre dann jene Melodiefloskel, die nun dauerhaft wiederholt wird, um den »ewgen Vater« und das »ewge Gut« zu illustrieren. Und wieder ist mir schleierhaft, wie Sie solche kreativen Einfälle einschließlich der überragenden Umsetzungen gewissermaßen am Fließband produzieren konnten. Zu Zeiten des Choralkantaten-Jahrgangs müssen Sie in einem – auch für Ihre Verhältnisse – einmaligen ›Flow‹ gewesen sein!

Rätselhafter Abbruch nach ›Quadratur des Kreises‹: »Herr Jesu Christ, wahr' Mensch und Gott« BWV 127

Zwei Fragen hat die Forschung bis heute nicht beantworten können: Wer war(en) der oder die Textdichter des Choralkantaten-Jahrgangs, und warum brach Bach den Zyklus vor dem Osterfest 1725 ab – neun Wochen bzw. 14 Kantaten vor dessen regulärer Vollendung? Manches deutet darauf, dass beide Fragen miteinander verknüpft sind, also der Hauptgrund für den Abbruch des Projektes der – dann irgendwann im Winter 1725 erfolgte – Verlust des Textdichters gewesen sein könnte.

Stummer Bach, haben Sie für den Zyklus ebenfalls mit einem Theologiestudenten zusammengearbeitet, der damals womöglich Leipzig verließ – vielleicht, weil er seine erste Pfarrstelle irgendwo auf dem Lande antrat? Oder war der Textdichter plötzlich verstorben? Oder war Ihnen das selbstgewählte Korsett Choralkantate trotz aller an den Tag gelegten Vielfalt letztlich doch zu eng geworden? Dürstete es Sie inzwischen zu sehr nach einer neuen Herausforderung? Nun, ich werde es wohl nie erfahren – es sei denn, Ihre musikalisch immer wieder so überzeugend ausgedrückte Zuversicht auf ein ewiges Leben im Paradies erweist sich als berechtigt, und Sie lassen mich dann einmal zu sich vor.

Sicher ist aber, dass Ihnen in Ihrer letzten Choralkantate vor Beginn der Fastenzeit, komponiert für den Sonntag Estomihi, in Sachen Choral-Veredlung etwas gelang, was man im übertragenen Sinn durchaus als die Quadratur des Kreises bezeichnen könnte.

Gegenstand der Kantate »Herr Jesu Christ, wahr' Mensch und Gott« BWV 127 war das gleichnamige Lied von Paul Eber (1557). Es ist ein Trauerlied, in dem sich der Text der ersten Strophe auf Jesu Leiden am Kreuz bezieht. Damit passt seine Stoßrichtung zum Evangelium des Sonntags, das von Jesu Ankündigung seiner Passion gegenüber den Jüngern handelt (Lukas 18,31–34).

Für den Eingangschor der Kantate beschloss Bach – erst- und einmalig im Zyklus – den Choral mit einem zweiten zu verbinden, aber nicht mit irgendeinem. Er hatte einen Choral im Sinn, der sich wie kein anderer auf Jesus, den Erlöser der Menschheit, bezieht und mit dem seinerzeit jeder Kirchgänger bestens vertraut war: »Christe, du Lamm Gottes«, Martin Luthers Variante des lateinischen Agnus Dei. Schon exakt zwei Jahre zuvor, am Sonntag Estomihi 1723, hatte Bach diesen Choral bei seinem Probespiel für das Thomaskantorat in den Mittelpunkt der Kantate BWV 23 gestellt: Er erschien instrumental im ersten Rezitativ und wurde im ausgedehnten Schlusschor von Bach kunstvoll verarbeitet. In der neuen Kantate erklingt er im Eingangschor, zwar nur instrumental, dafür aber von der ersten Note an: Vorgetragen in großen Notenwerten, zunächst von den Streichern, später von den Oboen, bietet er hier das klangliche Fundament für ein parallel vorgetragenes kleingliedriges Instrumental-Motiv, das Bach seinerseits aus der ersten Zeile von »Herr Jesu Christ,
89♪ wahr' Mensch und Gott« ableitete. Auch in den instrumentalen Zwischenspielen und sogar in einigen chorischen Abschnitten, die das eigentliche Kirchenlied verarbeiten, schimmert Luthers deutsches Agnus Dei immer wieder durch.

Bachs dahinterstehende Motivation ist offensichtlich: Mit dem Einbringen dieses zweiten Kirchenliedes als Rahmen für die motettische Durchführung von »Herr Jesu Christ, wahr' Mensch und Gott« wollte Bach die Einheit von Gott, dem Vater, und Christus, dem Sohn, aber auch die Verbindung des einzelnen Gläubigen zum Kreuz und zur Passion Christi hörbar machen. Und dies ist ihm mit diesem Meilenstein, dem vorläufigen Endpunkt des Choralkantaten-Zyklus, meisterhaft gelungen. Manche Experten halten diesen Eingangschor sogar für den Höhepunkt des ganzen Jahrgangs.

Dies, verehrter Bach, würde ich sofort unterschreiben. Zumal, wenn die Analytiker recht haben sollten und Sie ein kleines Motiv im Generalbass, das insgesamt sechs Mal gegen Ende der instrumentalen Abschnitte erklingt, tatsächlich als Zitat aus einem nunmehr dritten Choral angelegt haben sollten: aus »Herzlich tut mich verlangen nach einem seel'gen End« von Chris-

toph Knoll, oder vielleicht aus der alternativen Textierung von Cyriacus Schneegaß, »Ach, Herr, mich armen Sünder straf nicht in deinem Zorn«. Zwei ›Lieder ohne Worte‹, herangezogen, um ein drittes, nun tatsächlich gesungenes, inhaltlich auszuleuchten – solch ein Choral-Quodlibet hatte die Welt in der Tat noch nicht gehört!

Ich wäre auch gespannt, Ihre Meinung über die heute hin und wieder gepflegte Aufführungspraxis zu erfahren, das »Christe, du Lamm Gottes« im Eingangschor von BWV 127 von einem zweiten Chor kurzerhand singen zu ♪90 *lassen – damit die unglaubliche Komplexität des Satzes, die vielen Hörern sonst verborgen bleibt, deutlich vor Ohren geführt wird.*

Apropos vor Ohren, Sie Klang-Magier: In der großen Sopran-Arie der Kantate – eine der längsten in Ihrem Œuvre – haben Sie auf zauberhafte Weise das Ruhen der Seele »in Jesu Händen, wenn Erde diesen Leib bedeckt«, ♪91 *in Noten ausgedrückt. Das Stück ist sicherlich eine der Bach-Arien für die einsame Insel. Und es gehört zugleich zu jener Handvoll von Kompositionen aus Ihrem Kantatenwerk, in denen Sie die Vorstellung vom ewigen Frieden, der nach der Erlösung durch Jesus im Jenseits auf uns warten soll, so überzeugend ›herüberbringen‹, dass zumindest mich der Klang der im B-Teil besungenen »Sterbeglocken« in der Tat »unerschrocken« macht.*

Nachklänge in der zweiten Fassung der Johannes-Passion

Mit »Herr Jesu Christ, wahr' Mensch und Gott« BWV 127 war Bachs beständige kompositorische Auseinandersetzung mit Kirchenliedern in der Saison 1724/25 noch nicht ganz beendet. Gegen Ende der Fastenzeit, am Fest Mariæ Verkündigung, präsentierte er aber seine wirklich letzte neue Choralkantate: »Wie schön leuchtet der Morgenstern« BWV 1. Am Osterfest folgte eine Wiederaufführung seines alten, wohl Mühlhäuser Choralkonzertes »Christ lag in Todesbanden« BWV 4. Und dazwischen, in der Karfreitagsvesper, musizierte er erneut seine Johannes-Passion, allerdings mit einigen maßgeblichen Abweichungen gegenüber der Urfassung von 1724, die fast sämtlich darauf abzielten, den Anteil an choralgebundenen Sätzen zu erhöhen: Bach ersetzte sowohl den Eingangschor (»Herr, unser Herrscher«) als auch den Schlusschoral (»Ach Herr, lass dein lieb Engelein«); Ersteren durch eine großangelegte Bearbeitung des

Passionsliedes »O Mensch, bewein dein Sünde groß« (das Stück erwählte er später als Schlusschor für den ersten Teil seiner Matthäus-Passion); Letzteren durch jene ausgedehnte Choralfantasie über Luthers »Christe, du Lamm Gottes«, mit der er 1723 seine Probekantate »Du wahrer Gott und Davids Sohn« BWV 23 beendet hatte – welch eine Brücke auch zur Estomihi-Kantate von 1725 (BWV 127), in der er Luthers Agnus-Dei-Lied ebenfalls im Eingangschor verarbeitete.

Außerdem ersetzte Bach drei Arien durch Neukompositionen, darunter die dramatische Arie des weinenden Petrus (»Ach, mein Sinn«). Eine der neuen Arien schlug ebenfalls eine unüberhörbare Brücke zum Konzept des Choralkantaten-Jahrgangs: »Himmel, reiße, Welt erbebe« für Bass, Sopran und Basso continuo. Das Stück erklingt relativ am Beginn der Passionsgeschichte und ist eine Reflexion der christlichen Gemeinde auf jenen Backenstreich, den ein Diener des Kaiphas dem gefangenen Jesus verabreicht, als dieser zu seinem ersten Verhör im Tempel erscheint. Bach scheint vorab seinen uns unbekannten Textdichter instruiert zu haben, nach welchem Schema dieser die Ariendichtung zu verfassen hat: Eine jede Verszeile sollte ein Reimpaar mit der entsprechenden Zeile aus Paul Stockmanns Passionslied »Jesu, deine Passion, ist mir lauter Freude« bilden. Warum? Weil Bach die aufgebrachte Reaktion auf den Backenstreich offensichtlich von vornherein in einen raffinierten Dialog mit Stockmanns beliebtem Choral stellen wollte. Heraus kam dabei (Liedzitate kursiv):

BASSO: Himmel reiße, Welt erbebe, fallt in meinen Trauerton,
SOPRAN: *Jesu, deine Passion*
BASSO: sehet meine Qual und Angst, was ich, Jesu, mit dir leide!
SOPRAN: *ist mir lauter Freude,*
BASSO: Ja, ich zähle deine Schmerzen, o zerschlagner Gottessohn,
SOPRAN: *deine Wunden, Kron und Hohn*
BASSO: ich erwähle Golgatha vor dies schnöde Weltgebäude.
SOPRAN: *meines Herzens Weide.*
BASSO: Werden auf den Kreuzeswegen deine Dornen ausgesät,
SOPRAN: *Meine Seel auf Rosen geht,*
BASSO: weil ich in Zufriedenheit mich in deine Wunden senke,
SOPRAN: *wenn ich dran gedenke;*

BASSO: so erblick ich in dem Sterben, wenn ein stürmend Wetter weht,
SOPRAN: *in dem Himmel eine Stätt*
BASSO: diesen Ort, dahin ich mich täglich durch den Glauben lenke.
SOPRAN: *mir deswegen schenke!*

Unersättlicher Bach, wie Sie diese Vorlage letztlich musikalisch umgesetzt haben, wog in puncto Dramatik alles auf, was andernorts in der Johannes-Passion durch Streichungen verlorengegangen sein mag. Ja, wie Sie hier die zornigen Worte der Gläubigen über die ungeheuerliche Tat mit dem vom Sopran förmlich hineingeschrienen Passionschoral kombinierten und dies ♪92
alles mit unerbittlich absteigenden chromatischen Linien und wahrhaft schmerzenden Querständen in eine alptraumartige Szene verwandelten, muss doch manchem ihrer Hörer veritables Herzrasen beschert haben. War das nicht vielleicht doch zu viel für die Besorgten innerhalb Ihrer Leipziger Geistlichkeit? Es würde mich jedenfalls nicht wundern, wenn der Herr Superintendent Sie nach der Aufführung beiseitegenommen und einmal mehr »ernstlich injungiret« haben sollte, bei Ihren kunstvollen musikalischen Höhenflügen in puncto Dramatik doch künftig besser einen Gang zurückzuschalten, um das Nervengerüst der Schwachbesaiteten wenigstens etwas zu schonen. Dann mit Erfolg: In Ihren späteren Wiederaufführungen der Johannes-Passion tauchte die Arie (leider) nicht wieder auf.

Komplex: die nachkomponierten Choralkantaten

Was auch immer Bach im Frühjahr 1725 zum Abbruch des Choralkantaten-Jahrgangs bewogen haben mag, es führte nicht dazu, dass er dem Modell Choralkantate gänzlich entsagte. Im Gegenteil, Bach nutzte in den folgenden Jahren immer wieder sich bietende Möglichkeiten, um einzelnen Kirchenliedern ebenfalls seinen Ansatz der Choral-Veredlung angedeihen zu lassen und verbliebene Lücken im ♪93
Jahrgang aufzufüllen. Und wie! Sei es seine feierliche Variante von Philipp Nicolais »Wachet auf, ruft uns die Stimme« (BWV 140) oder seien es seine Auseinandersetzungen mit Martin Luthers »Ein feste Burg« (BWV 80) und »Wär' Gott nicht mit uns diese Zeit« (BWV 14) – all diese Choralkantaten wurden unter seiner Feder so unsterblich

wie die Choräle selbst und manche regelrechte Klassiker der protestantischen Kirchenmusik.

In den Eingangschören von BWV 80 und 14, die Bach beide wohl erst Mitte der 1730er Jahre zu Papier brachte, legte er in Sachen kontrapunktischer Finesse gegenüber den älteren Werken sogar noch eine Schippe drauf: In BWV 14, komponiert für den 4. Sonntag nach Epiphanias 1735 (den es 1725 nicht gab), ist der Eingangschor eine
94♪ ausgedehnte Choralmotette, in der das Lied zwar, wie üblich, zeilenweise in allen Gesangsstimmen fugiert durchgeführt wird; jedoch stehen hier die einzelnen Stimmen stets in konsequenter Gegenbewegung zueinander, d.h., die Intervalle des Fugenthemas bewegen sich jeweils in die entgegengesetzte Richtung. Erst am Ende einer jeden Episode erklingt der unverfälschte Cantus firmus, allerdings nur instrumental, vorgetragen von Horn und Oboen.

Noch komplexer geriet der Eingangschor von »Ein feste Burg« BWV 80 – für viele der Höhepunkt in Bachs Choralbearbeitungspra-
95♪ xis. Hier hat er die einzelnen Choralzeilen ebenfalls in einer ausgeklügelten Doppelfuge verarbeitet. Am Ende der Episoden erklingt der Cantus firmus aber obendrein als Kanon zwischen den höchsten und den tiefsten Instrumenten: Oboen und Violone – *Kontrapunkt-König Bach, aus Ihrer Sicht war dieser, den Tonumfang ausmessende Kanon sicher die anschaulichste Metapher für die allumfassende Macht und Ordnungskraft Gottes. Und apropos Ordnungskraft: Mit der Bewältigung solcher selbstgestellten Denkaufgaben rüsteten Sie sich dann wohl schon innerlich für Ihr Spätwerk – in dem Sie dann, namentlich in der »Kunst der Fuge«, Rechenschaft über Ihre lebenslange Forschungsreise durch das stürmische Meer des Kontrapunktes ablegten und dabei längst in den einsamen Sphären allerhöchster Polyphonie-Kunst angekommen waren. Einsam, weil ich mir vorstelle, dass Ihnen schon bei der Komplexität, die Sie in Ihren späten Choralkantaten an den Tag legten, eigentlich kaum noch jemand intellektuell folgen konnte.*

Alles anders: 14 Kantaten ab Ostern

In Bachs Komponierstube lief auch um den Sonntag Jubilate im April 1725 alles nach Plan. Einmal mehr floss im Wochentakt eine neue Kantate aus dem Kopf des Thomaskantors über seine Feder direkt aufs Notenpapier. Einmal mehr brachte nebenan seine Frau Anna Magdalena ein Kind zur Welt, mittlerweile ihr drittes und sein zehntes: Christian Gottlieb Bach – geboren am 14. April 1725, gestorben dann mit drei Jahren am 21. September 1728. Und einmal mehr zeichnete Bach in der zu komponierenden Kantate ein überwältigendes Klangbild zu einem zentralen Bibelwort; diesmal zu Worten aus den rätselhaften Abschiedsreden Jesu, der nach dem Einzug in Jerusalem seinen Jüngern offenbarte: »Ihr werdet weinen und heulen, aber die Welt wird sich freuen; ihr werdet traurig sein, doch eure Traurigkeit soll in Freude verkehret werden« (Johannes 16,20).

Bach verpackte die verstörenden Worte, die von Verlust, Trauer und Verfolgung, aber auch von Zukunft und Zuversicht künden, zu Beginn der Kantate BWV 103 in einer riesenhaften, archaisch tönenden Chor-Doppelfuge voller Engführungen. Dabei sind seine beiden Fugenthemen reinste Tonmalerei, fokussiert auf die Worte »weinen« (absteigende Chromatik) und »freuen« (eine Koloratur, die wie ein höhnisches Lachen klingt). Zugleich geriet der Eingangschor aber auch zu einem Konzert für Piccolo-Blockflöte und das übrige Ensemble. Denn Bach lässt das höchste aller Blasinstrumente den Satz über weite Strecken mit wilden Sechzehntelketten konterkarieren ♪96 und das abwärts gerichtete »Weinen und heulen« des Chors durch zusätzlich hineingespielte Chromatik verschärfen. Ja, es scheint, dass nach seiner Intention die Piccolo-Flöte mit ihren grellen, hochvirtuosen Tönen hier für die erbärmliche Welt stehen soll, die schon bald voller Spott und mit bestem Gewissen den Messias ans Kreuz nageln wird.

Mittendrin aber, auf die Worte »Ihr aber werdet traurig sein«, stoppt das Fugen-Gewirr und lässt Bach seinen Jesus nur noch als (solistischen?) Bass zu den Hörern sprechen. Dreimal wiederholt dieser den Halbsatz, jedes Mal in intensiver werdenden harmonischen Gängen, verbunden durch überleitende chromatische Gesten der Flöte, die beim letzten »trau-rig« eine regelrecht überirdisch klingende Auflösung erfahren – und ins zweite Chor-Fugato münden, in dem schließlich die Trauer in Freude verkehrt wird. Kurz: ein Eingangschor der Extraklasse, der Bach in dieser Kantate gelungen ist.

Dennoch war etwas grundlegend anders als in den Monaten zuvor. Bach hatte drei Wochen zuvor – kurz vor der Ziellinie – seine Praxis aufgegeben, in seinem zweiten Leipziger Jahr allsonntäglich ein berühmtes Kirchenlied in eine Kantate zu verwandeln. Aber er hatte wacker weiterkomponiert. Inzwischen, mit dem Sonntag Jubilate, war er dabei auf formal weniger außergewöhnliche Kantatentexte von Christiana Mariana von Ziegler umgeschwenkt, einer früh verwitweten Dame aus der Leipziger Oberschicht, die mit ihren geistreichen Dichtungen die literarische Szene des gelehrten Sachsens verzückte – und nun offenbar auch den Thomaskantor Bach.

Die Art und Weise, wie Bach die Verse der Zieglerin in Noten setzte, lässt keinen Zweifel daran aufkommen, dass er, trotz des Abbruchs des Großprojektes Choralkantaten-Jahrgang, noch immer den Vorsatz verfolgte, seinen Zuhörern weiterhin neukomponierte Meisterwerke im Wochentakt zu präsentieren. Bis zum Trinitatisfest 1725 sollte er an den Texten der Zieglerin acht weitere ›Kantaten-Edelsteine‹ schleifen; darunter so bewegende Stücke wie den ganz passional tönenden Eingangschor der Kantate auf den zweiten
97 ♪ Pfingstfeiertag »Also hat Gott die Welt geliebt« BWV 68, das wil-
de Antichrist-Bashing in der Exaudi-Kantate »Sie werden euch in den Bann tun« BWV 183 nebst ›himmlisch‹ klingender Bekenntnis-
98 ♪ Arie »Ich fürchte nicht des Todes Schrecken« oder die mitreißende Pfingstkantate »Wer mich liebet, der wird mein Wort halten« BWV 74. In Letzterer hat Bach mit der Bravour-Arie für Alt, »Nichts kann mich erretten von höllischen Ketten als, Jesu, dein Blut«, eine seiner virtuosesten Arien überhaupt geschaffen und dabei ganz tief ins theatralische Fach gegriffen: Eine Solovioline konzertiert hier in wildesten Läufen und in einer Materialschlacht aus Doppel- und Dreifachgriffen mit dem übrigen Orchester aus drei Oboen und Streichern, um die »höllischen Ketten« glaubhaft rasseln zu lassen; zeitgleich verkündet der Alt, nicht minder virtuos, den endgültigen
99 ♪ Sieg über den Teufel – und lacht im B-Teil in Triolenketten spöttisch über dessen hilflose Wut.

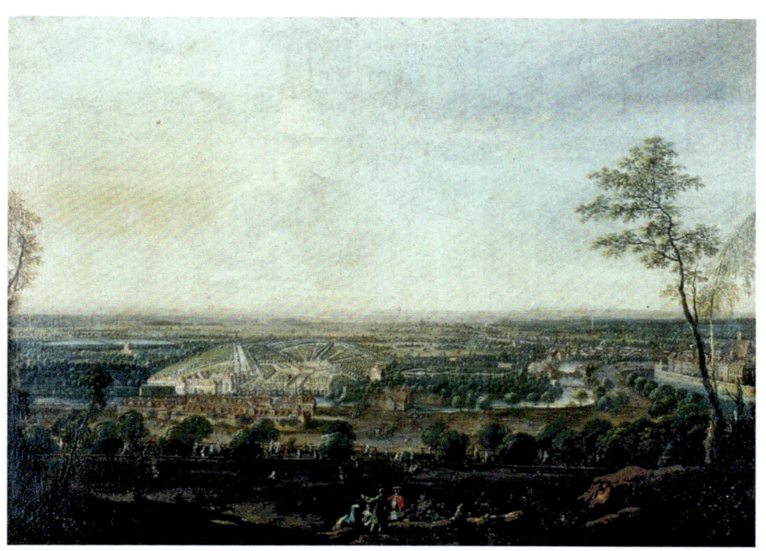

Westliche Umgebung Leipzigs mit der Pleiße im Vordergrund, ungefähr dem Blick aus Bachs Komponierstube entsprechend – Ölgemälde von Alexander Thiele, um 1740

Mit Erreichen des Trinitatisfestes konnte Bach von sich behaupten, in seinem zweiten Leipziger Dienstjahr (mit Ausnahme des tempus clausum und des 6. Sonntags nach Trinitatis, an dem er zu einem Gastspiel in Köthen war) tatsächlich für jeden Sonn- und Festtag eine neue Kantate – insgesamt 59 an der Zahl – komponiert zu haben.

Verehrter Bach, was für eine Bilanz, welch eine geballte Kreativität, und dies alles entstanden unter einem zeitlichen Druck, der so gar nicht mit unserem heutigen Verständnis der Genese von Meisterwerken vereinbar gewesen zu sein scheint. Und doch ist Ihnen – wie auch immer – diese Vereinbarkeit gelungen. Ich nehme an: Auch Sie werden einigermaßen zufrieden auf das Erreichte zurückgeblickt haben.

V. EXPERIMENTELL: DER DRITTE JAHRGANG (1725–1727)

Jahrgang III: eine Hilfskonstruktion

An den beeindruckenden Werkkomplex aus Bachs zweitem Jahr im Thomaskantorat schloss sich der sogenannte dritte Leipziger Kantaten-Jahrgang an. Aber der ist genau genommen gar kein Jahrgang im eigentlichen Sinne, weil er weder innerhalb eines Jahres erstellt wurde noch Kompositionen für alle zu bespielenden Termine eines Kirchenjahres umfasst. Vielmehr handelt es sich bei ihm um eine Art Hilfskonstruktion, von der Bach-Forschung gewählt, um alle 37 erhaltenen Kantaten, die Bach ab dem 1. Sonntag nach Trinitatis 1725 bis zum Pfingstfest 1727 komponierte, in einem Oberbegriff zusammenfassen zu können. Eine Hilfskonstruktion ist die Bezeichnung »Dritter Jahrgang« aber auch, weil die Stücke keinem übergreifenden Gestaltungskonzept (mehr) gehorchen. Außerdem bleibt es in manchen Fällen offen, ob die Lücken in Bachs nur unvollständig rekonstruierbarem Aufführungskalender während dieses Zeitraums durch womöglich verlorengegangene Kantaten bedingt sind oder Bach in den zwei Jahren im großen Stil begonnen haben sollte, nicht mehr nur Bach zu musizieren, sondern auch Werke anderer Komponisten – eine Praxis, die sich etwa für die Zeit zwischen Februar und September 1726 belegen lässt, als er 18 Kantaten seines Vetters, des Meininger Hofkapellmeisters Johann Ludwig Bach, auf die Pulte seiner Musiker legte.

Unsicherheit herrscht in der Forschung bereits, was den Beginn des dritten Jahrgangs betrifft. Für den 1. und den 2. Sonntag nach Trinitatis 1725 gibt es keinerlei Hinweise darauf, welche Werke in den Leipziger Kirchen erklangen. Für die Zeit zwischen 3. und 6. Sonntag nach Trinitatis hingegen liegt zwar ein gedrucktes Büchlein mit den Texten der aufgeführten Kantaten vor, jedoch finden diese Dichtungen nirgendwo in Bachs überliefertem Œuvre ihre Entsprechungen. Hingegen existieren Vertonungen von Georg Philipp Telemann, Johann Mattheson und Reinhard Keiser.

Auftakt: Moselwein statt Kantaten

Schweigsamer Bach, zumindest bei der Frage nach den Anfängen Ihres dritten Leipziger Dienstjahres bin ich Ihnen vor einigen Jahren auf die Schliche gekommen: im Thüringischen Staatsarchiv zu Greiz. Erinnern Sie sich? Am 11. Juni 1725 quittierte der Weinmeister Nicolaus Rische den Erhalt einer stattlichen Summe aus den Mitteln der Johanniskirche zu Gera »beym Hierseyn des Herrn CapellMeisters Bach«. Die Abrechnung war fällig, weil Sie sich vom 30. Mai bis 6. Juni in Gera aufgehalten und laut Quittung während dieser Woche auf Kirchenkosten zwölfmal gespeist, etliche Kannen »Moslerwein«, einiges an Bier sowie reichlich »Brandtwein, Coffee, Thee, Zucker, Toback und Pfeifen« konsumiert hatten.

Nichts für ungut, das Geld war gut angelegt, schließlich reisten Sie nach Gera, um die neuerbaute Fincke-Orgel in der Stadtkirche auf Herz und Nieren, sprich: auf Lunge, Traktur und Pfeifen, zu prüfen. Als Orgelsachverständiger waren Sie längst weitberühmt und sicherlich vielgefragt. Da wird es Ihnen niemand in Leipzig verübelt haben, wenn Sie nach zwei Jahren Dauerpräsenz sich nun Ihres alten Ruhmes erinnerten und hin und wieder auf eigene Rechnung derartige Gutachterdienste andernorts übernahmen. Und dennoch fühlt es sich schon ein wenig seltsam an, dass Sie, der Thomaskantor, ausgerechnet am 3. Juni als dem 1. Sonntag nach Trinitatis und somit dem zweiten Jahrestag Ihres Dienstantritts im gut 80 Kilometer entfernten Gera weilten, um dort eine Orgel zu prüfen; und dass just an diesem Tag – Weinmeister Rische ist mein Zeuge – so viel Moselwein wie an keinem der übrigen Tage, pardon, den Bach hinunterfloss: ganze sieben Kannen!

Mit anderen Worten: Der Thomaskantor Bach war zu Beginn seiner dritten Kantaten-Saison gar nicht in Leipzig und wird die Leitung der Kirchenmusik deshalb kurzerhand einem Präfekten oder vielleicht seinem Kollegen Georg Balthasar Schott, dem Musikdirektor der Neukirche, übertragen haben. Wie lange er damals der Stadt fernblieb, womöglich, weil er außerdem noch zu Gastspielen an den reußischen Höfen aufwartete, wissen wir nicht. Bezeichnenderweise ist die nächste neue Bach-Kantate erst für den 9. Sonntag nach Trinitatis (29. Juli 1725) belegt: »Tue Rechnung, Donnerwort« BWV 168 – jene Standpauke gegenüber den Mammon-Jägern und Spesen-Rittern dieser Welt mit der von Bach so lammfromm ver-

tonten Tenor-Arie »Kapital und Interessen, meine Sünden, groß und klein, müssen einst verrechnet sein«. *Aber, trinkfester Herr Bach, wer wäre ich, wenn ich Sie nach zwei Jahren durchgängigem Soli-Deo-Gloria-Dienst in Leipzig für die Reise nach Gera und die üppige Weinrechnung von Meister Rische mit einem ›Donnerwort‹ kritisieren würde! Zumal Sie Ihre Abwesenheit am 1. Sonntag nach Trinitatis 1725 im Jahr darauf mehr als ›ausgeglichen‹ haben: mit dem sagenhaften Eingangschor zur Kantate*
100 ♪ *»Brich dem Hungrigen dein Brot« BWV 39 – dem mit 218 Takten zweitlängsten Einzelsatz in Ihrem gesamten Kantatenwerk.*

Orgel gegen alle

Es gibt gute Gründe anzunehmen, dass Bach auch in der Folgezeit einen Paradigmenwechsel gegenüber den buchstäblich durchkomponierten ersten beiden Dienstjahren vollzogen hat und nun tatsächlich hin und wieder Werke anderer Komponisten im Gottesdienst musizierte bzw. häufiger abwesend war und sich dann von einem Kollegen vertreten ließ. Allein in der zweiten Jahreshälfte 1725 muss er mindestens zwei weitere Male Leipzig für mehrere Tage verlassen haben.

»Nachdem neulich der Capell-Director aus Leipzig Monsieur Bach anhero kommen, so ist selbiger von hiesigen Hof- und Stadt-Virtuosen sehr wohl empfangen worden, welcher um seiner Geschicklichkeit und Kunst in der Music von ihnen allerseits sehr admiriret wird, wie er denn gestern und vorgestern in derselben Gegenwart auf dem neuen Orgel-Werck in der St. Sophien-Kirche in Praeludiis und diversen Concerten mit unterlaufender Doucen Instrumental-Music in allen Tonis über eine Stunde lang sich hören lassen.«

Der Bericht aus Dresden im Hamburger »Relations-Courier« vom 21. September 1725 verrät zwar nicht, welche »diversen Concerten« Bach mit den Virtuosen der Hofkapelle Augusts des Starken kurz zuvor in der Sophienkirche aufgeführt hatte. Aber er macht deutlich, dass Bach zu diesem Anlass sein Leib-und-Magen-Instrument, die Orgel, spielte, und zwar gemeinsam und im Dialog mit einem ganzen Orchester (und womöglich auch mit manchem erlesenen Sänger der Dresdner Hofkapelle). Das Konzert könnte die Initialzündung für eine Innovation gewesen sein, die einer Handvoll Kantaten in Bachs drittem Jahrgang eigen ist. Der Thomaskantor ging nämlich wenig später dazu über, die Orgel – in den Kantatenaufführungen traditionell zum begleitenden Generalbass-Spiel verdammt – zum strahlenden Solo-Instrument zu erheben. Mal durfte sie sich in einem »Concerten«-Satz zu Beginn einer Kantate mit allen anderen Instrumenten ›duellieren‹; mal wurde sie der gleichberechtigte Duett-Partner des Sängers in einer Arie und manchmal sogar in einer ganzen Solo-Kantate (z.B. BWV 35, 169 und 170). Ersteres geschah etwa am Sonntag Jubilate 1726, als sich ganz Leipzig zur Handelsmesse rüstete und manch angereister Dresdner Adeliger im Gottesdienst ein Déjà-vu-Erlebnis gehabt haben mag. Die gewaltige Sinfonia, die damals die aufgeführte Kantate »Wir müssen durch viel Trübsal in das Reich Gottes einkehren« BWV 146 einleitete (später wiederverwendet im Clavierkonzert d-Moll BWV 1052), liefert uns ♪ 101 heute jedenfalls einen Begriff davon, wie überwältigend es sich angehört haben muss, wenn Bach auf der Orgel mit einem ganzen Orchester wetteiferte – und sich dabei förmlich in einen Rausch spielte.

Wobei ich mich bei der ausgedehnten Sinfonia zu dieser Kantate schon frage, welche inhaltliche Aussage Sie, verehrter Bach, damit eigentlich transportieren wollten? Den in der Kantate thematisierten Weg durch viel Trübsal Richtung Himmel wohl kaum, auch wenn Sie in den harmonisch wie rhythmisch immer wilder werdenden Solo-Episoden der Sinfonia scheinbar einen ganzen musikalischen Kosmos erschließen.

Ode an das Lachen

Im Dezember 1725 brach das Ehepaar Bach zu einem weiteren mehrtägigen Gastspiel auf, diesmal an seine ehemalige Wirkungsstätte, den Hof zu Anhalt-Köthen. Zwar wissen wir nicht genau, was die Bachs bei ihrem Comeback in Köthen musizierten – vielleicht eine Geburtstagskantate zum 31. Geburtstag ihres geliebten Fürsten Leopold. Aber es ist gut möglich, dass der kurze Ausflug in das anhaltische Arkadien und das Musizieren vor dem kleinen

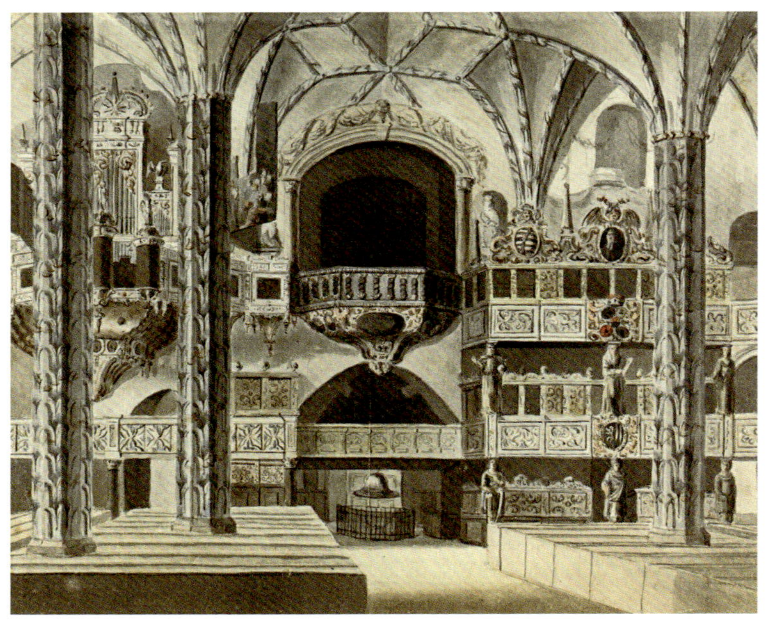

Das Kirchenschiff der Nikolaikirche Richtung Westen

Sonnenkönig auf Johann Sebastian Bachs Leipziger Kirchenmusik
an den bevorstehenden Weihnachtsfeiertagen abstrahlte. Auffällig
ist nämlich, dass Bach unmittelbar nach seiner Rückkehr, am ersten Weihnachtstag, eine Kantate (BWV 110) aufführte, in deren
Eingangschor er sich der Festgemeinde so klangprächtig wie selten und buchstäblich mit einem Paukenschlag demonstrativ als der
große städtische Kapellmeister präsentierte – und dabei die beiden
Hauptkirchen allein mit seinen Noten in den Prunksaal von Versailles verwandelte. »Unser Mund sei voll Lachens und unsre Zunge
voll Rühmens. Denn der Herr hat Großes an uns getan«, heißt es
im Eingangschor mit Versen aus Psalm 126. Sie stehen hier für die
unbändige Freude der Christenheit über die Geburt des Heilandes.
Um diese angemessen zum Ausdruck zu bringen, griff Bach zu einem erstaunlichen Mittel: Er übernahm die Noten seiner vor Jah-
53♪ ren in Köthen entstandenen opulenten Ouvertüre in D-Dur für drei
Trompeten, Pauken, zwei Oboen und Streicher und textierte deren

schnellen fugierten Mittelteil, der eigentlich für ein Ensemble voller Instrumentalvirtuosen konzipiert war, mit den Worten des Psalms. Das Ganze wirkt vollkommen überzeugend und lautmalerisch, weil Bach die Rhythmik der kleingliedrigen Motive und die damit verbundene Textdeklamation so (um)gestaltete, dass den Hörern aus den Mündern der Chorsänger ein permanentes »La-ha-ha-ha-chen« ♪54
entgegenschallt. Großartig!

Mutiger Herr Bach, wieder ein Geniestreich und wirklich das klanggewordene freudige Lachen der ganzen Christenheit. Aber zugleich was für eine Materialschlacht – an der ich offen gestanden schon manchen Chor habe scheitern hören. Hand aufs Herz: Kam Ihnen die verwegene Idee, Ihre Ouvertüre kurzerhand zu textieren, bei Ihrem Comeback in Köthen oder auf der Rückreise in der Kutsche – womöglich auch, weil Weihnachten bereits viel zu nah, die Fertigstellung der insgesamt fünf neuen Kantaten für die zweiwöchige Weihnachtssaison (25. Dezember bis 6. Januar) aber noch viel zu fern war? So war zumindest für die ›Ouvertüre‹ der Festmusiken nur noch Ihr Handwerk, nicht aber mehr das Entwickeln einer kreativen musikalischen Idee gefragt. Aber ist die Aufführung gut abgegangen? Ich habe meine Zweifel, denn immerhin haben Sie das Stück Jahre später wiederaufgeführt und zu diesem Anlass präzisiert, wo die Sänger ihre Partien solistisch, wo chorisch vorzutragen haben – vielleicht, damit das Ganze weniger anfällig war, rhythmisch auseinanderzufallen?

Außerdem finde ich es erstaunlich, dass Sie in den übrigen Weihnachtskantaten den Chor und auch das Blech geschont haben. Was war passiert?

Bitte verstehen Sie mich nicht falsch, ich liebe Ihren Eingangschor. Wenn er gelingt, ist eine Aufführung der Kantate BWV 110 der Himmel auf Erden. Aber zugleich ist der Chor für mich das Paradebeispiel für die Berechtigung eines Vorwurfes, den ich ebenfalls zwar nicht teile, aber den Sie sich von Ihren Zeitgenossen anscheinend nicht nur einmal anhören mussten. Johann Adolph Scheibe hat ihn 1737 in seiner anonymisierten Kritik an Ihrem Kompositionsstil auf den Punkt gebracht: »weil er nach seinen Fingern urteilt, so sind seine Stücke überaus schwer zu spielen; denn er verlangt, die Sänger und Instrumentalisten sollen durch ihre Kehle und Instrumente eben das machen, was er auf dem Claviere spielen kann. Dieses aber ist unmöglich«!

Noch der junge Richard Wagner, obgleich noch längst nicht Ihr ganzes Œuvre überblickend, blies in dieses Horn und verstieg sich 1834 in die Behauptung:

»Bei diesem Uebermaß von bloß musikalischem, eigentlich instrumentalischem Inhalt musste das Wort sich sogar oft gezwungen unter den Ton fügen; die Menschenstimme, als besonderes Tonorgan, ward von ihm (Bach) gar nicht als solches bedacht; ihr eigenthümlicher Effekt ward von ihm nie genug gewürdigt und erkannt; er ist als kantabler Gesangskomponist nichts weniger als klassisch, so viel auch die blinden Verehrer dieses Tonmeisters Zeter schreien mögen.«

Wie dem aber auch sei, ich hoffe sehr, dass Sie Ihren Geniestreich wenigstens einmal in einer gelungenen Aufführung hören konnten – und dass das von Ihnen so trefflich in die Noten geschriebene singende Lachen nicht manchem Ihrer Thomaner buchstäblich im Halse steckenblieb!

Solokantaten

In den Werken des dritten Jahrgangs überraschte Bach nicht nur (erneut) mit vielerlei experimentellen Eingangssätzen. Auch und gerade in den Arien ging er neue Wege und bot hier in seinen musikalischen Reflexionen auf die einzelnen Evangelien manche Momente höchster Intensität. In der Herbst/Winter-Saison 1726/27 geschah dies in einer Reihe von Kantaten, die er nur für einen Sänger bestimmte (teilweise mit chorischen Schlusschorälen) und mit besonders großangelegten Arien bestückte. Darunter sind solche ›Kantaten-Brillanten‹ wie die Alt-Kantaten »Gott soll allein mein Herze haben« BWV 169, »Vergnügte Ruh, beliebte Seelenlust« BWV 170 und »Geist und Seele wird verwirret« BWV 35, die Tenor-Kantate »Ich armer Mensch, ich Sündenknecht« BWV 55 sowie die Bass-Kantaten »Ich habe genu(n)g« BWV 82 und »Ich will den Kreuzstab gerne tragen« BWV 56.

Wie sich vor wenigen Jahren überraschend herausstellte, ist der Textdichter von einem großen Teil der Kantaten des dritten Jahrgangs der damals erst 24-jährige Christoph Birkmann, ein aus Nürnberg stammender Leipziger Theologiestudent, der anscheinend ein glühender Verehrer von Bachs Kirchenmusik war und regelmäßig bei dessen Kantatenaufführungen (als Instrumentalist?) mitwirkte: »Dabey ließ ich doch die Musik nicht ganz liegen, sondern hielte mich fleißig zu dem grossen Meister, Herrn Director Bach und seinem Chor, besuchte auch die Collegia musica«. 1728, inzwischen in seine Heimat zurückgekehrt, publizierte er einen ganzen Jahrgang Kantatentexte (»Gott-geheiligte Sabbaths-Zehnden bestehend aus Geistlichen Cantaten«), und in diesem sind die Texte zu (mindestens) 23 Bach-Kantaten aus dem Zeitraum 1724 bis 1727 abgedruckt, ebenso das Libretto zur zweiten Fassung der Johannes-Passion (1725). Allerdings bekennt Birkmann in der Vorrede ziemlich vage und leider irreführend, »etliche Stücke« seien ihm seinerzeit in Leipzig von »einem guten Freund ... vorgearbeitet« worden. Tatsächlich tauchen in seiner Sammlung Dichtungen auf, die nachweislich von bekannten Kantaten-Librettisten wie Erdmann Neumeister, Georg Christian Lehms oder Salomon Franck herrühren. Birkmann hat sich also teilweise mit fremden Federn geschmückt, und so bleibt fraglich, welche der Dichtungen wirklich von ihm stammen. Einiges deutet aber darauf hin, dass zumindest die Texte zu fast allen Solo-Kantaten des Jahrgangs auf ihn selbst zurückgehen, speziell diejenigen Stücke, in denen ein Ich-Erzähler seinen Blick auf das jeweilige Sonntagsevangelium präsentiert. Die zwei berühmtesten sind die Bass-Kantaten »Ich habe genu(n)g« BWV 82 und »Ich will den Kreuzstab gerne tragen« BWV 56.

Insbesondere die Kreuzstab-Kantate, komponiert auf den 19. Sonntag nach Trinitatis und uraufgeführt am 27. Oktober 1726, ist ein Stück, das an gestalterischer Tiefe seinesgleichen sucht, weil es bis in die kleinste Note die musikalische Durchleuchtung eines Textes bietet, der seinerseits von zeitloser Gültigkeit ist. Dies zeigt sich ♪ 102
großflächig in der eindrucksvollen Eingangsarie, die das Bekenntnis eines Gläubigen liefert, in der Nachfolge Christi und mit unerschütterlichem Gottvertrauen alles irdische Leid zu ertragen. Es zeigt sich aber auch in dem anschließenden, lediglich 21 Takte umfassenden Rezitativ, dessen Text nur vor dem Hintergrund des Evangeliums verständlich wird. Hier heißt es (Matthäus 9,1–2):

»Da trat Jesus in das Schiff und fuhr wieder herüber und kam in seine Stadt. Und siehe, da brachten sie zu ihm einen Gichtbrüchigen, der lag auf einem Bette. Da nun Jesus ihren Glauben sah, sprach er zu dem Gichtbrüchigen: Sei getrost, mein Sohn; deine Sünden sind dir vergeben.«

Für Birkmann war dies der Anlass, in dem Rezitativ den beliebten

Topos aufzugreifen, die menschliche Lebensreise mit einer Schifffahrt zu vergleichen:

»Mein Wandel auf der Welt ist einer Schiffahrt gleich: Betrübnis, Kreuz und Not sind Wellen, welche mich bedecken und auf den Tod mich täglich schrecken. Mein Anker aber, der mich hält, ist die Barmherzigkeit, womit mein Gott mich oft erfreut. Der rufet so zu mir: ›Ich bin bei dir; ich will dich nicht verlassen noch versäumen!‹ Und wenn das wütenvolle Schäumen sein Ende hat, so tret ich aus dem Schiff in meine Stadt, die ist das Himmelreich, wohin ich mit den Frommen aus vielem Trübsal werde kommen.«

Bach setzte Birkmanns Worte auf bewegende Weise in Szene. Das
103 ♪ Cello untermalt den Gesang mit beständigen Wellenbewegungen, die erst zur Ruhe kommen, als der Hafen erreicht ist. In diesem allerletzten Takt ließ Bach alle Lebenspein und den Moment des Todes nochmals kulminieren: mit einer wahrhaft entrückten Modulation, die dem Gläubigen den Weg ins ewige Himmelreich zu ebnen scheint.

Für den rührenden Kantatentext konnte es im Grunde nur einen passenden Schlusschoral geben: die sechste Strophe aus Johann Francks Kirchenlied »Du, o schönes Weltgebäude«. Denn auch Franck vergleicht hier die Lebensreise mit einer Schifffahrt, nur dass bei ihm der Tod als des »Schlafes Bruder« die Ruder des Schiffleins lösen soll, um den Menschen auf seiner letzten Reise zum »sicher'n Port« Jesus Christus zu begleiten:

»Komm, o Tod, du Schlafes Bruder;
komm und führe mich nur fort.
Löse meines Schiffleins Ruder,
bringe mich an sicher'n Port!
Es mag, wer da will, dich scheuen;
du kannst mich vielmehr erfreuen,
denn durch dich komm ich herein
zu dem schönsten Jesulein.«

Klangmagier Bach, ich bin mir sicher: Martin Luther, dem es in seiner Theologie ein zentrales Anliegen war, den Menschen die Angst vor dem Tod zu nehmen, wäre vor Ihrem bezaubernden Choralsatz ebenso in die Knie

gegangen wie inzwischen Generationen von Hörern. Denn auch hier schla-
gen Sie allein mit Ihren Harmoniefolgen die Tore in jene Zwischenwelt zwi- ♪104
schen Diesseits und Jenseits weit auf und vermögen es Ihre Noten – trotz
aller Traurigkeit – gleichermaßen Trost und Hoffnung zu spenden.

Lieblingskantate III: »Ich habe genu(n)g« BWV 82

Gut drei Monate nach der Premiere von BWV 56 drang Bach mit der Bass-Kantate »Ich habe genu(n)g« BWV 82 zum Fest Mariæ Reinigung (2. Februar 1727) erneut weit in die Klangwelt zwischen Leben und Tod vor. Das Stück bietet eine – offenbar ebenfalls von Christoph Birkmann verfasste – Reflexion auf die berühmte Begegnung des Propheten Simeon mit dem erst 40 Tage alten Jesuskind, wie sie im Lukas-Evangelium beschrieben ist (Lukas 2,25–35). Simeon war einst vom Heiligen Geist geweissagt worden: »er sollte den Tod nicht sehen, er habe denn zuvor den Christus des Herrn gesehen.« Ein Leben lang hatte der fromme Mann in Jerusalem diesen Tag herbeigesehnt, und der Geist hat ihm nun eingegeben, sich zum Tempel zu begeben. Als Maria und Joseph mit ihrem Spross das Gebäude betreten, um Gott ein Dankopfer zu bringen, begegnen sie Simeon. Er erkennt in Jesus den Heiland, nimmt das Kind glücklich auf seine Arme, stimmt dabei einen tiefempfundenen Lobpreis an und kann nun endlich zufrieden von dieser Welt gehen oder, wie es Luther so schön übersetzte: »in Friede fahren«.

Seit Jahrhunderten haben Komponisten Simeons Lobgesang in der lateinischen Fassung der Vulgata (»Nunc dimittis«) oder in Luthers deutscher Fassung (»Herr, nun lässest Du Deinen Diener«) immer wieder in Musik gesetzt. Mindestens ebenso oft wurde die Szene auf den Tempelstufen in der bildenden Kunst porträtiert und Simeon dabei stets – denken wir an die großartigen Porträts von Rembrandt – als ein uralter Greis porträtiert: mit müden Augen, die im Moment der Begegnung mit dem Jesuskind noch ein letztes Mal aufblitzen.

Wenn es ein Musikstück geben sollte, das Simeons Zufriedenheit und zugleich Licht und Schatten der ganzen Szene in einer Weise

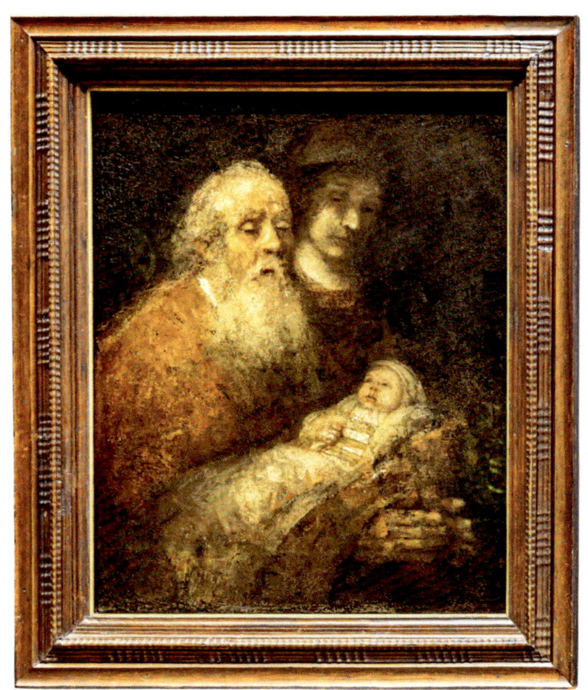

Rembrandt van Rijn, *Simeon im Tempel*
Öl auf Leinwand, um 1669

darstellt, die mit Rembrandt konkurrieren könnte, so ist es sicherlich Bachs Kantate.

Allerdings ist die Kantatendichtung eher ein Abgesang: Der Gottessohn ist auf Erden angekommen, die Welt ist erlöst. Simeon hat nun »genu(n)g« von ihr und will deshalb – wie es im B-Teil der Arie heißt – am besten »noch heute mit Freuden von hinnen scheiden«. Bach vertont diesen Text in einer Weise, dass beim Hörer der Eindruck entsteht, er würde – wie Rembrandt – Simeon direkt in die müden Augen schauen. »Ich habe genug, ich habe den Heiland, das Hoffen der Frommen, auf meine begierigen Arme genommen« –
105♪ Bach grundiert diesen elektrisierenden Moment in beiden Arienteilen mit unermüdlich schwebenden Sechzehntel-Bewegungen der Streicher, die je nach harmonischer Wendung in der Szene für Licht

und Schatten sorgen. Darüber spinnen Bass und Oboe im Zwiegespräch eine schwebende Melodie schier endlos fort. Sie gehört sicherlich zu jenen thematischen Einfällen Bachs, über die sein Sohn Carl Philipp Emanuel so treffend schwärmte: »Seine Melodien waren zwar sonderbar, doch immer verschieden, erfindungsreich, und keinem andern Componisten ähnlich.«

Alles miteinander ergibt eine rührende Nahaufnahme der Gedankenwelt des Simeon unmittelbar nach der göttlichen Begegnung. Sie ertönt gewissermaßen in Zeitlupe und mit vorüberschwebendem ›Heiligenschein‹, der immer dann aufleuchtet, wenn die Violinen eine kleine Überleitung oder ein markantes Gegenmotiv in das ›Duett‹ einflechten. Im B-Teil der Arie kommt ein rhythmisch prägnanteres Motiv hinzu, das der »Freude« Simeons über den bevorstehenden Heimgang ins Paradies mit bewegten Koloraturen Ausdruck verleiht – ein entschlossen vorgetragener ›Abflug‹ in Noten.

Das erste Rezitativ schlägt den Bogen von der Gedankenwelt Simeons hin zum Christen der Bachzeit, der angesichts der Botschaft
des Propheten – und Bachs himmlisch schwebender Musik in der ♪106
Eingangsarie – nun ebenfalls von der Welt genug hat. Ein Widerspruch ist das aus dessen Sicht nicht, denn da sich mit der Ankunft des Messias die Weissagung erfüllt und Jesus durch seine Auferstehung den Tod besiegt hat, kann für den Gläubigen im Jenseits nur Erlösung warten. In der zweiten Arie singt der Gläubige so gesehen unisono mit Simeon eine Schlaf-Arie, deren Melodie ausgesprochen
einprägsam und schlicht ist und gefühlt unendliche Male wiederholt ♪107
wird: »Schlummert ein, ihr matten Augen, fallet sanft und selig zu.«

Berechnender Bach, kann es sein, dass Sie mit den schier endlosen, fast monoton wirkenden Wiederholungen des Schlummert-ein-Themas Ihre Zuhörer ganz bewusst motivieren wollten, ebenfalls ihre Augen zu schließen und womöglich – freilich nicht auf ewig – einzuschlafen? Zwei Dinge faszinieren mich immer wieder an Ihrer Schlummer-Arie: Zum einen, wie Sie im zweiten Teil, ohne das thematische Material zu verändern, die beiden Ebenen von Diesseits (»Hier muss ich das Elend bauen«) und Jenseits (»… aber dort, dort werd ich schauen süßen Frieden, stille Ruh«) allein durch subtile Modulationen in entfernte, gleichsam entrückte Tonarten für den Zuhörer erlebbar machen. Zum anderen, wie es Ihnen gelungen ist, den Moment des Einschlafens, also das Hinübergleiten in die Ewigkeit, in Noten auszudrücken. Dies passiert immer dann, wenn die Streicher dem Sänger die Melodie aus dem Mund nehmen und er dazu die Worte »schlummert ein« nur noch auf einer Note herausbringt oder wenn die auskomponierten Ritardandi in einer Fermate enden.

Wesentlich rustikaler tönt die abschließende Arie, eine zupackend vorgetragene Bekräftigung der Sehnsucht nach Erlösung aus dem irdischen Jammertal. Die Heimführung zu Gott soll nun regelrecht
108♪ erzwungen werden und lässt die Kantate ohne Choral – welcher hätte hier auch gepasst? – recht schmissig enden.

Bach hat mit seiner Schlummer-Arie einen seiner größten Ohrwürmer geschaffen – einen, der offenbar auch dem Ehepaar Bach ein ständiger Begleiter war. Anna Magdalena notierte sich eine bearbeitete Fassung der Arie in ihr Notenbüchlein; und Bach selbst erstellte später von der gesamten Kantate Fassungen für solistischen Sopran (BWV 82.2–3).

Verehrter Bach, gehe ich richtig in der Annahme, dass Sie diese Fassungen eigens für Ihre Frau erstellt haben – dann wohl für eine Darbietung außerhalb von Thomas- oder Nikolaikirche, weil ihr die sängerische Mitwirkung beim Gottesdienst untersagt war? Haben Sie die Kantate gelegentlich als andächtige Hausmusik zum Besten gegeben? – dann sicherlich unter Beteiligung Ihrer ganzen Familie, über deren musikalische Fähigkeiten Sie gegenüber Georg Erdmann 1730 so stolz berichteten: »Insgesamt aber sind sie gebohrne Musici, und kann versichern, dass schon ein Concert Vocaliter und Instrumentaliter mit meiner Familie formieren kan, zumahln da meine itzige Frau gar einen sauberen Soprano singet, auch meine älteste Tochter nicht schlimm einschläget.« Oder kam es zu solchen Aufführungen des Ehepaars Bach bei Gastspielen an den Höfen zu Köthen, Weißenfels, Kassel oder sonst wo?

Doch ganz gleich, wo Sie »Ich habe genu(n)g« in dieser Traumbesetzung erklingen ließen: Ein Königreich hätte ich hergegeben, um Ihnen dabei lauschen zu dürfen!

Rendezvous mit dem Tod

Auch jenseits der beiden Solo-Kantaten für Bass sind die Werke des dritten Jahrgangs gespickt mit berührenden Kompositionen zu den

Themen Vergänglichkeit, Sterben und Tod – in besonderer Häu-
fung im Herbst 1726. Sei es die wie aus einer anderen Welt herüber-
klingende Alt-Arie »Stirb in mir« aus der Kantate »Gott soll allein
mein Herze haben« BWV 169, entstanden für den 18. Sonntag nach ♪109
Trinitatis (20. Oktober), nur eine Woche vor der Uraufführung der
Kreuzstab-Kantate BWV 56. Oder sei es die zwei Wochen zuvor, am
16. Sonntag nach Trinitatis (6. Oktober), präsentierte Kantate »Wer
weiss, wie nahe mir mein Ende?« BWV 27 – ein Stück, das im getra-
genen Eingangschor eine betörende Klangmischung aus chorischer
Choralbearbeitung und eingeflochtenen Rezitativen für Sopran, Alt
und Tenor bietet, die die einzelnen Aussagen des Chorals über die ♪110
Endlichkeit des Lebens Zeile für Zeile kommentieren. Überall ist
die Musik nicht allein von ergreifender Schönheit, sondern strahlt
neben Trauer auch Zuversicht und Trost aus. Am Schluss von
BWV 27 darf der Chor zudem den herrlichen Choral »Welt, ade!
ich bin dein müde« singen – das einzige heute bekannte Beispiel,
in dem Bach sich in einer seiner Kantaten Note für Note an einer ♪111
fremden Choralaussetzung bediente. Gewissermaßen aus dem Jenseits schallt hier ein fünfstimmiger Satz von Johann Rosenmüller
herüber, komponiert 1649 in Leipzig auf den viel zu frühen Tod der
Tochter eines Pfarrers der Nikolaikirche.

*Glaubensstarker Bach, und was Sie in der gleichen Kantate aus dem Ari-
en-Text »Willkommen will ich sagen, wenn der Tod ans Bette tritt. Fröhlich
will ich folgen, wenn er ruft in die Gruft ...« gemacht haben: eine verspielte
Arie für Alt in strahlendem Es-Dur, irritierend lebendig begleitet von einem
Oboisten und einem konzertierenden Organisten. Letzterer muss nach Ihrem Wunsch den Arientext so virtuos und scheinbar improvisierend um-
spielen wie ein mit allen Wassern gewaschener Jazzer, der das musikalische* ♪112
*Geschehen in der Manier einer Jam-Session ausschmückt. Sogar die scharfe
Chromatik des Sängers im B-Teil (»alle, alle meine Klagen nehm ich mit«)
löst sich dabei in schmissigen Wohlklang auf. Ich kann mir nicht helfen,
aber beim Hören dieser Arie habe ich immer wieder das Bild vor mir, wie
Sie in der Aufführung Ihrem regulären Orgelspieler ein Tacet verordnen, um
höchstselbst Ihr herrliches Rendezvous mit dem Tod vortragen zu können.
Chapeau für so viel klanggewordenes Gottvertrauen!*

*Apropos: Ein ganz ähnliches Kunststück und ›Wegkomponieren‹ sämtli-
cher Todesängste haben Sie uns in der Schluss-Arie zur Alt-Kantate »Ver-*

gnügte Ruh, beliebte Seelenlust« BWV 170 hinterlassen, entstanden nur drei
Monate zuvor: »Mir eckelt mehr zu leben, drum nimm mich, Jesu, hin!« –
113♪ *eine mitreißende Tanzarie, in der die Zwischenspiele und Überleitungen*
der obligaten Orgel ebenfalls wie spontan hineingespielte jazzige ›Fill-ins‹
tönen und mir selbst Gevatter Tod plötzlich als ein freundlicher Erfüllungs-
gehilfe erscheint, der mit wippendem Fuß und bei qualmender Tobackspfeife
begeistert Ihrem Selbstbekenntnis lauscht.

Zum Sterben schön: »Bleibt, ihr Engel, bleibt bei mir«

Auch wenn solcherlei Bewertungen immer subjektiv bleiben, sie bei Bach eigentlich ›zwecklos‹ und zudem abhängig von der eigenen gegenwärtigen Verfassung sind: Die vielleicht kunstvollste und bewegendste aller Bach-Arien, jedenfalls ein Stück, das manchen Bach-Kennern mit Recht als »der Höhepunkt Bachscher Arienkomposition« (Alfred Dürr) gilt, entstand nur eine Woche vor der Premiere von BWV 27 als Teil der Michaelis-Kantate »Es erhub sich ein Streit« BWV 19. Am Michaelistag (29. September) wird in den Gottesdiensten – entsprechend der Festtagsepistel aus Offenbarung 12 – der Sieg des Erzengels Michael über den in Drachengestalt kämpfenden Teufel gefeiert und überhaupt den Engeln ein ausgiebiges Danklied gesungen. Grund genug für Bach, seine Kantate mit einem fulminanten Schlachtenporträt aus Noten zu beginnen, in dem es in wilden, regelrecht durcheinandergesungenen Koloraturen in allen Stimmen heißt: »Es erhub sich ein Streit im Himmel; die rasende Schlange, der höllische Drache stürmt wider den Himmel mit wütender Rache.« Erst bei »Aber Michael bezwingt« vereinen
114♪ sich alle Sänger zu einem triumphierenden Unisono und bereiten den Weg für friedliche Töne und den Lobpreis aller Engel, der dann im zweiten Teil der Kantate folgt. Dieser beginnt mit einem Rezitativ, das die Bedeutung der himmlischen Heerscharen als Wächter über die schwache Menschheit herausstellt:

»Was ist der schnöde Mensch, das Erdenkind?
Ein Wurm, ein armer Sünder.
Schaut, wie ihn selbst der Herr so lieb gewinnt,

Dass er ihn nicht zu niedrig schätzet
Und ihm die Himmelskinder,
Der Seraphinen Heer,
Zu seiner Wacht und Gegenwehr,
Zu seinem Schutze setzet.«

Bach entschied, das Rezitativ mit Streicherbegleitung zu vertonen:
ein Accompagnato für Tenor, beladen mit schweren Harmoni-
en, die auf eine ausdrucksstarke Folgenummer vorausweisen. Zu
Recht, denn in der anschließenden Arie musste Bach einen Text ver- ♪115
tonen, der das Bild der Engel als Beschützer der Menschen auf der
Gratwanderung des Lebens noch einmal vertieft:

»Bleibt, ihr Engel, bleibt bei mir!
Führet mich auf beiden Seiten,
dass mein Fuß nicht möge gleiten!
Aber lernt mich auch allhier
euer großes Heilig singen
und dem Höchsten Dank zu singen.«

Die Arie geriet Bach zu einem Wunderwerk; nicht nur, weil der Tenor über einer Siciliano-Grundierung der Streicher in langen Melodielinien voller entrückter Harmoniefolgen den Beistand der Engel ♪116
mit großer Intensität erbittet; vor allem aber, weil er entschied, sich
nicht allein mit der Vertonung des Arientextes zu begnügen. Bach
muss beim Sinnieren über die musikalische Deutung der Dichtung
die Idee gekommen sein, dem Stück eine zusätzliche Dimension zu
verleihen – erneut durch ein wortlos hineingewobenes Kirchenlied,
diesmal vorgetragen von einer solistischen Trompete (ähnlich wie
in »Sei getreu« aus BWV 12). Parallel zum gesungenen Arientext
spielt sie zeilenweise – es wirkt völlig zwanglos – die Choralmelodie
»Herzlich lieb hab ich dich, o Herr« und erzeugt dabei immer wieder Momente besonderer harmonischer Reibungen und melancholisch tönender Klangfärbungen.

Jedem damaligen Kirchgänger wird bei der unüberhörbaren Melodie sofort klar gewesen sein, dass Bach hier nicht auf den Beginn des Chorals anspielen wollte, sondern auf dessen letzte Strophe – mithin auf jenen Text, der schon am Schluss seiner Johannes-Passion jedem Zuhörer Trost spenden und Hoffnung auf ein Leben nach dem Tod geben sollte: »Ach Herr, lass dein lieb Engelein, am letzten End' die Seele mein in Abrahams Schoß tragen; den Leib in sein'm Schlafkämmerlein gar sanft ohn ein'ge Qual und Pein ruh'n bis zum jüngsten Tage!«

Die Choralmelodie als Kontrapunkt zum vom Tenor vorgetragenen Arientext erweitert dessen Deutung wesentlich. Denn so wurde die eindringliche Bitte um den Beistand der Engel im Leben unter Bachs Feder ein intensives Flehen um die Hilfe der – eigentlich im Luthertum ›abgeschafften‹ – Schutzengel im Leben, im Sterben und auf dem Weg ins Paradies, sprich: »auf beiden Seiten«. Und weil der Choral recht lang ist, geriet auch diese Arie mit ihren harmonisch sich immer mehr zuspitzenden ewigen Legatobögen des Sängers zu einer sehr, sehr langen Reise.

Tröstender Bach, ich glaube »Bleibt, ihr Engel, bleibt bei mir« wäre im Ernstfall das Stück Musik von Ihnen, das ich auf eine Reise mit ungewissem Ausgang unbedingt mit ins Gepäck nehmen würde. Die Arie lässt mich bei jedem Anhören staunend, gestärkt und mit einem Anflug von Gänsehaut zurück. Gänsehaut, weil ich dabei oft an jenes Bild von Hieronymus Bosch denken muss, das Sie sicherlich nie gesehen haben: den »Aufstieg der Seligen«, gezeichnet gut 200 Jahre bevor Sie Ihre Kantate komponierten. Es zeigt einen großen Tunnel, an dessen Ende das ewige Licht leuchtet. Im Tunnel ziehen Engel, die nackte Menschenkörper tragen, ihre Bahn; sie geleiten die Toten vom Diesseits ins Jenseits. Ich glaube, genau in dieser Zwischenwelt wollten Sie Ihre Arie ansiedeln.

Auch hier bleibt mir unbegreiflich, wie Sie ein solches Meisterwerk im Rahmen Ihrer wöchentlichen Kantaten-Produktionen ersinnen konnten. Diese Arie ist schlichtweg zum Sterben schön!

Gewiss, es ist müßig, darüber zu spekulieren, warum Bach einen Text auf eine bestimmte Weise vertonte oder – in diesem Fall – vielmehr interpretierte. Hier aber liegt ein potentieller Anknüpfungspunkt auf der Hand. Gevatter Tod war auch in Bachs zweiter Ehe ein ungebetener Stammgast. In 27 Ehejahren brachte Anna Magdalena 13 Kinder zur Welt, die ersten zehn innerhalb der ersten zehn

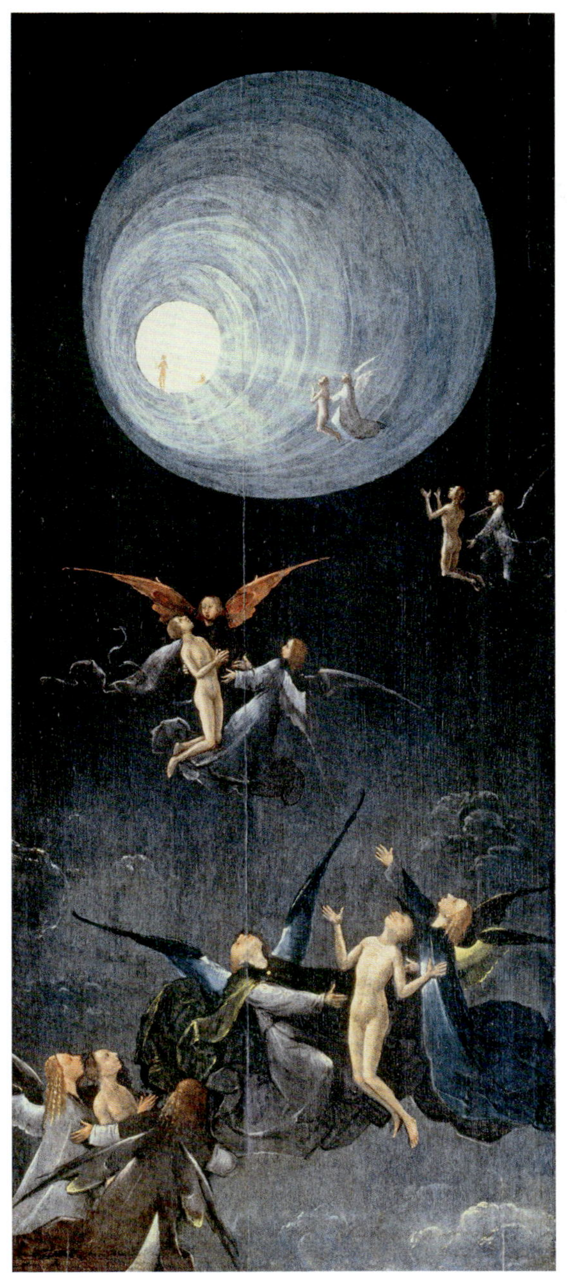

Hieronymus Bosch, *Aufstieg der Seligen* – Öl auf Leinwand, um 1510

gemeinsamen Jahre. Sechs ihrer Kinder wurden erwachsen; sieben erlebten jedoch nicht einmal ihren vierten Geburtstag, die meisten starben unmittelbar nach ihrer Geburt. Als Bach im Herbst 1726 »Bleibt, ihr Engel, bleibt bei mir« und viele der zärtlichen Reflexionen über den Tod zu Papier brachte, lag zwar seit wenigen Monaten seine Tochter Elisabeth Juliana Friederica in der Kinderwiege (geb. im April 1726), war aber auch das erste gemeinsame Kind des Paares, die Tochter Christiana Sophia Henrietta, kurz zuvor mit nur drei Jahren verstorben. Auch der 1725 auf die Welt gekommene Sohn Christian Gottlieb musste diese schon 1728 wieder verlassen. Für die nach 1726 geborenen neun Kinder des Paares muss sich die Bilanz ähnlich grausam angefühlt haben: Die ersten vier, drei Töchter und ein Sohn, starben fast sämtlich in ihrem ersten Lebensjahr, Regina Johanna (geb. 1728) wurde nur vier Jahre alt.

In Bachs erster Ehe, mit Maria Barbara, die im Sommer 1720 ihrerseits mit nur 35 Jahren plötzlich gestorben war, hatten Kinderfreud und Kinderleid ebenfalls viel zu nah beieinandergelegen: Die älteste Tochter (geb. 1708) und der älteste Sohn (Wilhelm Friedemann, geb. 1710), ebenso Carl Philipp Emanuel (geb. 1714) und Johann Gottfried Bernhard (geb. 1715) erreichten das Erwachsenenalter. Die Zwillinge Maria Sophia und Johann Christoph (geb. 1713) hingegen starben kurz nach ihrer Geburt, der 1718 geborene Sohn Leopold Augustus nach zehn Monaten.

Leidgeprüfter Bach, trotz all dieser Schicksalsschläge – und das bleibt mir und sicherlich vielen Menschen im 21. Jahrhundert schwer begreiflich – muss Ihr Glaube an eine Erlösung im Jenseits so stark und unerschütterlich gewesen sein, dass Sie all jene beeindruckenden musikalischen Auseinandersetzungen mit dem Sterben und dem Tod beständig mit einer solchen Sensibilität, Zärtlichkeit und Zuversicht zu Papier bringen konnten.

Waren die diversen Todesfälle in Ihrer Familie ein maßgeblicher Grund dafür, dass Sie beim Verfassen der Michaelis-Kantate im September 1726 das Verlangen hatten, den Beistand der himmlischen Heerscharen für sich selbst und Ihre Lieben auf diese ganz besondere Weise zu beschwören? Haben Sie deshalb all Ihr Können in der Schutzengel-Arie aufgefahren und könnte es sogar sein, dass Sie in diesem einen Fall sogar so weit gingen, sich den Text der Arie selbst zu erstellen – obwohl Sie nach unserem Wissen das Dichten der Kantatenverse stets anderen überließen? Merkwürdig und, soweit ich sehe, einmalig in den von Ihnen vertonten barocken Ariendichtungen ist es ja schon, dass das abschließende Reimpaar, wie es in Ihrem Autograf steht, eigentlich gar keins ist, weil die beiden Worte am Zeilenende wider alle Regeln identisch sind und dies hier wohl kaum als beabsichtigtes Stilmittel angesehen werden kann: »… euer großes Heilig singen / und dem Höchsten Dank zu singen.«

Ein Picander, aus dessen gedruckten »Erbaulichen Gedancken« (1725) die Texte der anderen Arie und eines Rezitativs in BWV 19 übernommen wurden, hätte sich eine solch ungeschickte Dopplung wohl kaum durchgehen lassen. Er hätte vermutlich dafür plädiert, die Schlusszeile wenigstens zu ändern in: »und dem Höchsten Dank zu bringen.«

Christoph Birkmann, der in der Forschung ebenfalls als Verfasser/Kompilator des Kantatentextes zu BWV 19 gehandelt wird, weil er ihn 1728 in seinen gedruckten Jahrgang Kantatentexte aufnahm, griff an dieser Stelle tatsächlich ein und reimte: »… euer großes Heilig singen / und dem Lamme Dank zu bringen.«

Hat er in seiner Variante den Gottessohn ins Gespräch gebracht, weil er um Ihre Entscheidung wusste, in die Arie den Choral »Ach Herr, lass Dein lieb Engelein« einzuflechten? Dort heißt es schließlich am Schluss, gerichtet an Jesus: »… alsdenn vom Tod erwecke mich, dass meine Augen sehen dich, in aller Freud, o Gottes Sohn, mein Heiland und mein Gnadenthron. Herr Jesu Christ, erhöre mich, ich will dich preisen ewiglich.«

Aber natürlich war Ihre Sprache die Musik und Ihr Vorsatz, den Engeln und dem Höchsten ein Danklied zu SINGEN – Soli Deo Gloria!

Meine Fantasie, aber die ist wirklich nur reine Fiktion: Sie sitzen in Ihrer Komponierstube, diesmal bei Kerzenschein. Draußen liefern sich Hunde und Nachtigallen einen Wettstreit um die höchsten Töne; nebenan in den Schlafsälen der Thomasschule ist endlich Ruhe eingekehrt. Anna Magdalena schläft nach dem mühsamen Tagwerk bereits ebenfalls ihren Schlaf der Gerechten; die Amme hat gerade Ihren jüngsten Spross besänftigt.

Vor Ihnen der Arientext. Während Sie über die Dichtung und ihre musikalische Umsetzung sinnieren, ertappen Sie sich bei dem Gedanken: Wie viel Zeit wird mir selbst noch bleiben, hier auf dieser Welt? War dies vielleicht die Motivation, den Choral in die Arie hineinzuweben? Sie füllen Ihren Weinkrug, lassen Ihre Gedanken und schließlich die Noten aufs Papier fließen. Irgendwann ist der Weinkrug leer und das Notenpapier voll. Sie gehen zufrieden zu Bett. Während die Noten der frisch ersonnenen Arie noch in Ihrem Kopf tönen, schlafen Sie mit einem tröstlichen Gedanken ein: Alles Irdische ist zwar vergänglich, Sie sind nur ein Gast auf Erden, Ihr Körper aus dem Staub wieder in den Staub, Ihre Seele jedoch irgendwann Teil der himmlischen Chöre. Aber vielleicht könnte Ihre Musik die Kraft haben, hier zu bleiben – nicht allein Gott zu Ehren, sondern tatsächlich als Halt für Generationen von Menschen nach Ihnen. Ich wünschte, Sie wüssten, dass zumindest der letztere Gedanke alles andere als nur reine Fiktion gewesen wäre!

Eines ist sicher: Wir, die staunenden Betrachter von Bachs Œuvre, dürfen dankbar sein, dass trotz all der Schicksalsschläge um Bach herum die Schutzengel ihm selbst tatsächlich wohlgesinnt blieben und ihm in den ersten vier Jahren seines Thomaskantorats Gesundheit, die notwendige Zeit, gute Nerven und ausreichend Geduld geschenkt haben, um zwischen 1723 und 1727 ganze drei Jahrgänge unvergänglicher Kantaten und damit fast 90 Prozent seiner gesamten erhaltenen Leipziger Kirchenmusik zu komponieren. Und wir dürfen ebenfalls dankbar sein, dass Bach bei allem Arbeitseifer gegen Ende seines dritten Jahrgangs auch noch die Kraft hatte, alles, was er in seinen ersten 42 Lebensjahren an raffiniertem musikalischen Handwerk erlernt und an unbestechlichem Kunstverstand entwickelt hatte, in einem einzigen riesenhaften Werk kulminieren zu lassen.

VI. GÖTTLICH: DIE MATTHÄUS-PASSION (1727?)

»Kommt, ihr Töchter, helft mir klagen«

Wie ein unaufhaltsames Perpetuum mobile kommt der Eingangschor der Matthäus-Passion in Gang. Stetig schlägt der unerbittliche 12/8-Rhythmus; und ebenso unerbittlich kennen die Instrumente zunächst nur eine Richtung: nach oben. Außer dem Generalbass. In einem gewaltigen Orgelpunkt verharrt er für ganze neun Takte unbeirrt auf dem tiefen E, bevor auch er vom Sog des Perpetuum mobile erfasst wird und die Ereignisse ihren Lauf nehmen.

Was dann nach 16 Takten folgt, ist ein ergreifender Klagegesang, vorgetragen von zwei Chören: ein Lamento der »Tochter Zion«, des personifizierten Jerusalem, über den Verlust ihres Bräutigams und Erlösers; über den Gottessohn, der von Menschenhand gekreuzigt wurde und im Vorfeld dieser abscheulichen Tat sein Kreuz sogar selbst zum Richtplatz tragen musste: »Kommt, ihr Töchter, helft mir klagen, sehet ...«

Entsetzen allenthalben: »Wen?« »Wie?« »Was?« »Wohin?« – das sind die bohrenden Fragen, die von der aufgewühlten Gemeinde der Gläubigen im Chor der »Tochter Zion« entgegengeworfen werden, und die antwortet durch den Mund eines zweiten Chors geduldig: Zu beklagen ist der Tod des »Bräutigams« Jesus Christus, des ♪117
unschuldigen »Lammes«, des »Geduldigen« und die »Schuld« aller Beteiligten.

Zu diesem Gespräch gesellt sich eine weitere Ebene. Hoch über dem Dialog der »Tochter Zion« mit der Gemeinde der Gläubigen breitet plötzlich ein dritter, nur aus Sopranen bestehender Chor einen Cantus firmus aus: »O Lamm Gottes unschuldig, am Stamm des Kreuzes geschlachtet, allzeit erfund'n geduldig. Wiewohl du warest verachtet, all Sünd' hast du getragen, sonst müssen wir verzagen. Erbarm' dich unser, o Jesu Christ!« – das alte Agnus-Dei-Lied aus der Reformationszeit. Es schallt gewissermaßen aus der Gegenwart zurück nach Golgatha und zugleich in die Zukunft und macht im

Kontext des ganzen Stückes eines unmissverständlich deutlich: Hier klagt nicht allein die Gefolgschaft Jesu über die Hinrichtung ihres Messias. Vielmehr beweinen alle Zeiten gemeinsam den Verlust des Heilands und bestaunen zugleich dessen unermessliche Güte und Geduld mit uns Menschen.

Kurzum: Der Eingangschor zu Bachs »Matthäus-Passion« ist eine Klang-Installation, deren Wirkung man sich schwerlich entziehen kann. Sie wirkt wie die in Noten gezeichnete Variante eines riesenhaften Passionsfreskos, das ein Michelangelo oder Leonardo (leider) nie malte und das den Kreuzestod Jesu aus mehreren Perspektiven zeigt. Aus dramaturgischer Sicht liefert der Eingangschor aber auch den perfekt anmutenden Appetitmacher auf das folgende Passionsdrama. Denn mit seinem raffinierten doppelchörigen Aufbau samt eingeflochtenem Cantus firmus bietet dieses 90-taktige Chorlamento zugleich eine Verdichtung der wichtigsten musikalischen Spezialeffekte, die Bach im Laufe des riesenhaften Werkes anwenden wird.

Rätselhafte Entstehungsumstände

Angesichts der Vertrautheit, die die Klänge heute in vielen Ohren auslösen, fällt es schwer zu glauben, wie wenig Konkretes wir über die Entstehungsumstände der Matthäus-Passion wissen – viel weniger als über die meisten Kantaten des Thomaskantors Bach. Gesichert ist nur, dass er sie am Karfreitag 1736 in der Leipziger Thomaskirche aufführte und zu diesem Anlass mit großer Sorgfalt eine Reinschrift der Partitur erstellte. Sie gelangte – wie viele Bach-Autografen – über den Nachlass von Bachs zweitältestem Sohn Carl Philipp Emanuel und den Musikaliensammler Georg Poelchau letztlich in die Königliche Bibliothek zu Berlin (heute Staatsbibliothek zu Berlin) und ist der eigentliche Überlieferungsträger der Matthäus-Passion. Hinzu treten originale Aufführungsmaterialien aus diesem Jahr und für eine weitere Darbietung Anfang der 1740er Jahre. Ältere musikalische Originalquellen sind nicht auf uns gekommen, jedoch muss die Matthäus-Passion spätestens 1729 existiert haben. Den wichtigsten Beleg hierfür hat ihr Textdichter Christian Friedrich Henrici hinterlassen, ein Leipziger Jura-Student, geboren 1700

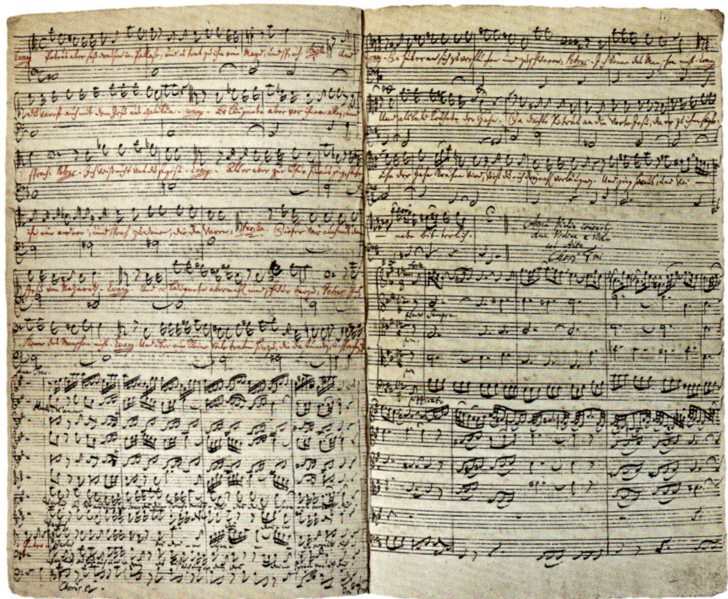

J.S. Bach, Matthäus-Passion BWV 244,
eigenhändige Partitur aus dem Jahr 1736

in Stolpen bei Dresden, der in den 1720er Jahren unter dem Pseudonym Picander Verse auf allerlei Anlässe schrieb und dafür in Leipzig gefragt war wie kein Zweiter.

Die erste Frucht von Picanders Zusammenarbeit mit Bach war die sogenannte »Schäferkantate«, entstanden für den Geburtstag von Herzog Christian zu Sachsen-Weißenfels im Februar 1725. Keinen Monat später erklangen die gleichen pastoralen Noten zum Osterfest in den Leipziger Hauptkirchen. Denn Picander lieferte Bach einen neuen Text, der sich perfekt unter die Noten der »Schäferkantate« BWV 249.1 legen ließ – das ziemlich pragmatische Vorgehen wird heute vornehm als »Bach'sches Parodieverfahren« bezeichnet.

Wegen der Bereitschaft, sich auf das enge Korsett des Parodieverfahrens einzulassen, und wegen seiner ausgesprochen bildhaften Sprache wird Picander in Bachs Augen ein idealer Kooperationspartner gewesen sein. Die Zusammenarbeit der beiden hat sich in der

Folgezeit denn auch intensiviert. Bestes Zeugnis dafür sind opulente Gedichtsammlungen, die Picander ab 1725 in mehreren Teilen veröffentlichen ließ und in denen viele Libretti zu Werken auftauchen, die Bach nachweislich vertonte. Hier wurden innerhalb des zweiten Bandes, publiziert im Jahr 1729, die freigedichteten Textbestandteile der Matthäus-Passion abgedruckt, überschrieben mit: »Texte zur Passions-Music, nach dem Evangelisten Matthäo, am Char-Freytage bey der Vesper in der Kirche zu St. Thomae«.

Stummer Bach, da Sie es nicht für notwendig erachteten, der Nachwelt Hinweise zum Entstehungszeitpunkt der meisten Ihrer Kompositionen – auf den Notenhandschriften oder sonst wo – zu hinterlassen, hat die Bach-Forschung über ein Jahrhundert lang lernen müssen, auf anderen Wegen Ihre Werke zu datieren: Mal helfen dabei die Papiersorten, die Sie und Ihre Kopisten für Ihre Musikalien verwendeten, namentlich die dort durchscheinenden Wasserzeichen der Hersteller; mal die Entwicklung Ihrer eigenen Handschrift und derjenigen Ihrer Kopisten und überhaupt die namentliche Identifizierung all jener Schreiber, die in Ihrer Kantorenwerkstatt halfen, das notwendige Aufführungsmaterial – oft in aller Eile – auszuschreiben. Aber ausgerechnet bei der Matthäus-Passion haben Sie es der Nachwelt besonders schwer gemacht, der Wahrheit über die Genese dieses Meisterwerks auf die Spur zu kommen.

Allerdings: 18 Sechzehntelnoten auf der Rückseite einer Bratschen-Stimme zum großen Sanctus in D-Dur BWV 232.1, erstellt von einem Ihrer Kopisten für eine Aufführung zu Ostern 1727, konterkarieren dann doch die Ihnen von Ihrem Kollegen Paul Hindemith so treffend nachgesagte »austernhafte Verschwiegenheit«; denn sie scheinen uns zu verraten, dass die eigentliche Geburtsstunde der Matthäus-Passion nicht erst 1729, sondern bereits zwei Jahre zuvor geschlagen haben muss. Jene 18 Noten gehören nämlich nicht zum Sanctus, sondern zum Violinpart der letzten Arie aus Ihrer Matthäus-Passion, »Mache dich, mein Herze, rein«. Offensichtlich hat sie Ihr Kopist versehentlich auf den besagten Papierbogen notiert, und dies dürfte nach Lage der Dinge geschehen sein, kurz bevor oder kurz nachdem er dort den Violapart des Sanctus niedergeschrieben hatte.

Der Befund lässt eigentlich nur einen Schluss zu: Offensichtlich wurden in Ihrer Kopierstube unmittelbar vor dem Osterfest 1727 nicht nur die Aufführungsstimmen zum großen Sanctus, sondern auch zur Matthäus-Passion ausgeschrieben. Und weil wir heute nach Anwendung der diversen

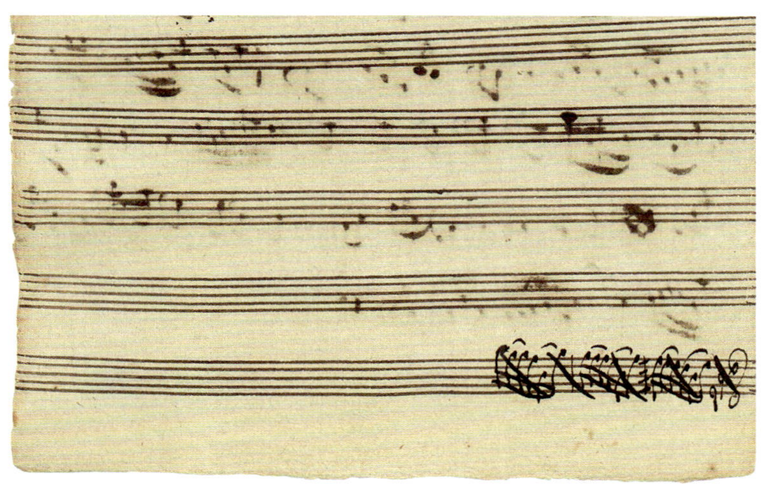

Originale Viola-Stimme zu J. S. Bachs »Sanctus« BWV 232.1, Leipzig, Ostern 1727 – mit 18 Noten, die zur Arie »Mache dich, mein Herze, rein« aus der Matthäus-Passion gehören

philologischen Methoden mit Bestimmtheit sagen können, dass Sie an den Karfreitagen 1724 und 1725 jeweils Ihre Johannes-Passion musizieren ließen und 1726 eine wesentlich schlichtere Markus-Passion von Reinhard Keiser folgte, deutet vieles darauf hin, dass Ihre Matthäus-Passion zum ersten Mal während der Karfreitagsvesper 1727 in der Thomaskirche erklang.

Henne oder Ei?

Die Rekonstruktion des Uraufführungstermins der Matthäus-Passion mag sich auf den ersten Blick wie eine musikalisch wenig relevante philologische Fragestellung anhören. Tatsächlich hat die genaue Datierung der Uraufführung aber eine hohe Relevanz, was die Bewertung der Musik betrifft. Denn nur drei Wochen vor dem Karfreitag 1729 (15. April) hat Bach in Köthen am 23. und 24. März eine – heute nur textlich erhaltene – große Trauermusik für seinen drei Monate zuvor verstorbenen ehemaligen Dienstherrn Fürst Leopold aufgeführt. Auch sie basiert auf Versen Picanders. Und ähnlich wie bei der »Schäferkantate« und dem Oster-Oratorium lassen sich die Texte der Köthener Trauermusik problemlos unter die Noten mancher Arien und des Schlusschors aus der Matthäus-Passion legen. Drei Beispiele:

	Matthäus-Passion BWV 244	**Trauermusik auf Fürst Leopold BWV 1143**
	Aria (Nr. 47)	**Aria** (Nr. 10)
	»Erbarme dich,	»Erhalte mich,
	Mein Gott, um meiner Zähren willen.	Gott, in der Hälfte meiner Tage.
	Schaue hier,	Schone doch,
118,119 ♪	Herz und Auge weint vor dir	Meiner Seele fällt das Joch
	Bitterlich.	Jämmerlich.
	Erbarme dich,	Erhalte mich,
	Mein Gott, um meiner Zähren willen.«	Gott, in der Hälfte meiner Tage.«
	Aria (Nr. 66)	**Aria** (Nr. 15)
	»Komm, süßes Kreuz, so will ich sagen,	»Lass, Leopold, Dich nicht begraben,
120,121 ♪	Mein Jesu, gib es immer her!	Es ist Dein Land, das nach Dir ruft!
	Wird mir mein Leiden einst zu schwer,	Du sollst ein ewig sanfte Gruft
	So hilfst du mir es selber tragen.«	In unser aller Herzen haben.«
	Schlusschor (Nr. 78)	**Schlusschor** (Nr. 24)
	»Wir setzen uns mit Tränen nieder	»Die Augen sehn nach Deiner Leiche,
	Und rufen dir im Grabe zu:	Der Mund ruft in die Gruft hinein:
	Ruhe sanfte, sanfte ruh.	Schlafe sicher, ruhe fein.
122,123 ♪	Ruht, ihr ausgesognen Glieder,	Labe dich im Himmelreiche!
	Euer Grab und Leichenstein	Nimm die letzte Gute Nacht
	Soll dem ängstlichen Gewissen	Von den Deinen, die Dich lieben,
	Ein bequemes Ruhekissen	Die sich über Dich betrüben,
	Und der Seelen Ruhstatt sein;	Die Dein Herze wert geacht,
	Höchst vergnügt schlummern da die Augen ein.«	Wo Dein Ruhm sich unsterblich hat gemacht.«

Austernhaft verschwiegener Bach, je nachdem, ob die Matthäus-Passion also am Karfreitag 1727 oder 1729 ihre Premiere hatte, wäre sie Henne oder Ei gewesen, sprich: Originalkomposition oder – jedenfalls in weiten Teilen – Produkt Ihres Parodieverfahrens. Allerdings, insgesamt – und das beruhigt mich ehrlich gesagt bis auf weiteres – sprechen derzeit doch weit mehr Indizien für eine Entstehung bereits 1727, und deshalb will ich fest daran glauben, dass Sie die Noten Ihrer unvergänglichen Arien tatsächlich originär für die Vertonung des Librettos der Matthäus-Passion ersonnen haben.

Aufführungspraxis

An der Matthäus-Passion ist alles riesenhaft. Ihre schiere Länge von fast drei Stunden ist innerhalb der Vertonungen biblischer Passionsberichte ohne Beispiel, allenfalls mit Telemanns und Händels – nicht für den kirchlichen Gebrauch entstandenen – Passionsoratorien nach dem Libretto von Barthold Hinrich Brockes vergleichbar. Singulär ist ebenfalls, dass das Stück durchgängig für zwei vierstimmige Chöre und zwei Orchester gesetzt ist, die sich zwar an einigen Stellen vereinen, oft aber abwechselnd musizieren. Viel ist darüber spekuliert worden, ob der doppelchörige Aufbau bereits der Urfassung eigen war und ob Bach die beiden Ensembles nicht nur getrennt voneinander aufstellte, sondern – um die dialogische Struktur gewissermaßen im Surround-Modus hörbar zu machen – irgendwie gegenüberstehend auf den Emporen am Westende des Kirchenschiffs platzierte. Die Thomaskirche verfügte seinerzeit aber auch am Ostende des Kirchenschiffs über eine kleine weitere Empore mit Orgel, hoch über der Vierung, unmittelbar vor dem Altarraum. Dort, im sogenannten Schwalbennest, könnte Bach durchaus ebenfalls einzelne Musiker (des zweiten Chors?) oder zumindest die Sänger für den Cantus firmus im Eingangschor aufgestellt haben; während der erste Chor und das erste Orchester sicherlich von der großen Chor- und Orgelempore am gegenüberliegenden Westende des Kirchenschiffs musizierten. Zu einer solchen – wie auch immer im Detail erfolgten – experimentellen Aufstellung würde auch passen, dass im Jahr 1736 der Küster der Thomaskirche anlässlich der Wiederaufführung der Matthäus-Passion es für mitteilenswert hielt, in seiner Chronik kurz und bündig zu vermerken: »mit beyden Orgeln«.

Rückgrat Passionsbericht

Strukturell folgt die Matthäus-Passion dem schon in Bachs Johannes-Passion etablierten Modell. Das Rückgrat des Stückes ist der Passionsbericht aus den Kapiteln 26 und 27 des Matthäus-Evangeliums in der Übersetzung Martin Luthers. Er wird weitgehend vom Evangelisten im schlichten Secco-Rezitativ vorgetragen. Bach zeichnete die Rolle des Evangelisten als die eines stets mitfühlenden Erzählers, der in manchen Momenten auch hörbar die Fassung verliert – etwa wenn er seinem Entsetzen über Petrus, der seinen Herrn noch vor Morgengrauen dreimal verleugnet hat, in einem tieftraurigen Me-
124♪ lisma Ausdruck verleiht: »Und ging heraus und wei-(h)ei-nete bi-(h) it-ter-li-(h)ich.« (Nr. 46)

Die wörtlichen Reden innerhalb des Evangeliumstextes übernehmen in der Matthäus-Passion einzelne Sänger (Soliloquenten) aus dem Chor heraus, die von der Continuo-Gruppe begleitet werden. Eine musikalische Sonderbehandlung erfuhr nur die Person des Jesus, den Bach, wie üblich, mit einem Bass besetzte. Seine Worte wer-
125♪ den nicht allein von den Continuo-Instrumenten, sondern fast immer von einem vierstimmigen Streichersatz begleitet. Der Effekt ist erstaunlich: Unwillkürlich scheint bei jedem Wort, das der Heiland singt, gleichsam ein Heiligenschein aufzuleuchten. Nur an einer Stelle ist dies nicht der Fall, als Jesus seine berühmten letzten Worte
126♪ an seinen Vater richtet: »Eli, eli, lama, lama asabthani?« (Nr. 71)

Exeget Bach, auch dies war sicher alles andere als eine beliebige Entscheidung. Denn mit der Frage »Mein Gott, warum hast du mich verlassen«, zeigt dieser Jesus bei Ihnen erstmals menschliche Züge – die sich unter Ihrer Feder dem Hörer umso tiefer einprägen.

Mein guter Freund David Chin, ein Dirigent in Malaysia, hat erst vor Kurzem erstmals in diesem fernen Land Ihre Matthäus-Passion aufgeführt. Ein buddhistischer Mönch unter den Zuhörern bekannte ihm staunend nach dem Konzert in einer Kleinstadt irgendwo auf Borneo: »Bachs Musik hat mein nur oberflächliches Wissen über das Leiden dieses Jesus Chris-

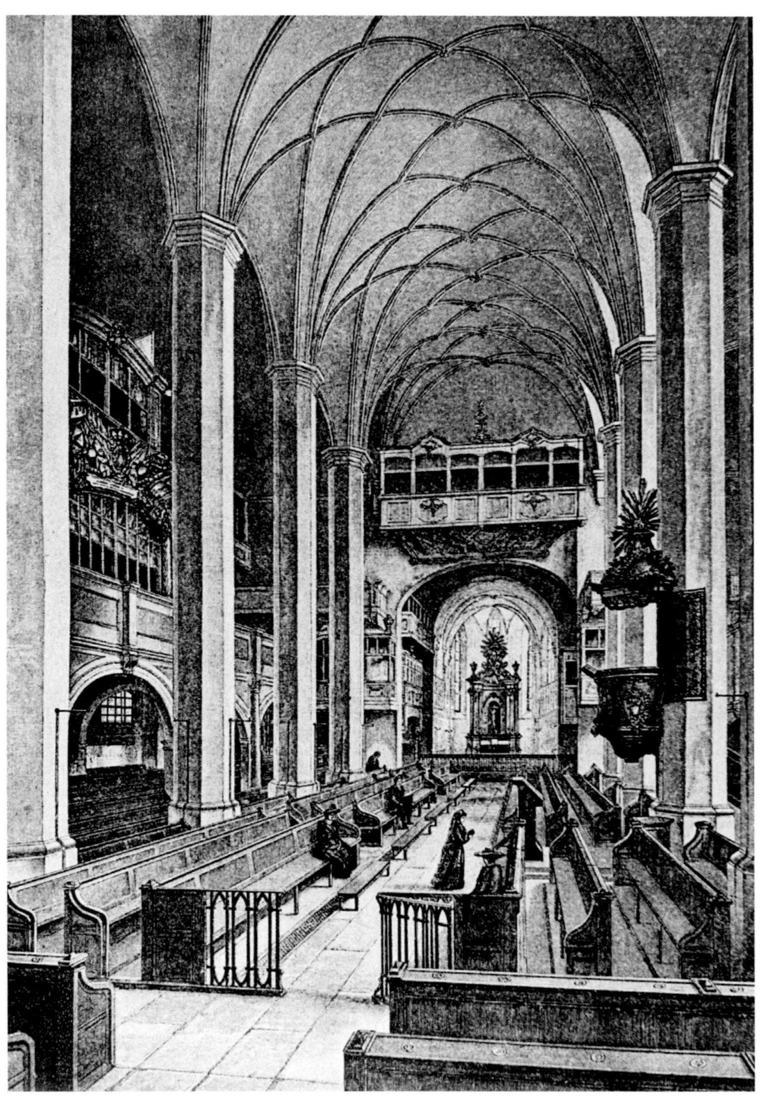

Das Mittelschiff der Thomaskirche – Aquarell von Hubert Kratz, 1881

tus sehr vertieft. Was mich am meisten bewegte: dass Jesus schwieg, als er Verrat, Ungerechtigkeit und Pein erdulden musste, und dass er sich sogar am Kreuz für die Menschheit opferte. Ich habe die gesamte Aufführung mit weichem Herzen verfolgt und bin noch immer zutiefst bewegt!«

Und auch ich bin mir sicher: Ihre Matthäus-Passion wird vielen Menschen – Christen wie Nichtchristen – Jesu Leidensgeschichte näher gebracht haben, als es die Bibeltexte allein oder ihre gesprochenen Auslegungen je vermocht hätten.

Das dritte Element der biblischen Textbestandteile sind die Ausrufe des Volkes. Bach vertonte sie in insgesamt 19 Turbachören, die zum überwiegenden Teil von beiden Sänger-Chören vereint im achtstimmigen Satz vorgetragen werden und bei räumlich getrennter Aufstellung eine ungeheuerliche Wirkung entfalten. Die stilistische Bandbreite dieser Volkschöre ist groß. Sie reicht von machtvollen einstimmigen Gesängen bis hin zu raffinierten polyphonen Sätzen, die an den dramatischsten Stellen des Geschehens mit gewaltigen Intervallsprüngen und ungewöhnlichen Modulationen die Grenzen
127♪ des musikalisch Zumutbaren vollkommen ausreizen. Manchmal bedarf es sogar nur eines einzigen verminderten Septakkords aus Bachs Feder, um die ganze zerstörerische Macht der Volksmassen erschütternden Klang werden zu lassen, namentlich in dem Moment, als Pilatus die Menge befragt, welchen der beiden Gefangenen er begnadigen solle. Der Chor antwortet auf den liegenden No-
128♪ ten dis/fis/a'/c'': »Bar-ra-bam!« (Nr. 54).

Mahnendes Gewissen: die Choräle

Doch die Matthäus-Passion wäre nicht dieses einzigartige, vielschichtige Gebilde, wenn es die Passionsgeschichte nur aus der Perspektive des Evangelisten erzählen würde. Hinzu treten, wie in den Figuralpassionen üblich, zwei weitere. Zum einen sind da die vierstimmigen Choralsätze, die in der Matthäus-Passion an 14 Stellen die Handlung unterbrechen und einen unmittelbaren Kommentar der lutherischen Gemeinde zum biblischen Bericht bieten. Sie haben – wie schon in Bachs Johannes-Passion – eine unverkennbar

didaktische Funktion, denn die von Bach oder Picander ausgewählten Choraltexte – darunter allein fünf Strophen aus Paul Gerhardts Passionslied »O Haupt voll Blut und Wunden« – sollen immer auch deutlich machen, dass die Schuld am Verrat und an der Kreuzigung des Gottessohns keinesfalls allein auf den biblischen Protagonisten und den aufgebrachten (jüdischen) Volksmassen lastet, sondern dass die Menschheit zu allen Zeiten mit ihren Unzulänglichkeiten eine Mitschuld an der Hinrichtung Jesu trägt. Eine der vielen Stellen, an denen dies unmissverständlich zum Ausdruck kommt und die Handlung durch einen eingefügten Choral vom biblischen Jerusalem unvermittelt ins Hier und Jetzt springt, ist der Moment des Abendmahls, als Jesus seinen Jüngern voraussagt, dass einer unter ihnen sein Verräter sein wird (Nr. 15). Erregt und entrüstet lässt Bach den ersten Chor im Namen der Jünger fragen: »Herr, bin ich's?« – und natürlich kann es kein Zufall sein, dass er die Chorsänger diese
Frage insgesamt elfmal singen lässt. ♪129
Denn in Bachs musikalischer Deutung hat der tatsächliche Verräter Judas, der zwölfte unter den Jüngern, in diesem Moment sicherlich betreten zu Boden geschaut. Der unmittelbar folgende Choral jedoch lässt keinen Zweifel daran aufkommen, dass wir alle mit Judas nicht frei von Sünden und Schwächen sind und dafür ebenfalls Buße tun sollten:

»Ich bin's, ich sollte büßen
An Händen und an Füßen, ♪130
Gebunden in der Höll.
Die Geißeln und die Banden
Und was Du ausgestanden,
Das hat verdienet meine Seel.«

Herzstück Arien

Wenn der biblische Passionsbericht als das ›Rückgrat‹ und die Choräle als das ›Gehirn‹ oder mahnende Gewissen in Bachs Matthäus-Passion gelten können, so sind die 16 großangelegten Arien ihr Herzstück. Sie nehmen in der Partitur nicht nur den breitesten Raum ein, sondern sie sind auch die Momente im Stück, in denen auf der Basis

von gedichteten Versen Picanders in Bachs Noten über die Geschehnisse reflektiert wird und die Matthäus-Passion so zu einer ganz persönlichen Deutung der Leidensgeschichte durch die Brille zweier Autoren des frühen 18. Jahrhunderts gerät. In einer ausgesprochen metaphernreichen Sprache dichtete Picander beispielsweise über die Salbung Jesu durch ein »frommes Weib« in Bethanien – und bot Bach damit reichlich Inspirationsfläche, um in der Partitur etwa die Flöten »tropfen«, die Streicher »büßen« und alle gemeinsam in stetig wiederkehrenden Dissonanzvorhalten herzzerreißend »knirschen«
131 ♪ zu lassen (Nr. 10):

> »Buß und Reu, Buß und Reu
> Knirscht das Sündenherz entzwei,
> Dass die Tropfen meiner Zähren,
> Angenehme Spezerei,
> Treuer Jesu, dir gebären.«

Kein Wunder, dass bereits die Zeitalter von Aufklärung und Klassik mit Abscheu auf derartige hochbarocke Lyrik schauten und etwa Carl Friedrich Zelter, der Lehrer Felix Mendelssohn Bartholdys, trotz seiner unermesslichen Bewunderung für Bachs Kunst, über die in seinen Augen unerträglichen »bemusikten Schmierereien und Reimereien« in dessen Kantatentexten immer wieder fluchte. Einmal rief er gegenüber seinem Briefpartner Johann Wolfgang von Goethe über Picanders Verse entsetzt aus: »Wenn ein Heutiger ein Picandersches Gedicht in Musik setzen sollte, er müsste sich kreuzigen und segnen; und sieht man, was sie in Musik setzten, so weiß man nicht, ob man lachen oder weinen soll über die Unschuld, mit welcher man sich im Bessern glaubt.«

Verehrter Bach, ich vermute, Sie wären überrascht über die heftige Kritik an den von Ihnen vertonten Texten. Tatsächlich waren dieses Unverständnis und das generelle Unbehagen der Nachwelt im Umgang mit hochbarocker Lyrik die maßgeblichen Gründe dafür, dass der weitüberwiegende Teil Ihrer Kirchenmusik nach Ihrem Tod bis weit ins 19. Jahrhundert hinein zum Schweigen verurteilt war und auch danach nur mit Mühen sich wieder Gehör verschaffen konnte.

Jedoch sind es gerade Bachs Arien, ihre durchweg überragende musikalische Qualität, ihre fast durchgängig vorangestellten, auf den Hauptaffekt ›einstimmenden‹ Accompagnato-Rezitative und die ganz natürlich wirkende Einbindung dieser Meditationen in die biblische Handlung, die das unaufhaltsam auf die Kreuzigung zusteuernde Geschehen immer wieder aufhalten und so die zentralen Stationen des Passionsberichtes in einprägsamen Momentaufnahmen einfrieren.

In fünf der Arien ist es – wie schon im Eingangschor – die »Tochter Zion«, also das personifizierte Jerusalem, das seine Empfindungen ausdrückt. In vier der Stücke erklingen zusätzlich kurze Einwürfe eines Chores, der laut Picanders Libretto-Abdruck die »Gläubigen« repräsentieren soll. Diese Konstellation sorgt dafür, dass es an den betreffenden Stellen – ebenfalls analog zum Eingangschor – zu unmittelbaren Dialogen zwischen dem reflektierenden historischen Jerusalem und der gegenwärtigen lutherischen Gemeinde kommt – ein Umstand, der Bach verleitet haben wird, hier weitere überaus kunstvolle ›Engführungen‹ von Arien-, Chor- und Choralmelodien zu präsentieren.

Eine der kraftvollsten Verbindungen aus all diesen Elementen ist die Szene im Garten Gethsemane am Ende des ersten Teils der Matthäus-Passion. Als Reflexion auf den verhängnisvollen Judaskuss und die Gefangennahme Jesu trägt die »Tochter Zion« ein Duett vor (»So ist mein Jesus nun gefangen …«, Nr. 33), in das der Chor der »Gläubigen« fassungslos immer wieder die Worte »Lasst ihn, haltet,
bindet nicht« hineinschreit. Wie in einer alptraumartigen Zeitlupen- ♪132
Sequenz wird der Moment der Festnahme so wieder und wieder gezeigt und kann vom gleichsam hilflos lauschenden Zuhörer nicht aufgehalten werden. Doch schließlich entladen sich der ganze Zorn der Gemeinde und deren dringender Wunsch, dem Verräter Judas alle Qualen der Hölle zu bereiten, in einem gewaltigen Noteninferno,
das in der älteren Musikgeschichte ohne Beispiel ist: »Sind Blitze, ♪133
sind Donner in Wolken verschwunden! Eröffne den feurigen Abgrund, o Hölle! Zertrümmre, verderbe, verschlinge, zerschelle mit plötzlicher Wut den falschen Verräter, das mörder'sche Blut.«

Evangelium für jedermann

Göttlicher Bach, ein Eingeständnis: Trotz aller Begeisterung für Ihre Musik komme ich mir als Schreiberling oft unbeholfen und hilflos vor, wenn es darum geht, all jene Schönheiten, Besonderheiten und – ich empfinde es so – komponierten Weltwunder angemessen zu würdigen, mit denen Sie Ihre Matthäus-Passion übersät haben. Denn es ist mir völlig klar, dass ich nur einen Bruchteil dessen erfasse und nachvollziehen kann, was Sie an Exegese und ›Kunsthandwerk‹ in diese Partitur hineingelegt haben – und dass meine Worte immer nur Worte bleiben und lediglich einen unvollkommenen Eindruck von Ihrer Musik vermitteln können. Ja, mir scheint, nirgendwo sonst haben Sie das gesamte Spektrum Ihrer musikalischen Ausdrucksmöglichkeiten in einem einzigen Werk derart verdichtet wie in der Matthäus-Passion. Sicher haben Sie nicht zuletzt deshalb von ihr, möglicherweise bereits in überarbeiteter Form, im Jahr 1736 eine auch an ästhetischer Schönheit kaum zu überbietende reingeschriebene Partitur angelegt, in der Sie sich sogar die Mühe machten, den zeitlosen Evangeliumsbericht, anders als den übrigen Text, mit roter Tinte den Noten zu unterlegen (s. Abb. S. 127).

Diese Sonderstellung erklärt wohl auch, warum die Matthäus-Passion – nur noch vergleichbar mit der ohnehin überkonfessionellen h-Moll-Messe – heute auch außerhalb ihrer ursprünglichen Funktion und über alle geografischen und kulturellen Grenzen hinweg Gehör findet. Ihre Wirkung entfaltet sich namentlich auch gegenüber Menschen, die weder ihren Glauben mit den verantwortlichen Autoren Bach, Picander, Martin Luther und Paul Gerhardt teilen noch den Text der Matthäus-Passion sprachlich oder inhaltlich verstehen können – oder wollen.

»In dieser Woche habe ich dreimal die Matthäus-Passion des göttlichen Bach gehört, jedesmal mit demselben Gefühl der unermesslichen Verwunderung. Wer das Christenthum völlig verlernt hat, der hört es hier wirklich wie ein Evangelium!«

Also sprach der wortgewaltige Religionskritiker Friedrich Nietzsche im Jahr 1870 gegenüber einem befreundeten Philosophen. Und also schrieb auch der Arbeiterführer Karl Liebknecht – einst getauft in der Leipziger Thomaskirche (die Paten: Karl Marx und Friedrich

Engels), inzwischen jedoch längst aus der Kirche ausgetreten – im Jahr 1917 aus dem Zuchthaus an seinen Sohn:

»Du sollst die Matthäus-Passion hören, in klassischer Aufführung! Das bedeutungsvollste Werk auf dem Gebiet des Oratoriums. Die Noten hatte ich im Militärlazarett. Studiere sie vorher, nicht ganz leicht zu verstehen …; durchblickt man das Zaubergewebe, ist man ganz berauscht vor Seligkeit. Nichts Süßeres, Zarteres, Rührenderes und in den Volksszenen – nichts Großartigeres kennt die Musik.«

Schon 1862 hatte der einflussreiche Musiktheoretiker Adolph Bernhard Marx die Matthäus-Passion im Überschwang als das »fünfte Evangelium« bezeichnet. Und der schwedische Erzbischof und Friedensnobelpreisträger Nathan Söderblom kam 1929 unter dem Eindruck des Stücks gar zu dem Schluss, Bach könne man gut und gern den Titel eines »fünften Evangelisten« zusprechen.

Aber all dieser prominenten Fürsprecher bedarf es nicht. Die 2800 Takte der Matthäus-Passion sprechen und stehen für sich. Das Werk lobt den Meister – und zwar mit jeder Note: vom anfänglichen »Kommt, ihr Töchter, helft mir klagen« bis zum abschließenden Chorlamento »Wir setzen uns mit Tränen nieder«, das die Matthäus-Passion – anders als die Johannes-Passion – in Moll enden lässt und erst mit der allerletzten Note die in der ganzen Partitur allgegenwärtigen ♪134 schmerzhaften verminderten Septakkorde in reines c-Moll auflöst.

Verehrter Bach, aus unserer – zugegebenermaßen begrenzten – Sicht auf Ihr überliefertes Schaffen markiert die Matthäus-Passion mehr oder weniger den Endpunkt, in jedem Fall aber den Höhepunkt einer atemberaubenden Serie von über 150 Kantaten und zwei Passionen, die Sie innerhalb Ihrer ersten vier Jahre im Thomaskantorat zu Papier gebracht haben. Heute staunen wir, dass uns der offensichtliche Sonderstatus des Stücks durch keine einzige überlieferte Äußerung Ihrer Zeitgenossen bestätigt wird. Jedoch scheint uns Ihre Frau Anna Magdalena indirekt zu verdeutlichen, dass auch bei Ihnen daheim die Matthäus-Passion – sicher nicht zuletzt in Abgrenzung zur kleiner dimensionierten Johannes-Passion und der später (1731) entstandenen (verschollenen) Markus-Passion – als die außergewöhnliche Passionsmusik galt. Auf eine einzelne Continuo-Stimme, deren

Zuweisung anscheinend unklar war, schrieb sie (mit durchschlagendem sächsischen Akzent): »Zur groß[en] Bassion [gehörig]«.

»Groß« ist die Matthäus-Passion in der Tat, und zwar in jeglicher Hinsicht. Offengestanden frage ich mich, ob die Einstudierung und Aufführung dieses gigantischen Werks 1727 und/oder 1729 Teile Ihrer Thomaner, Ihrer Instrumentalisten, aber auch des Leipziger Publikums überfordert haben könnte und deshalb womöglich Kritiker auf den Plan rief?

Zugleich bedauere ich zutiefst, dass trotz all der Mühen, die Ihnen der Kompositionsprozess und auch die Darbietung der vielen zwischen 1723 und 1727 entstandenen Meisterwerke bereitet haben wird, Sie von Ihren Vorgesetzten augenscheinlich nicht einen Bruchteil jener Dankbarkeit und Wertschätzung empfingen, die Ihnen heute die ganze Musikwelt entgegenbringt.

Ganz im Gegenteil: Zu den aus meiner Sicht größten Ungerechtigkeiten der Musikgeschichte gehört, dass Sie schon bald nach der Uraufführung Ihrer Matthäus-Passion gezwungen waren, sich mit ganz grundsätzlichen Fragen zum Fortbestand des Thomanerchors auseinanderzusetzen – und in Ihnen sogar der Wunsch aufkommen sollte, Leipzig so schnell wie möglich zu verlassen. »Kommt, ihr Töchter, helft mir klagen«!

VII. »SCHLECHTE LUST ZUR ARBEIT«? (1728–1750)

Der »Picander-Jahrgang«, ein Phantom?

Ob Bach in seinen verbliebenen 22 Leipziger Dienstjahren noch weitere – heute verschollene – Kantatenzyklen schuf und wie die Bemerkung seiner Söhne im Nekrolog zu verstehen ist, er habe insgesamt »fünf Jahrgänge von Kirchenstücken, auf alle Sonn- und Festtage« und »fünf Passionen, worunter eine zweychörige ist«, komponiert, ist in der Bach-Forschung seit Langem heiß umstritten. Belegen lassen sich nämlich nur die zwischen 1723 und 1727 entstandenen drei Leipziger Jahrgänge, außerdem eine Werkgruppe von knapp 20 erhaltenen Kantaten aus seiner Weimarer Zeit sowie drei Passionsmusiken: nach Johannes, Matthäus und Markus. Die erbittert diskutierte Fragestellung ist daher, ob die Diskrepanz zwischen überlieferten Kompositionen und der sehr pauschalen Angabe im Nekrolog durch in großem Umfang verlorengegangene Werke zu erklären ist; oder ob die Autoren des Nekrologs bei ihrer Formulierung großzügig aufgerundet haben? Ein denkbares Motiv dafür wäre, dass sie Bachs kompositorische Bilanz aus 27 Jahren Thomaskantorat nicht allzu mager ausfallen lassen wollten, schließlich haben manche seiner Zeitgenossen, etwa Telemann, Graupner, Johann Friedrich Fasch oder Gottfried Heinrich Stölzel, es in ihrem Berufsleben auf ein Vielfaches an Kantaten-Jahrgängen gebracht.

Das heißeste Eisen in dieser Diskussion ist der sogenannte Picander-Jahrgang. Mit ihm hat es folgende Bewandtnis: Im Sommer 1728 legte Christian Friedrich Henrici unter seinem Pseudonym Picander in mehreren Etappen einen gedruckten Jahrgang Kantatendichtungen vor. In der Vorrede des Druckes äußerte er eine große Hoffnung:

»Ich habe solches Vorhaben desto lieber unternommen, weil ich mir schmeicheln darf, daß vielleicht der Mangel der poetischen Anmuth durch die Lieblichkeit des unvergleichlichen Herrn Capell-Meisters, Bachs, dürfte ersetzet, und diese Lieder in den Hauptkirchen des andächtigen Leipzigs angestimmet werden.«

Urteilt man anhand der überlieferten Vertonungen Bachs von Texten aus dem Jahrgang, war Picanders Hoffnung kaum mehr als ein frommer Wunsch. Lediglich sieben Werke aus der Feder des Thomaskantors lassen sich belegen. Sie scheinen fast sämtlich in der Kantatensaison 1728/29 entstanden zu sein. Die große Frage ist nun, ob die übrigen Vertonungen der Texte verschollen sind oder ob Bach sie nie komponiert hat, sein postulierter Picander-Jahrgang also schlichtweg ein Phantom wäre? Vieles spricht für Letzteres, zumal sich inzwischen auch herausgestellt hat, dass Bachs Sohn Carl Philipp Emanuel, offenbar unter den Augen seines Vaters, ebenfalls mindestens einen der Kantatentexte vertonte. Wurde die musikalische Umsetzung von Picanders Jahrgang also womöglich eine Familien-Unternehmung, oder nutzte der Thomaskantor die Textsammlung als Steinbruch, an dem er sich nur hin und wieder bediente?

Rätselhafter Bach, die Nachwelt zerbricht sich darüber den Kopf; und natürlich schwingt in der Heftigkeit der Diskussion immer auch eine Hoffnung mit, an der sich viele Verehrer Ihrer Kunst insgeheim festhalten: dass irgendwo auf einem finsteren Kirchturmboden oder in einem staubigen Archiv doch noch ein ganzer Jahrgang weiterer Kantaten aus Ihrer Feder auftauchen könnte. Ich bin mir sicher, Sie wären über die Hitzigkeit der Debatte irritiert bis amüsiert.

Doch wie auch immer es sich mit Ihnen und dem Picander-Jahrgang verhalten haben mag: Ich möchte es nicht versäumen, Ihnen für die in jedem Fall komponierten Kantaten auf Picanders Texte zu danken, denn darunter ist doch mancher musikalischer Brillant. Da ist die herrlich melancholisch daherkommende Kantate »Ich steh mit einem Fuß im Grabe« BWV 156
135♪ *auf den 3. Sonntag nach Trinitatis mit der sagenhaften Sinfonia für Oboe und Streicher – eines der zärtlichsten Musikstücke, die ich von Ihnen kenne, dessen schier endlose Melodie wiederum wahrhaft »sonderbar« ist; ganz zu*
136♪ *schweigen von der genialen Verwebung von Arienmelodie und Kirchenlied in der darauf folgenden Arie.*

Der Lorbeerkranz aber gebührt Ihnen für die unter die Haut gehende Kantate »Sehet, wir gehen hinauf gen Jerusalem« BWV 159, komponiert auf den letzten Sonntag vor der Passionszeit im Jahr 1729 (27. Februar) – ein Stück, das so passional tönt, dass ich glauben möchte, Sie hätten es gewissermaßen als Prolog zur Matthäus-Passion konzipiert (die ja womög-

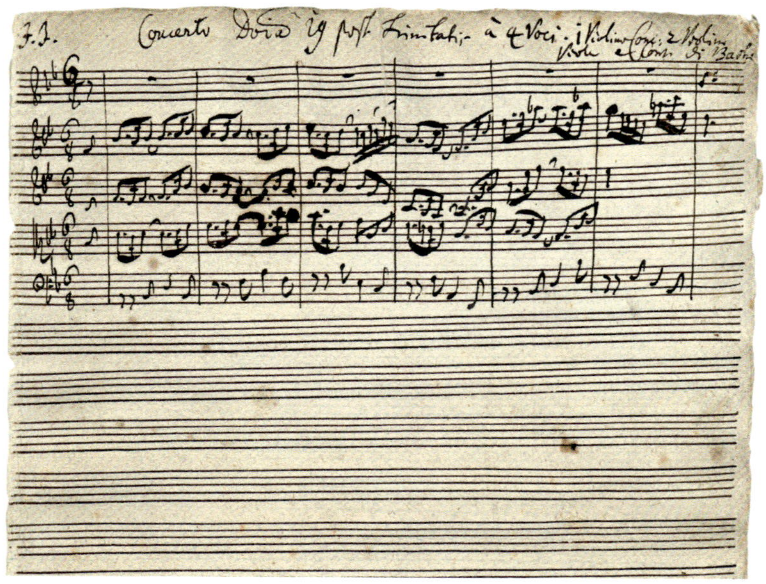

J.S. Bach, eigenhändiger Entwurf zu einer offenbar abgebrochenen Kantate auf den 19. Sonntag nach Trinitatis, Herbst 1729

lich am Karfreitag 1729 (wieder)aufgeführt wurde). Offengestanden bedauere ich bei jedem Anhören, dass Sie die Bass-Arie »Es ist vollbracht«, die im Zentrum der Kantate steht und Jesu Sühneopfer für die Sünden der Welt thematisiert, nicht doch irgendwie in Ihre Passion ›hineingemogelt‹ haben. ♪137 *Denn dann würde sie heute sicherlich sehr viel mehr Menschen als eine der bewegendsten Arienschöpfungen gelten, die je Ihrer Feder entsprungen sind. Es ist ein Stück voller weitschweifender Melodik in Oboen- und Gesangspart und von einer harmonischen Dichte und Kühnheit, wie sie selbst in Ihrem Kantatenwerk kaum ein zweites Mal anzutreffen ist!*

Doch ganz gleich, wie man das Pro und Contra in Sachen einstiger Existenz eines von Bach insgesamt vertonten Picander-Jahrgangs bewertet: Zu konstatieren ist auch, dass der Thomaskantor bald nach der Publikation der Dichtungen gute Gründe gehabt hätte, seinen zuvor an den Tag gelegten Eifer beim Komponieren der Kirchenmusik grundsätzlich in Frage zu stellen.

Fallendes Damoklesschwert Schulordnung

Bach dürfte den 22. Dezember 1728 rückblickend als einen Schicksalstag angesehen haben. An dem Tag starb der alte Vorsteher der Thomasschule Gottfried Conrad Lehmann mit 67 Jahren. Lehmann hatte seit 1709 als eine Art Bevollmächtigter und Referent des Stadtrates die Aufsicht über die Thomasschule ausgeübt, und ihm scheint es bis zuletzt gelungen zu sein, ausgleichend zwischen den Interessen der Lehrer und denen der Ratsherren zu vermitteln – auch und gerade was die mit der revidierten Schulordnung seit Herbst 1723 veränderten Aufnahmekriterien für neue Internatsschüler (Alumnen) betraf. Ob er dabei tatsächlich Einfluss auf die Auswahl der Alumnen und damit von Bachs künftigen Chorsängern genommen hatte, ist zwar nicht überliefert. Da aber unter den 40 Knaben, die zwischen 1724 und 1728 ins Alumnat aufgenommen wurden, lediglich sechs Leipziger waren, hatte sich die Hoffnung des Stadtrates, durch die neue Schulordnung Kindern mittelloser lokaler Familien, unabhängig von ihrem sängerischen Talent, den Zugang zu einem kostenfreien Internatsplatz zu ermöglichen, nur bedingt erfüllt. Den Thomaskantor Bach wird dies wenig bekümmert haben. Er dürfte über die Entwicklung vielmehr sehr erleichtert gewesen sein.

Aber alles änderte sich, als der Stadtrat im Januar 1729 den 52-jährigen Ratsherrn Christian Ludwig Stieglitz als neuen Schulvorsteher einsetzte: einen völlig amusischen Juristen, gewählt, weil er laut Bürgermeister Lange »dem gemeinen Wesen zu dienen beflissen« sei. Stieglitz' Wirken im Sinne des Gemeinwesens erwies sich als keineswegs förderlich für die Interessen des Kantors. Schon bald verfolgte er offen die Agenda, die Thomasschule endlich in eine nach außen strahlende Gelehrtenanstalt zu verwandeln und zugleich bevorzugt für Kinder bedürftiger Leipziger zu öffnen – notfalls auf Kosten des musikalischen Profils der Schule.

Bach und der greise Thomasrektor Johann Heinrich Ernesti rochen den Braten. Gleich nach Stieglitz' Amtsantritt betonten sie, dass es im neuen Schuljahr unabdingbar sei, die zehn frei werdenden Plätze im Internat ausschließlich mit musikalischen Talenten zu besetzen, denn unter den abgehenden Schülern waren manche

Leistungsträger des Chors. Bach prüfte penibel die sängerischen Fähigkeiten aller 27 Bewerber, erstellte eine Rangliste (s. Abb. S. 146) und übermittelte diese samt sämtlichen Prüfzeugnissen an Stieglitz. Doch der neue Schulvorsteher konnte oder wollte über die endgültige Auswahl der Alumnen nicht allein entscheiden. Er brachte die Angelegenheit im Mai 1729 in den Stadtrat, und der verordnete Anfang Juni zwar die Aufnahme von Bachs fünf Favoriten – allesamt Auswärtige, denen der Thomaskantor entweder »gute« oder »starcke« Stimmen sowie »feine« und »hübsche Profectus« bescheinigt hatte. Jedoch gingen die übrigen fünf Plätze an Knaben, die laut Bachs Urteil »nichts in Musicis praestiren«, sprich: bei der Aufnahmeprüfung krachend durchgefallen waren – unter ihnen drei Leipziger. Ein Jahr später, im Juni 1730, wiederholte sich das Prozedere. Erneut setzte der Stadtrat dem Kantor zur Hälfte Knaben vor, die vieles hatten, nur eben keinerlei musikalisches Talent – diesmal kamen sie allesamt aus Leipzig.

Bemitleidenswerter Bach, ich kann nur vermuten, in welchem Maße Sie diese Entscheidungen erschütterten. Es gehört nicht viel dazu, sich vorzustellen, dass Sie die neue Praxis auch als ein Echo auf den einzigartigen musikalischen Ertrag Ihrer ersten fünf Jahre im Thomaskantorat verstanden haben müssen. Da komponierten Sie sich Woche für Woche die Seele aus dem Leib, holten regelmäßig musikalisch die Sterne vom Kantatenhimmel, schrieben sich die Finger wund, und was war der Lohn: neue Sängerknaben, die zur Hälfte weder brauchbare Stimmen noch irgendein anderes musikalisches Talent hatten und die nun jahrelang Ihren Chor bevölkern würden.

Sie konnten es sich leicht ausrechnen: Bei 55 Thomasalumnen und deren durchschnittlicher Verweildauer auf der Schule von sechs Jahren, d.h. bei im Schnitt neun frei werdenden Plätzen pro Jahr, war leicht absehbar, dass das Fundament Ihrer Arbeit, nämlich die – besser überdurchschnittliche – Musikalität Ihrer Sängerknaben, sich binnen weniger Jahre in Luft auflösen würde. Geben Sie es zu: Sie, der ehemalige Hofkapellmeister, der berühmteste Tastenvirtuose im Land und Autor der Matthäus-Passion, müssen sich im ach so »angenehmen Pleiß-Athen« und angeblichen Sitz aller Musen plötzlich auf ziemlich verlorenem Posten gesehen haben!

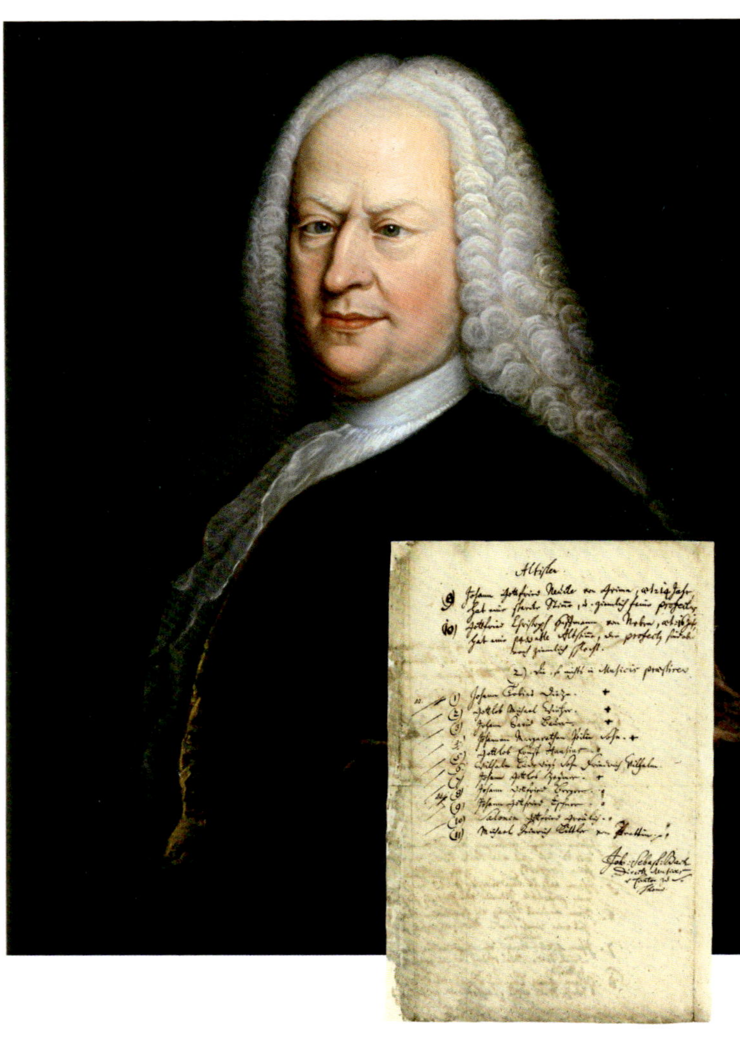

Christian Ludwig Stieglitz (1677–1756), Leipziger Ratsherr (ab 1715), Vorsteher der Thomasschule (ab 1729) und Bürgermeister (ab 1741) – Ölgemälde von Elias Gottlob Haußmann, Leipzig 1725

J.S. Bach, Auszug aus einer eigenhändigen Übersicht über Alumnenanwärter im Frühjahr 1729 mit einer Liste derjenigen, »so nichts in Musicis praestiren [d.h. taugen]«. Die (von Stieglitz?) mit einem »+« versehenen Anwärter wurden dennoch auf Befehl des Stadtrats Alumnen der Thomasschule und damit Sänger im Thomanerchor.

»Incorrigibel« und »widerwärtig«: Bach protestiert

Aber wie reagierte Bach? Legte er demonstrativ die Komponierfeder nieder? Ließ er seinen ersten Chor im Gottesdienst nur noch schlichte Choräle singen? Erstaunlich ist es ja schon, dass sich aus den Jahren 1729 und 1730 fast keine neukomponierten Bach-Kantaten nachweisen lassen. Und in den wenigen erhaltenen Stücken präsentiert der Chor in der Tat nur einfache vierstimmige Choräle. Ganz besonders erstaunt die Gestalt der einzigen nachweislich 1729 entstandenen Bach-Kantate: »Ich liebe den Höchsten von ganzem Gemüte« BWV 174, aufgeführt am zweiten Pfingstfeiertag (6. Juni), früh in der Nikolai-, nachmittags in der Thomaskirche. Das Stück, dessen Aufführungsstimmen laut einer (seltenen) Notiz auf den Manuskripten erst am Tag vor der Darbietung fertiggestellt wurden, gilt allgemein als Beleg dafür, dass sich der Thomaskantor in der Kirche stolz als der frisch gekürte Leiter eines studentischen Collegium musicum präsentieren wollte. Das Ensemble hatte er Wochen zuvor vom scheidenden Musikdirektor der Neukirche Georg Balthasar Schott nebenberuflich übernommen und musizierte mit ihm seither regelmäßig (auf eigene Rechnung!) in Zimmermanns Kaffeehaus.

Der augenscheinliche Bezug der Kantate zum Collegium musicum: An ihren Beginn setzte Bach keinen Chor, sondern den herrlichen Kopfsatz aus seinem Jahre zuvor komponierten 3. Brandenburgischen Konzert BWV 1048 – ohnehin schon ein Wunderwerk musikalischer Kombinatorik, das Bach für das Pfingstfest jedoch in ein noch festlicheres Gewand kleidete. Dem originalen neunstimmigen Streichersatz fügte er Partien für zwei Hörner und eine Art Ripienchor aus Oboen und Streichern hinzu, so dass das Stück im ♪ 138
neuen Kontext wie ein ›Chor ohne Worte‹ tönt. In den beiden Arien der Kantate stellte Bach dem opulenten konzertanten Auftakt jedoch auffällige Geringstimmigkeit gegenüber: Die Alt-Arie wird lediglich von zwei Oboen und Basso continuo begleitet, die Bass-Arie von colla parte musizierenden Violinen und Bratschen (und B.c.); alle Gesangspartien sind vergleichsweise schlicht. Am Schluss der ♪ 139-141
Kantate steht ein einfacher vierstimmiger Choral.

Gedemütigter Bach, ich weiß, Ihre Entscheidung, am Beginn der Kirchenkantate auf ein bereits existierendes Orchesterwerk zurückzugreifen, war nicht ohne frühere Beispiele. Aber Hand aufs Herz: Es ist schon singulär, dass in Ihren Kantaten das überreiche Instrumentarium des Eingangssatzes in den übrigen Sätzen überhaupt keine Rolle mehr spielt, ja ein solch scharfer Kontrast zwischen dem instrumentalen, den Rahmen sprengenden Auftakt und den – in BWV 174 erstaunlich kargen – vokalen Folgesätzen besteht. Wenn ich mir vergegenwärtige, dass sich die gegen Ihren ausdrücklichen Wunsch ins Thomasalumnat aufgenommenen Knaben am 3. Juni, drei Tage vor der Aufführung Ihrer Pfingstkantate, endgültig in die Schulmatrikel eintrugen (die entsprechenden Ratsverordnungen datieren vom 24. Mai und 3. Juni), kann ich mir eines nur zu gut vorstellen: Sie haben diese Kantate als musikalische Reaktion auf die aktuellen Vorgänge konzipiert. Dabei wahrten Sie zwar äußerlich die Form, doch übermittelten Sie den Ratsherren gleichermaßen subtil wie mit erhobenem Zeigefinger eine klare Botschaft: ›Wenn Ihr Herren Politici kaum noch musikalischen Nachwuchs auf die Schule lasst, muss ich anstelle meiner üblichen intrikaten figuralen Eingangschöre selbst an hohen Feiertagen eben ›Chöre ohne Worte‹ musizieren und wird der Schülerchor schon bald nur noch in der Lage sein, schlichte (Schluss-)Choräle zu singen; Sopran-Arien werde ich künftig wohl ganz vermeiden müssen, weil Ihr keinerlei brauchbare Konzertisten mehr auf die Schule lasst. Also lasset das Zagen, verbannet die Klagen, Ihr habt es so gewollt!‹ – Kalkulierender Bach, habe ich Sie überführt?

Wie auch immer Bach konkret reagierte: Er muss sehr deutliche Zeichen des Protestes ausgesendet haben, und diese fielen schon bald überhaupt nicht mehr diplomatisch aus. Die erhaltenen Sitzungsprotokolle des Stadtrates geben zu erkennen, dass er und der Tertius Pezold – jener Lehrer, der von Beginn an Bachs Lehrverpflichtung in Latein übernommen hatte – in den Augen des Schulvorstehers Stieglitz binnen kürzester Zeit zu »widerwärtigen Collegen« mutierten und die Stimmung an der Thomasschule sich insgesamt mehr und mehr aufheizte – eine Entwicklung, die durch den Tod des Thomasrektors Ernesti am 6. Oktober 1729, nach 45 Dienstjahren, und die nachfolgende fast einjährige Vakanz in der Schulleitung noch forciert wurde. Der Höhepunkt der Auseinandersetzungen war Anfang August 1730 erreicht, kurz nachdem der Stadtrat sich im Juni auf einen neuen Rektor verständigt hatte, damals verbunden mit der Hoffnung: »dass es besser seyn möchte, als mit dem Cantor.« In der folgenden Sitzung der Ratsältesten am 2. August stand Bach selbst im Zentrum der Kritik. Der regierende Bürgermeister Born eröffnete den Tagesordnungspunkt mit der Forderung, dass der Thomaskantor sich nicht weiter vom Lateinunterricht in der Quarta freistellen könne, denn sein Kollege Pezold habe diesen für ihn all die Jahre »schlecht genug verwaltet«; außerdem habe Bach »ohne Vorwissen« des Bürgermeisters »einen Chorschüler aufs Land geschicket« und sei »ohne genommenen Urlaub verreiset etc. etc.«. Born schlug daher vor, ihn »zu verweisen« und »zu admonieren« (ermahnen). Keiner der Ratskollegen widersprach. Bürgermeister Lange, sieben Jahre zuvor der entscheidende Fürsprecher Bachs bei der Wahl ins Thomaskantorat und Pate seines offenbar geistig behinderten Sohnes Gottfried Heinrich (geb. 1724), bestätigte: »Es sey alles wahr, was wider den Cantor erinnert worden«, empfahl aber, Bach weiterhin die Möglichkeit zu geben, auf der Basis einer privaten Vereinbarung den Lateinunterricht des Kantors an einen anderen Lehrer (den Quartus Kriegel) übertragen zu dürfen. Bürgermeister Steger indes verschärfte in seinem anschließenden Votum die Kritik an Bachs gegenwärtigem Gebaren; ja seine protokollierte Aussage vermittelt den Eindruck eines heftigen Wutausbruchs: »Es thue der Cantor nicht allein nichts, sondern wolle sich auch diesfals nicht erklären, halte die Singestunden nicht, es kämen auch andere Beschwerden dazu, Änderung würde nöthig seyn, es müsse doch einmahl brechen, lasse sich also gefallen, dass eine andere Einrichtung gemachet werde.«

Die Diskussion mündete in dem Vorschlag, »dem Cantor die Besoldung zu verkümmern«, also schlichtweg das Gehalt zu kürzen – eine Idee, die breite Zustimmung fand. Der Stadtsyndikus Job, ein leidenschaftlicher Pietist und ›Vater‹ der für Bach so nachteiligen Schulordnung, kommentierte seine Zustimmung für ein solches Vorgehen mit der trockenen Feststellung: »weil der Cantor incorrigibel sey« – eine ausgesprochen scharfe juristische Formulierung für unbelehrbar oder unverbesserlich.

Einige Tage später suchte Bürgermeister Born mit Bach das persönliche Gespräch und musste darüber seinen Ratskollegen am

25. August resümieren: »Mit dem Cantor Bachen habe Er geredet, der aber schlechte Lust zur Arbeit bezeige«. Immerhin endete die neuerliche Diskussion mit der Entscheidung, den Lateinunterricht des Kantors tatsächlich dem Kollegen Kriegel zu übertragen.

Tobender Bach, ich kann mir ungefähr vorstellen, in welchem Zustand Sie sich im August 1730 befunden haben müssen: völlig desillusioniert, unverstanden, jäh hinters Licht geführt von Ihren Vorgesetzten im Rathaus, die Sie wenige Wochen später so treffend als eine »wunderliche, der Music wenig ergebene Obrigkeit« charakterisieren werden. Sicher, deren Anliegen, sich im Sinne ihrer Fürsorgepflicht für arme Stadtkinder einzusetzen, war kein per se schlechtes und ist gut nachvollziehbar (heute würde vermutlich ganz ähnlich argumentiert werden). Aber doch nicht auf Kosten der Qualität Ihrer Kirchenmusik, die – wie Sie und auch manche Ratsherren immer wieder zu betonen pflegten – »zur Ehre Gottes« und zur »Zierde der Stadt« diente. Ich weiß nicht, was von den internen Diskussionen im Rathaus an Ihr Ohr drang (hoffentlich nicht alles!) und auf welche Weise Bürgermeister Born auf Sie zuging. Aber ich bin froh, dass er damit doch wohl sicherlich eines auslöste: dass Sie sich nicht weiter »nicht erklärten«, also auf stur schalteten, sondern sich nun hinsetzten und all Ihre Ängste um die Zukunft der Leipziger Kirchenmusik endlich auch schriftlich darlegten.

Unter der Überschrift »Kurtzer, jedoch höchstnöthiger Entwurff einer wohlbestallten Kirchen-Music, nebst einigem unvorgreiflichen Bedencken von dem Verfall derselben« demonstrierten Sie auf ganzen zehn Seiten präzis, wohin es der Stadtrat mit seinen jüngeren Entscheidungen und einer in Ihren Augen völlig verfehlten Sparpolitik inzwischen gebracht hatte, und zu welchem Pragmatismus Sie gezwungen waren, um die Leipziger Kirchenmusik trotz aller Widrigkeiten halbwegs »wohlbestallt« zu halten. Könnte es sein, dass Sie diese Denkschrift aber auch nutzen wollten, um sich unterschwellig für die eine oder andere Merkwürdigkeit bei Ihrer jüngeren Musizier- und Besetzungspraxis zu rechtfertigen? Und überhaupt: Zu gern wüsste ich, wie die nur textlich erhaltene Kantate »Gott, gib dein Gerichte dem Könige« BWV 1140 aussah, die Sie am 28. August 1730 anlässlich des traditionellen Ratswahlgottesdienstes Ihrer Obrigkeit musizierten – fünf Tage nach Fertigstellung des »Entwurffs«.

»Entwurff einer wohlbestallten Kirchen-Music«

In seinem »Entwurff« rechnet Bach den Ratsherren zunächst nüchtern vor, welche personelle Grundausstattung er für die Leipziger Kirchenmusik unbedingt benötigt. Bekanntermaßen würden die 55 Alumnen der Thomasschule für die sonn- und festtäglichen Gottesdienste in vier »Chöre« eingeteilt werden. Jedoch müssten nur die Sänger in den Chören für Thomas-, Nikolai- und Neukirche »alle musicalisch seyn«, da nur hier tatsächlich anspruchsvollere Musik erklänge. In die Peters-Kirche hingegen käme »der Ausschuß, nemlich die, so keine Music verstehen, sondern nur nothdörfftig einen Choral singen können.« Da nun in »jedweden musicalischen Chor« laut Bach jeweils drei Soprane, Altisten, Tenoristen und Bassisten gehörten, müsse die Zahl der musikalischen Knaben mindestens 36 betragen, mit anderen Worten: zwei Drittel aller Internatsschüler sollten unbedingt brauchbare Sänger sein.

So weit, so gut, zumindest was die Darbietung von Chorälen oder Motetten, also von reiner Chormusik betrifft. Problematisch wird die Sache für Bach aber bei seinen Kantatenaufführungen mit dem ersten »Chor«. Das dazu notwendige Orchester, so erläutert er im zweiten Abschnitt seines Papiers, müsse aus mindestens 18 bzw. 20 Personen bestehen. Jedoch verfüge die Stadt von alters her nur über vier Planstellen Stadtpfeifer, drei Kunstgeiger und einen Gesellen. Darunter seien zwei Trompeter (von drei zuweilen nötigen), zwei Geiger (von mindestens vier nötigen), zwei Oboisten (von drei nötigen) und ein Fagottist. Jedoch: »Von deren Qualitäten und musicalischen Wissenschafften aber etwas nach der Wahrheit zu erwehnen, verbietet mir die Bescheidenheit.« Bach sei deshalb gezwungen, die fehlenden »ohnentbehrlichen Stimmen« und Instrumente – vier Tutti-Violinen, zwei Bratschen, zwei Celli, ein Violone und zwei Flöten – stets von anderen Personen spielen zu lassen; eine Aufgabe, die in der Vergangenheit Studenten und Thomasalumnen übernommen hätten. Die Studenten freilich hätten sich mit der Hoffnung in die Dienste des Thomaskantors gestellt, früher oder später »mit einem stipendio oder honorario … begnadiget« zu werden. Allerdings, und hier folgt die erste fundamentale Kritik Bachs an der jüngeren

Politik im Rathaus, seien diese »wenigen beneficia« der Kirchenmusik »successive gar entzogen worden« und so sei auch die Bereitschaft der Studenten verloren gegangen, in den Gottesdiensten mitzuwirken. »Denn«, so fragt Bach rhetorisch: »Wer wird ümsonst arbeiten, oder Dienste thun?«

Jene Thomaner hingegen, die er notgedrungen im Orchester einsetzen müsse, fehlten ihm dann im Chor – ein Teufelskreis!

Dies sei freilich nur der unerfreuliche Dauerzustand an gewöhnlichen Sonntagen, wenn nur in einer Hauptkirche (unter Bachs Leitung) Kantaten aufgeführt werden. Doppelt schwierig würde es an den Festtagen, wenn zeitgleich an Thomas- und Nikolaikirche Figuralmusik erklingen muss. Bach sei dann gezwungen, Alumnen, die regulär unter seiner Leitung im ersten Chor singen und musizieren, als Instrumentalisten an den zweiten Chor abzugeben – der in der anderen Hauptkirche unter der Leitung eines Präfekten musiziert.

Alles in allem für Bach Grund genug, nun die zweite Fundamentalkritik an den jüngeren Entscheidungen des Stadtrates vorzubringen, nunmehr bezogen auf die neuerliche Vergabepraxis der freiwerdenden Plätze im Internat:

»Hiernechst kann nicht unberühret bleiben, daß durch bißherige reception so vieler untüchtigen und zur Music sich gar nicht schickenden Knaben, die Music nothwendig sich hat vergeringern und ins Abnehmen gerathen müssen. Denn es [ist] gar wohl zu begreiffen, daß ein Knabe, so gar nichts von der Music weiß, ja nicht ein mahl eine secundam im Halse formiren kan, auch kein musicalisch naturel haben könne; consequenter niemahln zur Music zu gebrauchen sey.«

Bachs erschütterndes Fazit: »Der Schluß ist demnach leicht zu finden, daß bey cessirenden beneficiis mir die Kräffte benommen werden, die Music in besseren Stand zu setzen.«

Und um den Ratsherren gleich noch die Quittung für ihre verfehlte Schulpolitik auszustellen oder – wie Bach schreibt – es »reiferer Überlegung zu überlassen, ob bey so bewandten Ümständten die Music könne fernerhin bestehen, oder ob deren mehrerer Verfall zu besorgen sey«, führt er abschließend alle gegenwärtigen Alumnen der Thomasschule namentlich auf, eingeteilt in die Kategorien: 1. für die Kirchenmusik vollkommen brauchbar, 2. derzeit nur für den Motettengesang verwendbar, aber ausbaufähig, 3. für Musik gänzlich untauglich. In Summa: »17 zu gebrauchende, 20 noch nicht zu gebrauchende, und 17 untüchtige«.

Was er dazu nicht notierte, sicherlich hoffend, dass sich der Schluss bei den Adressaten selbst einstellen würde: Unter den 17 »untüchtigen« dominierten die Leipziger: elf Knaben. Deren ›Ehre‹ rettete allein ein gewisser Johann Gottlob Lange – der einzige Einheimische innerhalb der ersten Kategorie.

Verehrter Bach, gestatten Sie mir eine Bemerkung: Was Ihr »Entwurff« nicht enthält, waren Lösungsvorschläge, wie das Dilemma zu überwinden sei – abgesehen von dem hier und da recht vage vorgebrachten Wunsch nach mehr Geld zum ›Animieren‹ der Studenten, damit Sie nicht weiter brauchbare Sängerknaben unter den Alumnen ins Orchester stecken müssten. Und ich vermisse ein Wort: »Bachsches Collegium musicum«. Im August 1730 war es längst stadtbekannt, dass Sie seit gut einem Jahr nebenberuflich ein Virtuosen-Ensemble in Zimmermanns Kaffeehaus leiteten, das personell von Studenten dominiert wurde. Deshalb dürften sich die Empfänger Ihres Schreibens einigermaßen gewundert haben, warum Sie diesen Klangkörper nicht in Ihre Überlegungen einbezogen haben – dies zumal, weil Sie an den Stadtpfeifern kein gutes Haar ließen.

Könnte es also sein, dass Sie mit Ihrem »Entwurff« einen doppelten Zweck verfolgten: zum einen, Ihre zuletzt an den Tag gelegte Aufführungspraxis zu rechtfertigen – hatten Sie vielleicht demonstrativ solistisch musizieren lassen oder dem Schulchor für längere Zeit wirklich nur noch Choräle auf die Pulte gelegt? Zum anderen scheint es mir, dass Sie den »Entwurff« ganz bewusst als ein Diskussionspapier konzipiert haben, das Nachfragen provozieren sollte: um endlich eine grundlegende und ergebnisoffene Debatte über die Zukunft der Leipziger Kirchenmusik, ihr Personal und ihre finanzielle Ausstattung in Gang zu bringen. Und sicherlich sollte dies alles auch dazu beitragen, den Diskussionsschauplatz in der ›Akte Bach‹ von den offenbar chaotischen Vorgängen im Schulhaus endlich auf Ihre eigentliche Bühne, die Chorempore, zu verlagern.

Bachs Befreiungsschlag blieb wirkungslos. Aus dem Rathaus ist keinerlei Reaktion auf seinen »Entwurff« überliefert. Es ist nicht einmal klar, ob das Papier dort überhaupt gelesen, geschweige denn diskutiert wurde – anscheinend hat es der Schulvorsteher Stieglitz elegant ›verschwinden‹ lassen, sprich: direkt zu den Akten angelegt. Und so war Bach im Sommer 1730, nach sieben Jahren im Thomaskantorat, an einem Tiefpunkt angelangt: mit einer Notenbibliothek, voll von edelstem musikalischen Gotteslob aus seiner eigenen Feder, aber mit einer inzwischen ›leeren Liste‹ an Verbündeten im Rathaus – und obendrein mit der Aussicht, dass sich die Leistungsfähigkeit seiner Musiker auch weiterhin kontinuierlich verringern würde. Wahrhaft eine erschütternde Vorstellung, und für Bach Grund genug, um von der angeblich so »favorablen Station« Leipzig wirklich ›genung‹ zu haben!

Kein Wunder also, dass Bach nun ernsthaft einen Weggang ins Auge fasste. Wenige Wochen nach dem Verfassen des »Entwurffs« schrieb er am 28. Oktober 1730 einen Brief an seinen alten Schulkameraden Georg Erdmann, inzwischen kaiserlich-russischer Resident in Danzig. In dem Brief – es ist die einzige autobiografische Skizze, die von Bach existiert – berichtet er zunächst über seinen Stellenwechsel von Köthen nach Leipzig und dass es ihm »anfänglich gar nicht anständig seyn wollte, aus einem Capellmeister ein Cantor zu werden«. Da ihm aber das Amt des Thomaskantors als »dermaßen favorable« beschrieben worden sei und er seinen ältesten Söhnen die Möglichkeit eines Universitätsstudiums eröffnen wollte, habe er es letztlich »in des Höchsten Namen« gewagt und die Stelle in Leipzig angetreten.

Dann aber macht Bach seinem Ärger gründlich Luft: Nach »Gottes Willen« sei er zwar immer noch in Leipzig, aber das Thomaskantorat sei »bey weitem nicht so erklecklich« wie ihm versprochen, viele Einnahmen seien der Stelle inzwischen entgangen; Leipzig sei »ein sehr theürer Orth«, an dem »eine wunderliche und der Music wenig ergebene Obrigkeit« regiert, weshalb er selbst »fast in stetem Verdruß, Neid und Verfolgung leben muß« und nun »genöthiget« sei, seine »Fortun anderweitig zu suchen«. Wenn Erdmann also »eine convenable station« in Danzig wisse, solle er doch bitte für Bach »eine hochgeneigte Recommendation einlegen«. Und um seinem alten Freund gleich noch einen Eindruck von den eigenen finanziellen Vorstellungen zu liefern, ergänzte Bach:

»Meine itzige station belaufet sich etwa auf 700 Reichsthaler, und wenn es etwas mehrere, als ordinairement, Leichen gibt, so steigen auch nach proportion die accidentia; ist aber eine gesunde Lufft, so fallen hingegen auch solche, wie denn voriges Jahr an ordinairen Leichen accidentien über 100 Rthlr. Einbuße gehabt. In Thüringen kann ich mit 400 Rthlr. weiter kommen als hiesiges Ohrtes mit noch einmahl so vielen hunderten, wegen der excessiven kostbahren Lebensarth.«

Aber Bach war schlecht informiert, denn weder in Danzig noch in irgendeiner anderen Metropole in den protestantischen deutschsprachigen Reichsgebieten bot der Posten des städtischen Musikdirektors die Chance auf ähnlich hohe Einkünfte wie in Leipzig – abgesehen von Hamburg, aber das dortige Musikdirektorat war fest in Händen Georg Philipp Telemanns. *Anspruchsvoller Bach, wenn ich mich nicht irre, sind Sie vor allem aus diesem Grund dann doch bis zu Ihrem Lebensende – wohl oder übel – Thomaskantor geblieben.*

Rektor Gesner und sein »Orpheus«

Anfang September 1730 trat mit Johann Matthias Gesner ein neuer Rektor seinen Dienst in der Thomasschule an. Der aufgeklärte Pädagoge erwies sich als ein Glücksfall, denn er vermochte es, die erhitzten Gemüter des Thomaskantors und mancher Ratsherren rasch zu besänftigen und zwischen Schule und Rathaus zu moderieren. In einem diplomatischen Balanceakt gelang es ihm sogar, den tatsächlichen Einfluss des Schulvorstehers Stieglitz beim Auswahlprozess der Alumnen zu begrenzen und zugleich den Wünschen des Kantors wieder Gehör zu verschaffen. Laut einem damaligen Leipziger Chronisten lauschte Gesner »mit Vergnügen« den von

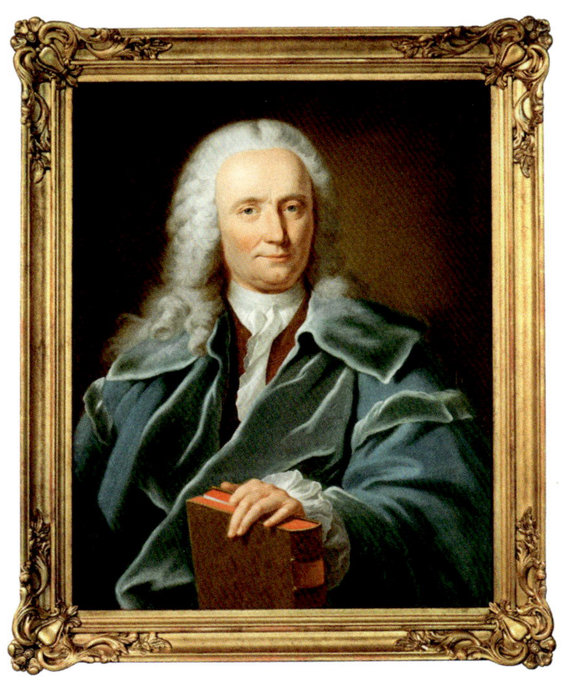

Johann Matthias Gesner (1691–1761), Rektor der Thomasschule 1730–1734
Ölgemälde von Friedrich Reibenstein, 1747

Bach »aufgeführten Kirchenstücken« und pflegte die Knaben »selbst in der Singstunde, wohin sonst nicht leicht ein Rector kam«, zu besuchen. Nur schade, dass er nur vier Jahre im Amt blieb; 1734 wurde er Professor für Poesie an der neugegründeten Universität zu Göttingen.

Seine größte Verbeugung vor Bach lieferte Gesner vier Jahre später – und zugleich die bis heute einzige bekannte Beschreibung eines Zeitzeugen, die uns einen Eindruck von Bach als (omnipräsentem) Aufführungsleiter der Leipziger Kirchenmusik vermittelt. In seiner Neuausgabe des antiken Traktats »Institutio Oratorio« von Quintilian kommentierte Gesner 1738 die Verehrung des großen römischen Rhetorikers für die berühmtesten Musiker des Altertums mit einer Lobrede auf seinen Orpheus der Gegenwart:

»Dies alles würdest Du, Fabius, völlig unerheblich nennen, wenn Du, aus der Unterwelt heraufbeschworen, Bach sehen könntest – um nur ihn anzuführen, denn er war vor nicht allzu langer Zeit mein Kollege an der Leipziger Thomasschule; wie er mit beiden Händen und allen Fingern etwa unser Clavier spielt, das allein schon viele Kitharai in sich fasst, oder jenes Grund-Instrument [die Orgel], dessen zahllose Pfeifen von Bälgen angeblasen werden, wie er hier mit beiden Händen, dort mit schnellen Füßen über die Tasten eilt und allein gleichsam Heere von ganz verschiedenen aber doch zueinander passenden Tönen hervorbringt; wenn Du ihn sähest, sag ich, wie er bei einer Leistung, die mehrere Eurer Kitharisten und zahllose Flötenspieler nicht erreichten, nicht etwa nur eine Melodie singt wie der Kitharöde und seinen eigenen Part hält, sondern auf alle zugleich achtet und von 30 oder gar 40 Musizierenden diesen durch ein Kopfnicken, den nächsten durch Aufstampfen mit dem Fuß, den dritten mit drohendem Finger zu Rhythmus und Takt anhält, dem einen in hoher, dem andern in tiefer, dem dritten in mittlerer Lage seinen Ton angibt; wie er alle zusammenhält und überall abhilft und wenn es irgendwo schwankt, die Sicherheit wiederherstellt; wie er den Takt in allen Gliedern fühlt, die Harmonien alle mit scharfem Ohre prüft, allein alle Stimmen mit der eigenen begrenzten Kehle hervorbringt.

Sonst ein begeisterter Verehrer des Altertums, glaub' ich doch, dass Freund Bach allein, und wer sonst ihm vielleicht ähnlich ist, den Orpheus mehrmals und den Arion zwanzigmal übertrifft.«

(Original in Latein, deutsche Übersetzung nach »Bach-Dokumente«, Band 2, Nr. 432)

Verehrter Bach, ich kann mir gut vorstellen, wie sehr Sie sich über die unerwarteten Zeilen gefreut haben müssen – auch und gerade, weil sie Ihr Vertrauter Gesner im fernen Göttingen zu einer Zeit abfasste, in der Sie solcherlei Zuspruch sicher bitter nötig hatten. Denn ganz sicher gehört seine Eloge auf Ihre Kunst und Ihre überragenden Fähigkeiten als Aufführungsleiter (unter oft prekären Rahmenbedingungen) in den Kontext einer Debatte, die Johann Adolph Scheibe, der Sohn des Leipziger Orgelbaumeisters Johann Scheibe, am 14. Mai 1737 im fernen Hamburg losgetreten hatte.

An diesem Tag publizierte Scheibe in seiner musikalischen Wochenschrift »Der critische Musicus« einen durch und durch fingierten Reisebericht eines »geschickten Musicanten«, der darin die handwerklichen und teils auch menschlichen Schwächen von einigen mitteldeutschen Musikern – ohne deren Namen zu nennen – genussvoll vor seinen Lesern ausbreitete. Und dabei attackierte er auch den Thomaskantor Bach.

»Wider die Natur«: Scheibes Bach-Kritik und Birnbaums Verteidigung

Überzeugt von der Ansicht, dass die Gebote von Einfachheit und Natürlichkeit, wie sie jüngst der Leipziger Literaturpapst Gottsched für die Sprache und Dichtkunst formuliert hatte, auch in der Musik ihre Gültigkeit haben, schreibt Scheibe im »Critischen Musicus« über den Musikdirektor in einer gewissen Universitätsstadt: Er sei »ein außerordentlich großer Künstler auf dem Clavier und auf der Orgel«. Seine Werke könnten die »Bewunderung gantzer Nationen« auf sich ziehen, »wenn er mehr Annehmlichkeit hätte, und wenn er nicht seinen Stücken durch ein schwülstiges und verworrenes Wesen das Natürliche entzöge, und ihre Schönheit durch allzugrosse Kunst verdunkelte«. Sein Fehler sei: »Alle Manieren, alle kleine Auszierungen, und alles, was man unter der Methode zu spielen verstehet, drückt er mit eigentlichen Noten aus; und das entziehet seinen Stücken nicht nur die Schönheit der Harmonie, sondern macht auch den Gesang durchaus unvernehmlich. Alle Stimmen sollen miteinander und mit gleicher Schwierigkeit arbeiten, und man erkennet darunter keine Hauptstimme.«

Die »Schwülstigkeit« habe ihn »von dem Natürlichen auf das Künstliche und von dem Erhabenen auf das Dunkle geführet«. Er überfordere seine Musiker permanent, weil er dem Irrglauben erlegen sei, diese müssten »durch ihre Kehle und Instrumente eben das machen, was er auf dem Claviere spielen kann. Dieses aber ist unmöglich.« Und deshalb sei all seine Kunst vergebens angewendet: »weil sie wider die Natur streitet«.

Attackierter Bach, ich bin mir sicher: Diese Kritik wird Sie ins Mark getroffen haben. Dies umso mehr, weil Scheibe mit seiner Aussage, Sie wür-

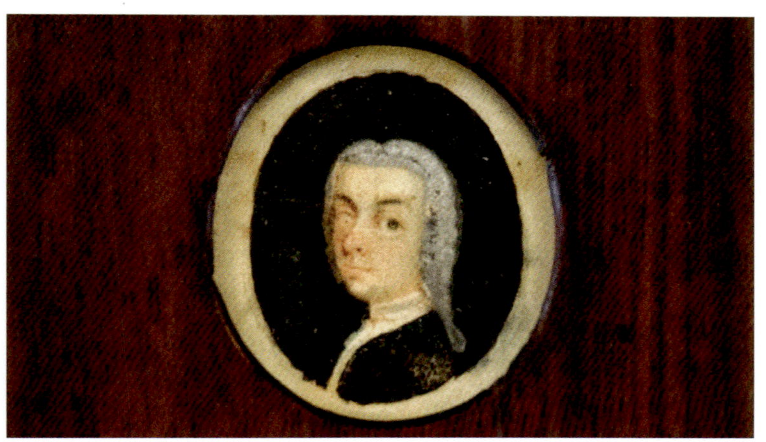

Johann Adolph Scheibe (1708–1776) – Ölgemälde
eines unbekannten Künstlers

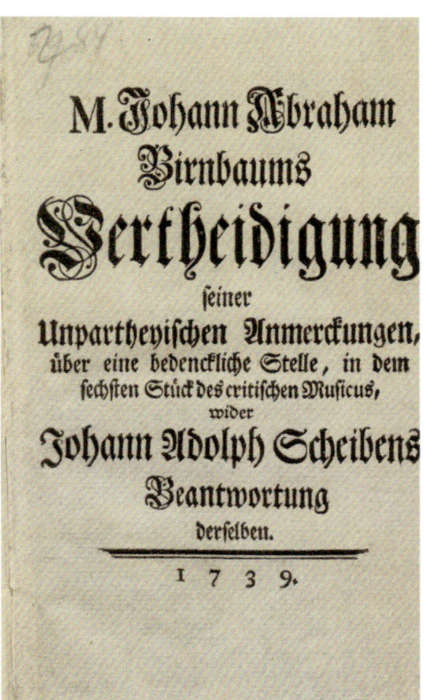

M. Johann Abraham
Birnbaums
Vertheidigung
seiner
Unpartheyischen Anmerckungen,
über eine bedenckliche Stelle, in dem
sechsten Stück des critischen Musicus,
wider
Johann Adolph Scheibens
Beantwortung
derselben.

1 7 3 9.

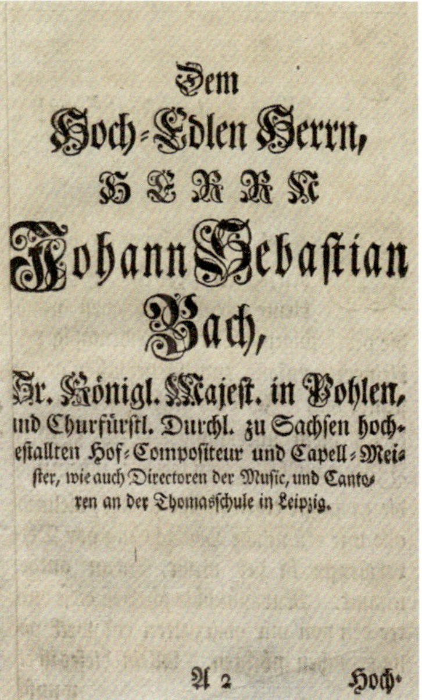

Dem
Hoch-Edlen Herrn,
HERRN
Johann Sebastian
Bach,
Sr. Königl. Majest. in Pohlen,
und Churfürstl. Durchl. zu Sachsen hoch-
bestallten Hof-Compositeur und Capell-Mei-
ster, wie auch Directoren der Music, und Canto-
ren an der Thomasschule in Leipzig.

A 2 Hoch-

Zweite Verteidigungsschrift Johann Abraham Birnbaums gegenüber
J. A. Scheibes Bach-Kritik, Titelseite und Widmung, erschienen 1739

den Ihr Sängerpersonal häufig überfordern, bestimmt in eine offene Wunde stach. Denn natürlich haben auch Sie mit Ihrem Musikerpersonal gehadert und waren gezwungen, die falschen Weichenstellungen des Stadtrates bei der Auswahl Ihrer Chorknaben auszubaden. Ja, gewiss mussten Sie als Aufführungsleiter (eher Aufführungsinspektor) die von Gesner so anschaulich beschriebenen Höchstleistungen auch deshalb vollbringen, weil manche Ihrer Musiker oft sonst gar nicht den Weg durch das Dickicht Ihrer schweren Partituren gefunden hätten. Dennoch wird die Qualität Ihrer Aufführungen nicht selten weit hinter derjenigen Ihrer Werke zurückgestanden haben. Noch Ihre Söhne bestätigen ja indirekt Scheibes Vorwurf, wenn sie in Ihrem Nachruf schreiben: »Nur Schade, daß er selten das Glück gehabt, lauter solche Ausführer seiner Arbeit zu finden, die ihm diese verdrießlichen Bemerkungen ersparet hätten.«

Bach müssen Scheibes Ausführungen nicht losgelassen haben. Schnell fasste er mit seinem Vertrauten, dem Leipziger Rhetorik-Dozenten Johann Abraham Birnbaum, den Beschluss, dass die kaum eine Seite umfassende Kritik nicht unbeantwortet bleiben darf, sondern dass Birnbaum sie in einer ausführlichen Replik Wort für Wort zerpflücken sollte. Diese umfasste letztlich 28 Druckseiten und wurde 1738 veröffentlicht, jedoch ohne den Gegner zum Verstummen zu bringen. Scheibe duplizierte wenig später in seiner Zeitschrift, nunmehr auf 40 Seiten, und Birnbaum antwortete nochmals, nunmehr auf ganzen 96 Seiten, die Bach im Frühjahr 1739 über einen befreundeten Kantor im kleinen Städtchen Ronneburg drucken ließ – anscheinend aus Argwohn vor Verbündeten Scheibes in der Leipziger Buchdruckerszene.

Letztlich ging keiner der Streithähne als Sieger vom Platz. Bach musste allerdings mit ansehen, dass sein ehemaliger Schüler Carl Gotthelf Gerlach, inzwischen Musikdirektor an der Leipziger Neukirche, während des publizistischen Schlagabtauschs dazu überging, sich für seine Kirchenmusik im großen Stil von Scheibe mit dessen Kompositionen ausstatten zu lassen. Umso merkwürdiger ist es, dass Gerlach zugleich zwischen 1737 und 1739 die Leitung von Bachs Collegium musicum übernahm.

Gedemütigter Bach, geschah dies wirklich, wie die Biografen üblicherweise annehmen, im Einvernehmen mit Ihnen, oder haben Sie vielmehr genervt oder enttäuscht das Handtuch geworfen – vielleicht, weil der eine oder an-

dere Musiker im Collegium musicum Ihnen signalisierte, dass Scheibe mit seiner Kritik ja nicht gänzlich unrecht hat?

Wie dem auch sei und auch wenn es Sie sicher nicht trösten wird: Die Scheibe-Birnbaum-Debatte ist für uns heute ein Glücksfall. Denn sie macht uns deutlich, dass die Welt eben doch eine ganze Zeit und das wiederholte Hören brauchte, um den Wert und die tatsächliche Tiefe Ihrer Musik zu erkennen. Und außerdem glaube ich, dass in jenen Worten, mit denen Birnbaum zweimal versuchte, Scheibes Kritik zu widerlegen, an vielen Stellen Ihr eigenes künstlerisches Credo durchschimmert, das Sie – der »austernhaft verschwiegene« Bach – nirgendwo sonst so deutlich artikuliert haben. Da heißt es in Birnbaums erster Verteidigungsschrift:

»Übrigens ist gewiß, daß die Stimmen in den Stücken dieses grossen Meisters in der Music wundersam durcheinander arbeiten: allein alles ohne die geringste Verwirrung. Sie gehen miteinander und widereinander; beydes wo es nöthig ist. Sie verlassen einander und finden sich doch alle zu rechter Zeit wieder zusammen. Jede Stimme macht sich vor der andern durch eine besondere Veränderung kenntbar, ob sie gleich öfftermahls einander nachahmen. Sie fliehen und folgen einander, ohne daß man bey ihren Beschäfftigungen, einander gleichsam zuvorzukommen, die geringste Unregelmäßigkeit bemercket. Wird dieses alles so, wie es seyn soll, zur Execution gebracht; so ist nichts schöners, als diese Harmonie. … Vermöge dieser Erklährung fällt die Meinung des Verfassers (Scheibe), daß dieses Verfahren den Stücken des Herrn Hof-Compositeurs (Bach) die Schönheit der Harmonie entzöge, und den Hauptgesang unannehmlich mache, von selbsten hinweg. … Die Harmonie wird weit vollkommener, wenn alle Stimmen miteinander arbeiten. Folglich ist eben dieses kein Fehler, sondern eine musicalische Vollkommenheit.«

Welch eine herrliche Charakterisierung der unüberhörbaren Eigenart Ihrer Musik – und doch mussten Sie Birnbaum zugleich einräumen lassen:

»Verursachet aber die Ungeschicklichkeit oder Nachläßigkeit der Instrumentalisten oder Sänger hierbey eine Verwirrung, so urtheilet man gewiß sehr abgeschmackt, wenn man deren Fehler dem Componisten zurechnet. Es kommt ohne dem in der Music alles auf die Execution an. Die elendesten Melodien fallen doch offt schön ins Gehör, wenn sie wohl gespielet werden. Hingegen kann ein Stück aus dessen Composition man die schönste Harmonie und Melodie ersehen kann, alsdenn freylich dem Gehör nicht gefallen, wenn die, so es executiren sollen, ihre Schuldigkeit weder beobachten können, noch wollen.«

Am allermeisten aber, verehrter Bach, bewegt mich, was Ihr Verteidiger dann in seiner zweiten Verteidigungsschrift ausführte, hier bezogen auf die Erwartungen an Ihr Musikerpersonal und Scheibes Vorwurf, Sie würden Ihre Sänger permanent überfordern, weil Sie »verworren«, »unnatürlich« und durch die Brille eines Tastenvirtuosen komponierten. Birnbaum schreibt, doch sicherlich ebenfalls nach Ihren eigenen Stichworten und Erfahrungen argumentierend:

»Er setzt der Natur derselben allemal gemäß. Zuweilen aber giebt er nur den Instrumentalisten und Sängern Gelegenheit, sich etwas mehr, als gewöhnlich, anzugreifen, um etwas heraus zu bringen, welches sie anfänglich für unmöglich [ge]halten, weil sie es nicht versucht haben. ... Die Erfahrung hat gelehret: daß das Unmöglichscheinende möglich worden, wenn Fleiß, Geschicklichkeit und Uebung alle Schwierigkeiten glücklich überwunden haben. Ja dieses ist sehr oft ein sicheres Mittel gewesen, beydes, Sänger und Instrumentalisten, geschickter und vollkommener zu machen. ... Freylich erfordern dergleichen Stücke Virtuosen zu ihrer Aufführung. ... Allein, da freylich der Herr Hofcompositeur so glücklich nicht ist, seine Stücke allezeit lauter Virtuosen vorlegen zu können, so bemüht er sich doch zum wenigsten, theils, die es noch nicht sind, durch Angewöhnung an etwas schwere Stücke, dazu zu machen: theils bedient er sich, wo dieses nicht möglich ist, allerdings der nöthigen Behutsamkeit, seine Arbeit nach der Fähigkeit derer, die sie aufführen sollen, einzurichten.«

Geplagter und enttäuschter Bach, damit bringt Birnbaum Ihr Dilemma, aber zugleich Ihre Unbestechlichkeit auf den Punkt. Denn in der Tat ist doch das wirklich Beeindruckende, dass Sie in Ihrem Alltag als Kirchenmusiker, zumal unter erschwerten Rahmenbedingungen und trotz aller erlebten Ungerechtigkeiten in der produktivsten Zeit Ihres Thomaskantorats, die eigenen satztechnischen Ideale, den hohen Anspruch an sich selbst und an Ihre Musiker nie aufgegeben haben. Zwar sind Sie durch pragmatische Entscheidungen – etwa den Einsatz des Chores nur im Schlusschoral – hin und wieder kleine Kompromisse zugunsten des Personals eingegangen, je-

doch anscheinend nie auf Kosten der musikalisch/künstlerischen Qualität Ihres Gotteslobes. Hätte ich eine Perücke nebst Hut, könnte ich beides nicht oft genug vor Ihnen ziehen. Denn diese Grundsätze haben sich – auch das gehört zur Wahrheit – so richtig erst nach Ihrem Tod bezahlt gemacht.

Neue Bühnen

Trotz der zwischenzeitlichen Entspannung der Beziehungen zwischen Thomaskantor und Stadtrat während der Ära des Rektors Gesner (1730–1734) kehrte Bach augenscheinlich nie zu seinem alten Arbeitseifer beim Komponieren von Kirchenmusik zurück. Aus jenen vier Jahren lässt sich nicht einmal eine Handvoll neukomponierter Kantaten belegen. 1731 entstand immerhin die nur textlich erhalten gebliebene Markus-Passion BWV 247, allerdings offenbar im ♪142-143 Wesentlichen im Parodieverfahren: durch die Wiederverwendung der Musik seiner Trauerode auf die 1727 verstorbene sächsische Kurfürstin (»Lass, Fürstin, lass noch einen Strahl« BWV 198).

Mit mehr Eifer wendete sich Bach Feldern zu, die nicht Teil seines Arbeitsvertrages als Thomaskantor waren. Er besann sich seines alten Ruhmes als größter Tastenvirtuose im Lande und publizierte insgesamt vier Teile gedruckte »Clavier-Übungen«: zunächst die sechs Partiten BWV 825–830 (1731), sodann das »Concerto nach Italienischem Gusto« BWV 971 und die »Overture nach Französischer Art« BWV 831 (1735), eine Sammlung von »Vorspielen über die Catechismus- und andere Gesaenge« für die Orgel (1739) und schließlich 1741 die »Aria mit verschiedenen Veraenderungen« BWV 988, heute besser bekannt als die »Goldberg-Variationen«. Und er trat nun wöchentlich – offenbar durchgehend bis 1737 – mit seinem Collegium musicum in Zimmermanns Kaffeehaus auf.

Mit ebenso hohem Energieaufwand verfolgte Bach das Ziel, sich für künftige Konflikte mit seiner »wunderlichen, der Music wenig ergebenen« Leipziger Obrigkeit den Schutz höherer Instanzen zuzusichern. 1733 übersandte er dem neuen sächsischen Kurfürsten in Dresden eine Kyrie-Gloria-Messe (der Grundstein für die große h-Moll-Messe BWV 232), verbunden mit der Bitte um »Dero mächtigste Protection« und eine Ehrenmitgliedschaft in der Sächsischen

Hofkapelle – aus einem handfesten Motiv, das er dem Kurfürsten in einem beigelegten Brief unverblümt schilderte:

»Ich habe einige Jahre und bis daher bey denen beyden Haupt-Kirchen in Leipzig das Directorium in der Music gehabt, darbey aber ein und andere Bekränckung unverschuldeter weise auch jezuweilen eine Verminderung derer mit dieser Function verknüpfften Accidentien empfinden müssen, welches aber gänzlich nachbleiben möchte, daferne Ew. Königliche Hoheit mir die Gnade erweisen und ein Praedicat von Dero Hoff-Capelle conferiren.«

Da aus Dresden zunächst keinerlei Reaktion erfolgte, verschaffte Bach sich regelmäßig Gehör: Wann immer die kurfürstliche Familie in den kommenden Jahren Leipzig besuchte oder einen Ehrentag zu feiern hatte, war er mit seinem Collegium musicum »unterthänigst« zur Stelle und musizierte eine opulente Huldigungskantate. Viele dieser Stücke gingen musikalisch in den sechs Kantaten des Weihnachtsoratoriums BWV 248 auf, die Bach für die sechs Sonn- und Feiertage vom Weihnachtsfest 1734 bis zu Epiphanias 1735 erstellte, ebenfalls fast durchgängig im Parodieverfahren. Auf ähnliche Weise entstand bald darauf Bachs Himmelfahrtsoratorium BWV 11 (»Lobet Gott in seinen Reichen«).

Erst ein halbes Dutzend Huldigungskantaten später und aufgrund der Intervention von Bachs Mäzen, dem russischen Gesandten am Dresdner Hof, Hermann Carl Reichsgraf von Keyserlingk, erhörte der Kurfürst sein Bitten und verlieh Bach im November 1736 den Titel eines »Königlich Polnischen und Kurfürstlich Sächsischen Hof-Compositeurs«.

Titelbemühter Bach, ich vermute, dieses Prädikat war für Sie eher eine Enttäuschung. Sie, der ehemals Köthener und (ehrenhalber) Weißenfelsische »Hof-Capellmeister«, hatten doch sicherlich auch aus Dresden mit der Verleihung dieses höchsten aller Musiker-Titel gerechnet. Auffällig ist zumindest, dass Sie es schon bald nach der Ernennung zum »Hof-Compositeur« mit dem regelmäßigen musikalischen Huldigen Ihrer sächsischen »Landessonne« nicht mehr so genau nahmen. Dafür hatten Sie spätestens ab 1737 noch einen weiteren Grund.

»Abgesagte Feinde«: Kantor versus Rektor

Mit dem Nachfolger von Gesner als Thomasrektor, dem erst 27-jährigen Johann August Ernesti (nicht verwandt mit seinem Vorvorgänger Johann Heinrich Ernesti), spitzte sich die Situation erneut zu. Der Schulvorsteher Stieglitz hatte den ehemaligen Hauslehrer seiner Kinder bereits 1731 als Konrektor an die Schule geholt und anschließend geschickt die Weichen gestellt, dass Ernesti im Herbst 1734 an die Spitze der Institution gewählt wurde. Allerdings nutzte Stieglitz die Ratssitzung, in der die Berufung seines Intimus erfolgte, ebenfalls um die alten Gräben zwischen sich und dem Thomaskantor wieder offiziell aufzureißen. Laut Protokoll sagte er: »Erinnert anbey, daß Ihm sein Vorsteher Ambt bey der Schule zu St. Thomae durch den Cantor sehr schwer gemacht werde, indem derselbe gar nicht in der Schule thäte, was ihm zu thun obliege.«

Ernesti teilte mit Stieglitz das Ziel, den Geisteswissenschaften künftig im Lehrplan der Schule mehr Platz einzuräumen – idealerweise auf Kosten des Stellenwerts der musikalischen Ausbildung, jedoch ohne auf die üppigen Einkünfte aus den diversen Singediensten der Thomaner verzichten zu wollen. Seine Vorstellungen waren wenig kompatibel mit den Bedürfnissen des 22 Jahre älteren Thomaskantors. Immerhin aber gelang es Bach, für den Karfreitag 1736 die Wiederaufführung seiner – wahrscheinlich noch einmal überarbeiteten – großen Matthäus-Passion zu organisieren. Als er aber im Sommer 1736 einen überforderten Chorpräfekten des Amtes enthob und Ernesti diesen eigenmächtig wieder einsetzte – eine Aufgabe, die von alters her dem Kantor oblag –, wurde aus dem schwelenden Konflikt ein offener Schlagabtausch. Bach tobte und jagte den Knaben während eines Gottesdienstes laut Ernesti »mit großen Schreyen und Lärmen« von der Chorempore. Binnen einer Woche wandte sich Bach mit vier Beschwerden über den Rektor an den Stadtrat. Parallel gab Ernesti im Rathaus allerhand süffisante Bemerkungen zur Arbeitsmoral des Kantors zu Protokoll. Just zu dieser Zeit erhielt Bach seinen erhofften kurfürstlichen Ehrentitel und erbat im Präfektenstreit umgehend die Protektion durch den

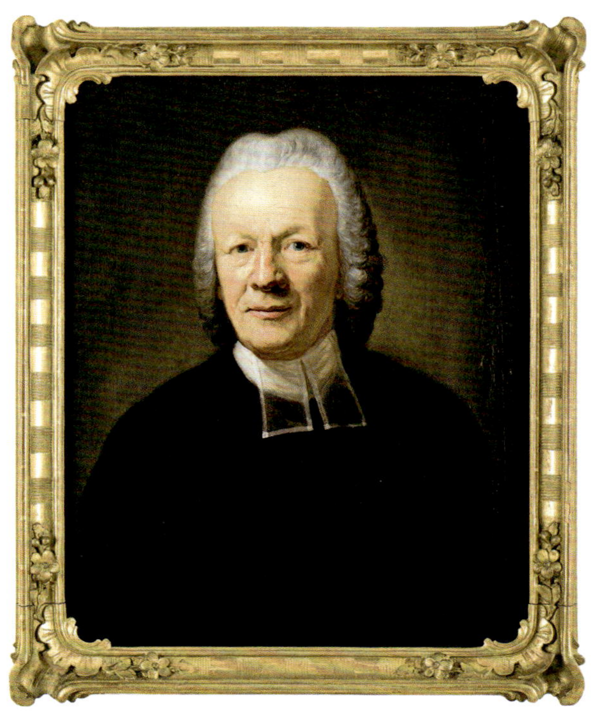

Johann August Ernesti (1707–1781), Rektor der Thomasschule 1734–1759 – Ölgemälde von Anton Graff, 1773

Landesherrn. Aber: Die kurfürstlichen Behörden erklärten sich für nicht zuständig und leiteten Bachs entsprechendes Schreiben ungerührt an die Leipziger Behörden weiter. Der Stadtrat vermied es seinerseits, klar Stellung zu beziehen. Und so wurde der Konflikt zwischen Rektor und Kantor nie aufgelöst und soll laut einem Zeitzeugen »den widrigsten Einfluss auf die sittliche Bildung der Schüler« gehabt haben. Bald sei es weithin bekannt gewesen, dass Bach »die Schüler hasste, die sich ganz auf die Humaniora legten«, und dass Ernesti und sein Intimus Stieglitz »abgesagte Feinde der Musik« waren. Traf Ernesti einen Thomaner beim Üben eines Musikinstrumentes an, soll er ausgerufen haben: »Wollt ihr auch ein Bierfiedler werden?«

Sicher ebenfalls auf Bachs Dilemma in der Thomasschule anspielend, berichtet Johann Joachim Quantz (oder dessen Ghostwriter, Bachs Schüler Johann Friedrich Agricola) in seiner gedruckten Flötenschule (Berlin 1752):

»Auch sogar in denen Schulen, welche, besage ihrer Gesetze, hauptsächlich in der Absicht gestiftet worden sind, daß die Musik darinne vorzüglich soll gelehret und gelernet, und musici eruditi gezogen werden, ist öfters der durch den Vorsteher unterstützte Rector der abgesagteste Feind der Musik. Gerade als wenn ein guter Lateiner und ein guter Musikus Dinge wären, deren eines das andere nothwendiger Weise aufhebt.«

Isolierter Bach, gut möglich, dass Sie einmal die Gelegenheit hatten, vor dem berühmten Flötenlehrer Friedrichs des Großen Ihr ganzes Dilemma an der Thomasschule (vielleicht bei qualmender Tabakspfeife) ausführlich auszubreiten. Ich hoffe sehr, dass solcherlei Möglichkeiten des Frustablassens unter Gleichgesinnten Ihnen halfen, den offenbar tagtäglichen Kleinkrieg mit Rektor und Schulvorsteher besser zu ertragen – der leider ein ungleicher Kampf war, da beide weit besser als Sie im Stadtrat vernetzt waren.

»Nur ein Onus«

Bach seinerseits, ohne einflussreiche Verbündete im Rathaus, verkroch sich anscheinend mehr und mehr in seine eigene Welt. Als ihm 1739 der Unterleichenschreiber Bienengräber die Nachricht überbrachte, der Stadtrat würde es ihm in diesem Jahr nicht gestatten, am Karfreitag seine Passionsmusik (offenbar die Johannes-Passion) aufzuführen, fauchte er den Boten an: Er könne sich nicht erklären, wie es dazu komme; das vorgesehene Stück sei »schon ein paar mahl aufgeführet worden«. Aber er selbst hätte »ohnedem nichts darvon und wäre nur ein Onus.«

Frustrierter Bach, es würde mich nicht wundern, wenn Sie Ihre niederschmetternde Aussage vor dem Boten mit einer kräftig zugeschlagenen Eichentür ›accompagniert‹ haben. Denn man muss es sich mal auf der Zunge zergehen lassen: Sie, der Schöpfer der Johannes-Passion, der seinen Zuhörern in bis dato 16 Jahren Thomaskantorat eine aberwitzige Zahl an unsterblichen Kompositionen geschenkt hatte, titulieren sich einem kleinen Leichenschreiber gegenüber mittlerweile als ein »Onus«, sprich: als eine Per-

son, die mit ihrem Tun und Wirken anderen einzig und allein zur Last falle. Mehr Desillusion geht wirklich nicht.

Dies zumal, weil wir heute wissen, dass es dem Neukirchenmusikdirektor Gerlach für den gleichen Termin vom Stadtrat nicht untersagt worden war, seine Passionsmusik darzubieten – erneut griff er dabei auf eine Komposition von Johann Adolph Scheibe zurück.

Verbitterter Bach, ich frage mich: Wie haben Sie diese – aus Sicht der Nachwelt jedenfalls – schreienden Ungerechtigkeiten nur aushalten können? Wahrlich schwere Zeiten für Sie. Leider auch im Privaten …

Bachs älteste Söhne, sicher sein ganzer Stolz und für viele Jahre wohl seine verlässlichsten Stützen bei der Aufführung der Kirchenmusik, hatten die väterliche Wohnung inzwischen verlassen und verdienten als Musiker in Dresden, Berlin und Sangerhausen ihr Brot. Doch es ist nicht nur das Loslassen, das Bach lernen musste. Sein drittältester Sohn Johann Gottfried Bernhard (geb. 1715) verschwand im Mai 1738 nach kaum einem Jahr im Organistendienst spurlos aus Sangerhausen und hinterließ einen Berg an Schulden. Der Sangerhäuser Bürgermeister wandte sich mit einem Hilferuf an den Thomaskantor; und Bach musste ihm voller Enttäuschung bekennen:

»Meinen (leider mißrathenen) Sohn habe [ich] seit vorm Jahre … nicht mit einem Auge wieder gesehen. … Was soll ich mehr sagen oder thun? Da keine Vermahnung, ja gar keine liebreiche Vorsorge und assistence mehr zureichen will, so muß [ich] mein Creütz in Gedult tragen, meinen ungerathenen Sohn aber lediglich Göttlicher Barmhertzigkeit überlassen.«

Doch selbst die göttliche Barmherzigkeit stellte den Thomaskantor nun auf eine harte Probe. Keine zwei Monate nachdem ihm der Leipziger Stadtrat die Aufführung seiner Passionsmusik untersagt hatte, musste Bach erfahren, dass sein verschwundener Sohn, in der Zwischenzeit immatrikulierter Jura-Student an der Universität Jena, am 27. Mai 1739 an einem »hitzigen Fieber« verstorben war – mit gerade einmal 24 Jahren.

Mysterium: Die ›verlorenen‹ 1740er Jahre

Das letzte Lebensjahrzehnt Bachs ist ein Mysterium, denn die wenigen Quellen zeichnen ein widersprüchliches Bild des langsam in die Jahre gekommenen Thomaskantors. Kirchenmusik komponierte er kaum noch. Auch Wiederaufführungen älterer Werke lassen sich nur punktuell nachweisen. Ob Bach, wie etwa für die Kantaten-Saison 1735/36 belegt, in den Gottesdiensten nun ganze Kantaten-Jahrgänge anderer Komponisten musizieren ließ oder überhaupt noch allwöchentlich Figuralmusik zum Erklingen brachte, ist ebenfalls unklar. Manche damals von ihm kopierten (oft lateinischen) Werke anderer Komponisten bezeugen ein Interesse an Kirchenmusik von sehr gemischter Qualität.

Enttäuschter und desillusionierter Bach, ich kann mir das Fehlen nennenswerter Belege für Neukompositionen für Thomas- und Nikolaikirche eigentlich nur damit erklären, dass Sie in der Folge der zermürbenden Auseinandersetzungen mit dem Stadtrat und inzwischen auch mit dem Thomasrektor Ihre eigentlichen Dienstaufgaben nur noch auf Sparflamme erfüllt haben werden. Ich fände es daher nur folgerichtig, wenn Sie die manchmal in der Forschung für die 1730er/40er Jahre postulierten vielen verschollenen Kantaten oder gar Kantaten-Jahrgänge schlichtweg nie komponiert haben.

In einem Brief, auf den ich vor einigen Jahren im Pfarrarchiv der sächsischen Stadt Döbeln stieß, behauptet einer Ihrer ehemaligen Thomaner, ein gewisser Gottfried Benjamin Fleckeisen, im Jahr 1751 rückblickend, er habe Mitte der 1740er Jahre »zwey ganzer Jahre die Music in den Haupt-Kirchen zu S. Thomae und Nicolai anstatt des Capellmeisters aufführen und dirigiren müssen«. Sollten Sie temporär wirklich so weit gegangen sein, gar nicht mehr auf der Chorempore zu erscheinen, oder behielten Sie sich inzwischen vor, nur noch an ausgewählten Tagen persönlich die Musikaufführungen zu leiten? Oder wurden Sie, der »widerspenstige« Kantor, zeitweise vom Duo Ernesti/Stieglitz mehr oder weniger entmachtet?

Doch wie auch immer Bachs Aufführungskalender im Thomaskantorat während der ›verlorenen‹ 1740er Jahre letztlich ausgesehen haben mag: Was sich abzeichnet bzw. konkret nachweisen lässt, steht in einem seltsamen Kontrast zu dem schöpferisch fulminanten Auftakt seines Kantorats und zu manch reger Aktivität Bachs außerhalb der Leipziger Kirchenmusik.

Belegen können wir für die 1740er Jahre relativ viele Reisen – mehrfach nach Berlin und Dresden, 1744 für längere Zeit mit unbekanntem Ziel. Und: Bach konzentrierte sich hauptsächlich auf Herausforderungen weit entfernt von seinen Aufgaben als Kirchenmusikdirektor; er machte sich auch im Collegium musicum rar, und wir finden ebenfalls keinerlei Hinweise, dass er irgendein größeres Interesse an dem 1743 von Leipziger Kaufleuten initiierten »Großen Concert« gehabt hätte – der Keimzelle für das spätere Gewandhausorchester.

Hingegen unterrichtete Bach scheinbar mehr Privatschüler denn je und zog sich als Komponist in die Welt kompliziertester Fugen- und Kanonkunst zurück: »Kunst der Fuge« BWV 1080 (ab ca. 1742), »Einige canonische Veraenderungen über das Weynachts-Lied: Vom Himmel hoch« BWV 769 (1748), »Musikalisches Opfer« BWV 1079 (1747) – allesamt Werke, deren satztechnische Komplexität und Raffinesse sich selbst musikalischen Kennern kaum beim Anhören allein zu erschließen vermag.

Verehrter Bach, war es allein Ihre Neugier, die Sie in diese komplizierte, einsame Welt zog, oder war es auch eine bewusste Flucht nach innen? Außerdem finde ich es bemerkenswert, dass Sie nun anscheinend häufig(er) in Ihrer erhaltenen kommentierten Bibel-Ausgabe von Abraham Calov lasen – sehr intensiv im Buch Prediger Salomon, einem der pessimistischsten im Alten Testament. Ebenfalls nur ein zufälliger Befund oder Ausdruck einer mehr und mehr fortschreitenden Emigration nach innen?

Späte Experimentierlust

Doch bei aller mutmaßlichen Weltabkehr zeugen die ganz wenigen erhaltenen Notenmaterialien zu Bachs Kirchenmusik der späten 1740er Jahre von einem noch immer neugierigen und erstaunlich experimentierfreudigen Thomaskantor. Irgendwann um 1746 wollte Bach das seit einigen Jahren überall in Europa Furore machen-

de »Stabat mater« des viel zu früh verstorbenen neapolitanischen Komponisten Giovanni Battista Pergolesi aufführen – für viele das hochbarocke Hauptwerk der katholischen Kirchenmusik. Da Marias Schmerzensgesang im evangelischen Gottesdienst jedoch keinen Platz hatte, unterlegte Bach den Noten kurzerhand eine Paraphrase von Psalm 51: »Tilge, Höchster, meine Sünden« (BWV 1083). Zugleich brachte er das Kunststück fertig, in das Meisterwerk eine ganz eigenständig (und bachisch) daherkommende Violastimme hineinzukomponieren und so Pergolesis sinnlich-empfindsame Klänge respekt- und doch wirkungsvoll mit den Prinzipien des bachischen Kontrapunkts zu verweben. Eine bemerkenswerte Symbiose! ♪144-147
Und was für ein herrliches Beispiel für einen – jedenfalls aus der Rückschau äußerst symbolträchtig anmutenden – interkonfessionellen musikalischen Dialog.

Kurze Zeit später fertigte sich Bach eine Abschrift von Georg Friedrich Händels großem Passionsoratorium nach dem Libretto von Barthold Hinrich Brockes an – sicherlich, um das Werk seines in London berühmt gewordenen Landsmannes (den er mehrfach erfolglos versucht hatte persönlich kennenzulernen) in Leipzig als Karfreitagsmusik aufzuführen. Und schließlich legte Bach am Karfreitag 1749 und/oder 1750 letztmalig seine eigene Johannes-Passion auf die Pulte. Den erhaltenen Aufführungsmaterialien zufolge fuhr er dabei einen riesigen Apparat an Generalbass-Instrumenten auf, darunter zwei Cembali und (erst- und einmalig belegt) ein »Bassono grosso«, d.h. ein großdimensioniertes Kontrafagott. Außerdem kam es zu einigen textlichen Änderungen und scheint es, dass Bach bei dieser Aufführung mit der Besetzung und Platzierung der Sänger ein besonderes Experiment wagen wollte. Mit bereits zitternder Hand schrieb er eine separate Stimme für »Petrus & Pilatus«, die nur diese kleinen Partien und deshalb vor allem Tacet-Vermerke enthält. Das augenscheinliche Motiv: Offenbar bezweckte Bach, die Sänger der handelnden Personen – anders als zuvor üblich – nicht mehr zugleich sämtliche Choräle und Chöre mitsingen zu lassen, sondern getrennt vom Chor aufzustellen.

Experimentierfreudiger Bach, interpretiere ich die Quellen richtig, hätten Sie bei dieser letzten bezeugten Darbietung Ihrer Passionsmusik eine Aufführungspraxis gewählt, die deutlich näher an derjenigen des 19. Jahr-

hunderts war, als wir dies heute gemeinhin anzunehmen pflegen und die Ihrer ohnehin schon überaus dramatischen Johannes-Passion weit mehr als zuvor den Charakter eines Passionsspiels verliehen hätte.

Ganz besonders beeindruckt mich an diesem Befund und an manch anderen Änderungen, die Sie bei den vier nachweisbaren Aufführungen der Johannes-Passion (1724, 1725, 1730 [?] und 1749/50) vorgenommen haben, ein weiterer Umstand: Sie haben zeitlebens mit der Disposition und klanglichen Wirkung des Stücks experimentiert. Anders als bei der Matthäus-Passion konnten oder wollten Sie sich bei der Johannes-Passion bis zuletzt auf keine verbindliche Werkgestalt festlegen. Damit haben Sie der Nachwelt nicht nur ein vollendetes und zugleich unvollendetes Werk hinterlassen, sondern – wie ich finde – ihr auch die Aufgabe übertragen, mit einer Mischung aus Demut, Kreativität und Pragmatismus selbst zu schlüssigen ›Fassungen‹ zu gelangen.

VIII: BACHS »MONA LISA«: DIE H-MOLL-MESSE (1749)

Vorgeschichte, Pragmatismus und Arbeitsökonomie

Das letzte belegte musikalische Großprojekt Bachs war die h-Moll-Messe BWV 232. Sie ist so etwas wie seine ›Mona Lisa‹: Sie fasziniert ihre Hörer seit Generationen, die Zahl ihrer Deutungen ist Legion, und dennoch will sie ihre Geheimnisse nur zögerlich preisgeben. Für die Bach-Forschung gilt sie als ein »immerwährender Prüfstein« (Hans-Joachim Schulze), denn in der Tat steht die gut 150-jährige Geschichte der Erforschung und Edition der h-moll-Messe für die Entwicklung der Bachforschung an sich. Nahezu jede neue analytische und philologische Methode wurde an ihr erprobt. Manche Wege führten in die Irre, manche Fragen wurden wohl endgültig geklärt, andere harren noch immer der Beantwortung. Und immer wieder tun sich neue Rätsel auf zu Bachs riesenhaftem Werk, dessen Zweckbestimmung und Entstehungsanlass wir nach wie vor nicht kennen.

Relativ genau nachvollziehen lassen sich noch die Anfänge des Projektes h-Moll-Messe, als Bach im Juli 1733 dem neuen sächsischen Kurfürsten in Dresden den Stimmensatz zu einer Kyrie-Gloria-Messe mit überdimensionierten Ausmaßen übermittelte, um sich für eine Ehrenmitgliedschaft in dessen Hofkapelle zu empfehlen. Circa 16 Jahre nach der Überreichung der Aufführungsstimmen holte Bach die Partitur seiner Kyrie-Gloria-Messe wieder hervor. Das Stück sollte ihm nun als Nukleus für eine noch viel größere Komposition dienen: für eine Missa tota, also die Vertonung des gesamten Mess-Ordinariums.

Was auch immer der Anlass dafür gewesen sein mag, es muss ein recht konkreter gewesen sein. Denn Bach hat bei dem gesamten Projekt auch jenseits der Teile Kyrie und Gloria, die er 1733 für fünfstimmigen Chor gesetzt hatte, sichtlich Pragmatismus und Arbeitsökonomie walten lassen – zum Preis einer gewissen Inkonsistenz bei der Besetzung der Vokalstimmen. So gelangte sein großes sechsstimmiges Sanctus, das er bereits 1724 komponiert hatte, ebenfalls unverändert in die Projektmappe h-Moll-Messe. Und auch für die Vertonungen der Abschnitte Osanna, Benedictus und Agnus Dei entschied sich Bach für keine Originalkompositionen; stattdessen erstellte er Parodien auf Sätze aus älteren weltlichen Huldigungsmusiken und beschloss, für das abschließende chorische Dona nobis pacem kurzerhand die Musik des Gratias aus dem Gloria-Abschnitt erneut zu verwenden.

Angesichts dieses Vorgehens könnte man Bach durchaus das Stricken mit der heißen Nadel vorwerfen und die h-Moll-Messe als eine Art Flickenteppich bezeichnen. Jedoch ist die von ihm zusammengestellte Musik von so erlesener Qualität und sind die Textparodien derart überzeugend gelungen, dass wir – wüssten wir es nicht besser – nie und nimmer auf die Idee kämen, Bach habe die Musik ursprünglich für andere Anlässe bzw. ganz andere Texte ersonnen.

Herzstück »Symbolum Nicenum«

Dem gut halbstündigen Glaubensbekenntnis im Zentrum der Messe würde man mit der Bezeichnung Flickenteppich allerdings ganz und gar nicht gerecht werden. Denn Bachs Vertonung des altkirchlichen Symbolum Nicenum, des verbindlichen Glaubensbekenntnisses aller christlichen Konfessionen, entstand 1749 eigens für das Projekt h-Moll-Messe. Es ist somit Bachs letzte erhaltene Komposition und zugleich ein Musikstück von überragender künstlerischer Qualität und einem ausgesprochen komplexen Wort-Ton-Verhältnis.

Die Tiefe von Bachs Ausdruckskraft äußert sich bereits im einleitenden »Credo in unum deum«, dem Kernsatz des Glaubensbekenntnisses: »Wir glauben an den einen Gott«. Der Satz war und ist zu allen Zeiten ehernes Gesetz der Christenheit. Dieser Umstand veranlasste Bach, eine siebenstimmige Fuge im sogenannten Stile antico, dem alten Kirchenstil, zu komponieren. Die Omnipräsenz Gottes präsentiert er damit in einer zeitlosen Musik, die zugleich
148♪ – durch die strenge Form der Fuge – die ordnende Kraft des Schöpfers symbolisiert, der sich selbst die beiden Violinen nicht entziehen können, denn auch sie ordnen sich dem Fugenthema unter.

Von ähnlich subtiler Aussagekraft ist das Duett »Et in unum deum«.
Es thematisiert die Einheit von Gott, dem Vater, und Jesus Christus,
seinem Sohn, die beide zwar wesensgleich, aber nicht identisch sind.
Bachs Idee, diese Form der Gleichheit hörbar zu machen, ist so na-
heliegend wie brillant. Er konzipierte den gesamten Satz als eine Art
enggeführten Kanon, in dem sowohl die beiden Gesangsstimmen
als auch die beiden Oboen, colla parte mit den Violinen, zeitversetzt
die gleichen Melodien spielen und dabei eng miteinander verwoben
sind. Jedoch machte Bach in seiner Partitur deutlich, dass die Arti-
kulation der duettierenden Stimmen stellenweise gegensätzlich zu
erfolgen hat. Das heißt: das, was Oboe und Violine 1 konsequent in
staccato artikulieren, sollen Oboe und Violine 2 im Nachgang eben- ♪149
so konsequent in ausgeprägtem Legato spielen. Bach führt so die
Wesensgleichheit von Gott, dem strengen Vater, und Jesus, dem für
die Menschheit leidenden, gütigen Erlöser, mit einem verblüffend
einfachen Mittel anschaulich vor Ohren.

Zunächst wollte Bach in diesem Duett auch den im Glaubensbekenntnis folgenden Abschnitt von der Menschwerdung Christi ab-
handeln. Doch nach dem vorläufigen Abschluss seiner Arbeiten am
Symbolum Nicenum entschied er, den Aussagen zu Mariä Empfäng-
nis durch den Heiligen Geist einen separaten Chorsatz zu widmen.
Das so entstandene »Et incarnatus est« ist damit nach Lage der Dinge das späteste Stück Musik, das von Bach überliefert ist, und hüllt
das Mysterium von der Jungfrauengeburt, die sich rational nicht
erklären lässt, in geheimnisvolle Klänge, die wirklich wie ein überir-
disches Ereignis anmuten. Dabei stehen die in verminderten Akkor-
den absteigenden Melodielinien der Sänger zweifellos für Gott, der
in der Gestalt des Heiligen Geistes auf Erden herabsteigt, während
die Violinen nach Bachs Willen unablässig Motive spielen, die im ♪150
Notenbild der Partitur wie Kreuze anmuten. Sie sollen damit wohl
deutlich machen, dass die Passion Jesu bereits mit dessen Menschwerdung ihren Anfang nahm – ein atemberaubendes Stück!

Auch mit dem folgenden Satz, dem »Crucifixus«, lässt Bach seine Hörer seit Generationen staunend zurück. Um die Passion Christi in Kurzform zu illustrieren, griff er zur Gattung der Chor-Passacaglia und bezog dabei Anleihen bei dem inzwischen 35 Jahre alten Eingangschor seiner bereits in Weimar entstandenen Kantate »Weinen,

Klagen, Sorgen, Zagen« BWV 12 – ein geniales Chorstück, dem man das Alter, selbst in unmittelbarer Verknüpfung mit Bachs spätestem
151,152♪ Vokalwerk, an keiner Stelle anhört.

Ganze zwölf Mal läuft durch den Satz im Generalbass der Passus duriusculus, eine chromatisch absteigende Quarte, über der Bach harte Dissonanzen und Querstände ausbreitet. Erst die am Ende des »Crucifixus« beschriebene Grabesstille veranlasste Bach, den Ostinatobass zur Ruhe zu bringen – um dann, gleichsam im größtmöglichen Gegensatz, die im Glaubensbekenntnis anschließend referierte Auferstehung und Himmelfahrt Jesu mit üppigster Klangpracht und Noten, die durch alle Stimmen Richtung Himmel streben, musika-
153♪ lisch zu illustrieren: »Et resurrexit tertia die secundum Scripturas … et ascendit in cœlum« (Er ist am dritten Tage auferstanden laut der Schrift … und aufgefahren in den Himmel).

Auch im letzten Abschnitt des Symbolum Nicenum, das vom Heiligen Geist handelt und die Erwartung der Auferstehung und des ewigen Lebens artikuliert, zog Bach alle Register seiner Kompositionskunst. Ein regelrechtes Klangbad bietet dabei sein Bekenntnis zur Taufe, das »Confiteor«. In der komplexen Doppelfuge griff er erneut auf den Stile antico zurück und demonstriert mit einer
154♪ kunstvoll hineingewobenen alten gregorianischen Melodie, vorgetragen im Kanon in immer größer werdenden Notenwerten, die Zeitlosigkeit des ältesten und wichtigsten aller Sakramente.

Phänomenaler Bach, es gibt eine Stelle im Symbolum Nicenum, die mich in jeder Aufführung Ihres Opus ultimum atemlos macht: den langen Übergang zwischen »Confiteor« und abschließendem »Et expecto«. Hier, wo es galt, die Erwartung der eigenen Auferstehung und des ewigen Lebens mit musikalischen Mitteln zu bekennen, haben Sie so etwas wie ein harmonisches Weltwunder geschaffen: Nach langen, schweren Notenwerten, die zu-
154,155♪ *nächst das Gefühl von Trauer, Endlichkeit, Stillstand und Tod vermitteln, setzen Sie zu einer phänomenalen Modulationsfolge an. Sie führt auf engstem Raum und in einem knisternden Spannungsbogen durch weite Teile des Quintenzirkels. Dabei vollzogen Sie die abenteuerlichsten Umdeutungen von Kreuz- zu B-Tonarten und mussten sich in Ihrem Autograf mehrfach selbst revidieren. (Kann es sein, dass hier die Komplexität der harmonischen Bezüge sogar Sie an die Grenzen Ihrer Vorstellungskraft brachte?)*

Aber letztlich ist es Ihnen gelungen, in diesem stillsten und zugleich span-

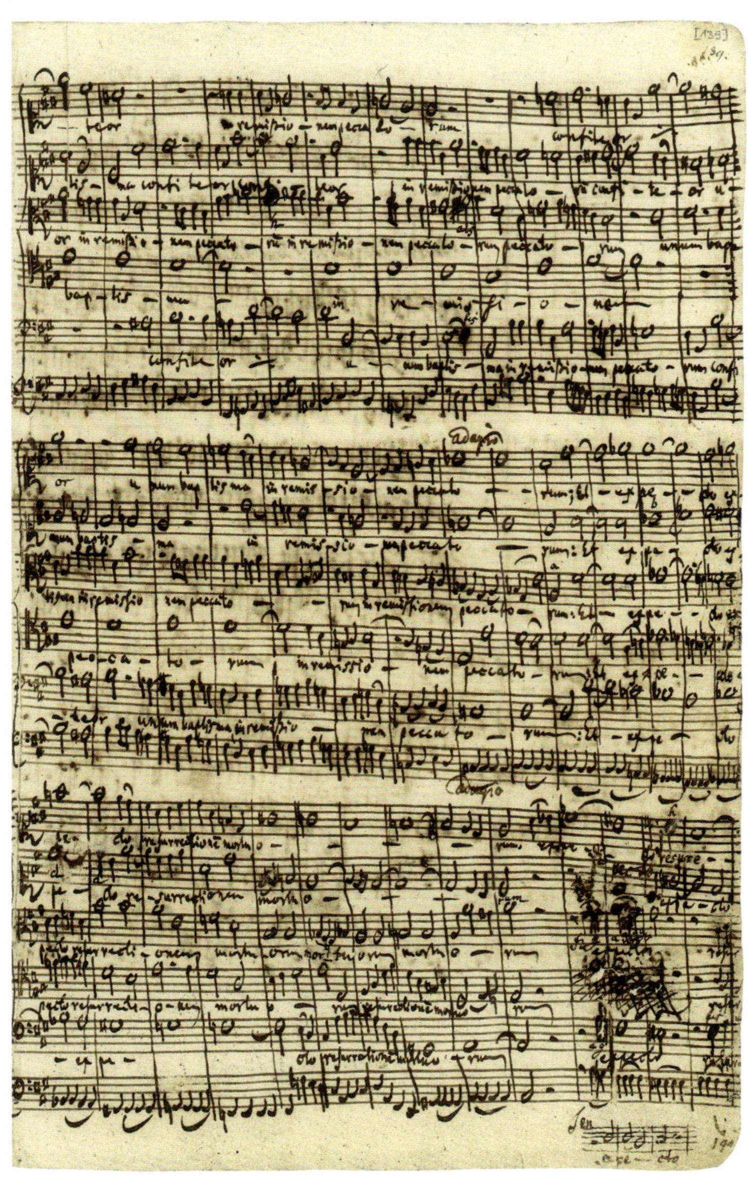

J. S. Bach, Messe in h-Moll BWV 232 – autografe Partitur:
Übergang zwischen »Confiteor« und »Et expecto«

nungsvollsten Moment der gesamten h-Moll-Messe vor den Ohren der Zuhörer überzeugend die im Text beschriebene Auferstehung der Toten, die Umwandlung toter Materie in neues, nunmehr ewiges Leben mit musikalischen Mitteln völlig glaubhaft darzustellen. Was für ein Meisterwerk!

Werk für die Schublade oder Auftragskomposition?

Umso mehr stellt sich die Frage: Was hat Bach, den protestantischen Thomaskantor, im Jahr 1749, ein Jahr vor seinem Tod, veranlasst, die gewaltige, gut zweistündige h-Moll-Messe zu Papier zu bringen? Seine Entscheidung ist doppelt rätselhaft, weil die Aufführung einer Missa tota im lutherischen Gottesdienst keinen Platz hatte. Aber eine Darbietung der monumentalen Messe hätte ebenso den Rahmen jedes denkbaren katholischen Hochamtes gesprengt.

In der Forschung wird daher seit Jahrzehnten die Hypothese verfochten, die komplettierte h-Moll-Messe sei letztlich als Bachs Vermächtniswerk anzusehen, komponiert allein für die Schublade und in der Hoffnung, dass künftige Generationen ihren Wert erkennen und für sie einen Aufführungsort finden werden.

Aber wäre damit erklärt, warum Bach in den Teilen der Messe jenseits des Glaubensbekenntnisses eine solche, von Pragmatismus bestimmte Arbeitsökonomie walten ließ? Und ist die Vorstellung, ein Künstler schafft ein Werk allein für die Schublade, nicht eher eine, die erst das Zeitalter der Romantik hervorgebracht hat? Müssen wir nicht doch davon ausgehen, dass sich für Bach irgendwann in seinem letzten Lebensjahr eine konkrete Aufführungsmöglichkeit ergeben hatte?

Neuere Forschungen führen auf eine möglicherweise heiße Spur, nämlich nach Wien. Hier pflegte die »Musicalische Congregation«, eine katholische Bruderschaft, bestehend aus den Musikern der kaiserlichen Hofkapelle und den bekannten Kunstmäzenen des österreichisch-ungarischen Adels, jährlich am Cäcilientag (22. November) im Stephansdom ihre Schutzpatronin mit der Darbietung einer überdimensionierten Messe zu ehren. Bemerkenswerterweise hat ein leitendes Mitglied dieser Bruderschaft, der musikbegeisterte Graf Johann Adam von Questenberg, am 2. April 1749 den Thomaskantor mit einem nicht näher spezifizierten musikalischen Anliegen kontaktiert. Ein adliger Leipziger Student, der seinen Diener zu Bach sandte, um diesem einen Brief Questenbergs zu überreichen, berichtete dem Grafen:

»Alsogleich nach Erhaltung dero gnädigsten Briefes habe mich an verschiedenen Örthern umb die Behausung des H. Bachs angefraget, nach eingehohlten Bericht ist H. Lieutenant selbsten zu Ihme gegangen, und Ihme die Sachen, wie der Brief gemeldet, eröffnet. Er hat ungemeine Freüde bezeiget, von Eüer Excellentz, als seinem gnädigsten hohen Patron und Gönner, einige Nachrichten zu erhalten, und mich ersuchet, gegenwärtigen Brief beyzuschliessen. [...] Der Brief des Herrn Musique-Directoris (Bach) wirdt das mehrere andeüten, so Eüre Excellentz zu wissen verlanget hatten.«

Leider haben wir keine Kenntnis darüber, was sich hinter Questenbergs Anliegen verbarg, weil der Brief Bachs an den Grafen nicht erhalten blieb.

Schweigsamer Bach, könnte es sein, dass Ihr Gönner, Graf Questenberg, im Auftrag der »Musicalischen Congregation« bei Ihnen eine große Messe zu Ehren der Heiligen Cäcilia bestellt hat, um diese am 22. November 1749 im Stephansdom aufzuführen? Haben Sie, weil Wien fern war, das Stück deshalb vor allem auf der Basis von bereits existierenden Kompositionen zusammengestellt und nur dort kreativ zur Feder gegriffen, wo Ihnen eigene Vertonungen bislang fehlten? Haben Sie, der protestantische Thomaskantor, jedoch immerhin ehrenhalber in Dresden der »Hof-Compositeur« eines katholischen Regenten, die Nachwelt über den Entstehungsanlass im Unklaren gelassen, weil die Sache in konfessioneller Hinsicht eben doch ein heikles Unterfangen war? Und: Liefert uns Ihr Sohn Carl Philipp Emanuel, der spätere Besitzer Ihrer autografen Partitur – gewollt oder ungewollt – einen Hinweis auf die tatsächlichen Entstehungsumstände, wenn er das Stück als »die große catholische Missa« zu bezeichnen pflegte?

Über allen konfessionellen Grenzen

Doch so schön die Vorstellung auch erscheinen mag, Bach könnte die h-Moll-Messe gleichsam in einem Akt früher Ökumene für eine katholische Wiener Bruderschaft und zu Ehren der Schutzpatronin der Tonkünstler erstellt haben: Sie bleibt aufgrund der unvollständigen Indizienkette einstweilen eine Hypothese – eine der vielen Hypothesen, mit denen schon seit über 150 Jahren Musikologen immer wieder versuchen, all die Rätsel, die Bachs Opus ultimum der Nachwelt aufgibt, zu lösen.

Eines ist jedoch sicher: Mit der h-Moll-Messe verhält es sich wie mit manch anderen Gipfelwerken der Kulturgeschichte: Sie wirkt auch oder gerade wegen ihrer rätselhaften Entstehungsumstände. So gesehen ist sie also durchaus die ›Mona Lisa‹ Bachs. Denn ganz gleich, ob sie nun lächelt oder nicht, ob sie für die Schublade, die Cäcilienfeier der »Musicalischen Congregation« am 22. November 1749 im Wiener Stephansdom oder sonst einen Anlass erstellt wurde: Die Schönheit der Messe und auch ihre offenen Fragen werden Generationen von Forschern, Musikern und Hörern weiterhin in den Bann ziehen. Und wenn auch ihre letzten Geheimnisse nie gelüftet werden sollten, so wird Bachs Missa doch immer eines der bedeutendsten klingenden Denkmäler der Menschheitsgeschichte bleiben.

Zugleich ist die h-Moll-Messe aber auch das in sich vollkommenste Resümee von Bachs eigener kompositorischer Lebensleistung – einer Lebensleistung, mit der er den schon in jungen Jahren formulierten »Endzweck« seines irdischen Lebens, nämlich »regulierte Kirchen-Music zur Ehre Gottes« zu komponieren, für das weite Feld des ebenfalls zeitlosen Ordinarium Missae mit einem Ergebnis erfüllt hat, das wahrhaft göttlich anmutet.

Oder, göttlicher Bach, um es mit Worten zu sagen, die mir der jüngst verstorbene Papst Benedikt XVI. schrieb, als er sich für die Zusendung eines Faksimiles Ihrer Partitur der h-Moll-Messe bedankte: Er erblickte in Ihrem Opus ultimum ein Werk, »das nicht nur die konfessionellen Grenzen einer Periode überschreitet, sondern die Menschheit im Ganzen und in allen Zeiten anrührt und anrühren wird«.

Demütigung und Tod

Zu der Zeit, als Bach mit der Komplettierung der h-Moll-Messe beschäftigt war, kam es zu einem Vorgang, der bis heute einmalig in der Geschichte des Thomaskantorats ist. Auf persönlichen Wunsch des sächsischen Premierministers Heinrich Graf von Brühl erhielt dessen Kapellmeister Gottlob Harrer vom Leipziger Stadtrat die Erlaubnis, am 8. Juni 1749 im Gasthof »Drei Schwanen« eine »Probe-Music« aufzuführen, um sich als künftiger Thomaskantor zu empfehlen: »wenn der Capellmeister und Cantor Herr Sebastian Bach versterben sollte« – eine Demütigung ohnegleichen, denn das Amt des Thomaskantors war eines auf Lebenszeit, dessen Neubesetzung selbstverständlich erst spruchreif wurde, wenn der Amtsinhaber verstorben oder vollkommen dienstunfähig war. Dennoch wurde die Darbietung von Harrers Kantate »Der Reiche starb und ward begraben« laut einem Chronisten »mit größtem Applausu« aufgenommen; fast der gesamte Stadtrat soll der Aufführung gelauscht haben. Hinterher beschwerte sich der Bürgermeister Born ratsintern, es sei auf der Thomasschule kein einziger »brauchbarer Discantist« für Harrers Aufführung zu finden gewesen – wenn dies denn stimmen sollte, war es doch wohl ein hausgemachtes Problem.

Gedemütigter Bach, die Hintergründe dieses beispiellosen Vorgangs sind uns heute unklar. Aber könnte es sein, dass sich Graf Brühl – der mächtigste Mann Sachsens – mit dem erzwungenen Probespiel bei Ihnen nicht zuletzt für Ihr offensives Anbändeln mit dem verhassten Preußenkönig rächen wollte? 1747 hatten Sie, der noch immer »Kurfürstlich Sächsische Hof-Compositeur«, in Potsdam vor Friedrich dem Großen musiziert und dabei Ihre unglaublichen Fähigkeiten in der Fugen-Improvisationskunst öffentlich zur Schau gestellt; die deutsche Presse hatte darüber weithin berichtet. Im Nachgang widmeten Sie Friedrich das »Musikalische Opfer« BWV 1079: »allerunterthänigst«, wie Sie in der Vorrede schrieben, und voller Verehrung für dessen »Größe und Stärke … in allen Kriegs- und Friedens-Wissenschaften«. Und obendrein: ohne auf dem Titelblatt oder in der Vorrede Ihre sächsischen Ämter und Ehrentitel zu nennen – ein Wink mit dem Zaunpfahl?

Undiplomatischer Bach, vor dem Hintergrund, dass erst Ende 1745 preußische Truppen in Leipzig einmarschiert waren und die Soldaten Friedrichs in der Schlacht bei Kesselsdorf die sächsischen und österreichischen Armeen vernichtend geschlagen hatten, wird Ihr offizieller Kniefall vor dem Preußenkönig innenpolitisch als ein veritabler Affront wahrgenommen worden sein – an den Reparationszahlungen nach dem Ende dieses Zweiten Schlesischen Krieges litten Leipzig und Sachsen schwer. Wenn Sie aber geglaubt haben sollten, Friedrich würde Sie, den ›Fugen-König‹, angesichts Ihrer im »Musikalischen Opfer« präsentierten einzigartigen Fugen- und Kanonkunst mit dem Angebot einer stattlichen Pension nach Berlin locken, um dort Ihren Lebensabend zu verbringen, hatten Sie sich gewaltig verzockt!

Die immer größer und undeutlicher werdenden Schriftzüge in den wenigen erhaltenen Dokumenten von Bachs Hand aus dessen letztem Lebensjahr bestätigen, was sein Sohn Carl Philipp Emanuel im Nekrolog auf seinen Vater zu berichten weiß: »Sein von Natur etwas blödes Gesicht [d.h. seine schlechte Sehkraft], welches durch seinen unerhörten Eifer in seinem Studiren, wobey er, sonderlich in seiner Jugend, ganze Nächte hindurch saß, noch mehr geschwächet worden, brachte ihm in seinen letzten Jahren eine Augenkrankheit zu Wege.« Weil Bach aber »Gott und seinem Nächsten, mit seinen übrigen noch sehr muntern Seelen- und Leibeskräften« weiterhin »dienen« wollte, beschloss er »auf Anrathen einiger seiner Freunde«, sich im Frühjahr 1750 von dem gerade in Leipzig anwesenden englischen Wunderheiler und Starstecher John Taylor behandeln zu lassen. Gleich zweimal, im März und April, stach ihm Taylor in öffentlich durchgeführten Operationen mit einer Nadel in sein geöffnetes Auge – mit miserablem Ergebnis. Sein Sohn schreibt weiter: »Er konnte nicht nur sein Gesicht nicht wieder brauchen: sondern sein im übrigen überaus gesunder Cörper wurde auch zugleich dadurch, und durch hinzugefügte schädliche Medicamente und Nebendinge, gäntzlich über den Haufen geworfen: so daß er darauf ein völliges halbes Jahr lang fast immer kränklich war. Zehn Tage vor seinem Tode schien es sich … mit seinen Augen zu bessern; so daß er einsmals des Morgens ganz gut wieder sehen und auch das Licht wieder vertragen konnte.«

Allerdings erlitt Bach kurz darauf einen Schlaganfall, an dessen Folgen er am Abend des 28. Juli gegen 20.45 Uhr »ungeachtet aller möglichen Sorgfalt zweyer der geschicktesten Leipziger Ärzte« mit 65 Jahren starb – oder wie es im Nekrolog heißt: »auf das Verdienst seines Erlösers sanft und seelig verschied.«

Was es mit der ebenfalls von Carl Philipp Emanuel Bach tradierten Erzählung auf sich hat, sein Vater habe noch auf dem Totenbett eine Bearbeitung des Chorals »Vor Deinen Thron tret' ich hiermit« BWV 668 »in seiner Blindheit einem seiner Freunde aus dem Stegreif in die Feder dictiert«, wissen wir nicht genau. Bachs Sohn erzählt die rührende Geschichte erstaunlicherweise nicht im Nekrolog, sondern lediglich im Zusammenhang mit dem wenige Jahre später erfolgten Erstdruck der »Kunst der Fuge«, an deren Ende jener Choral als Ersatz für die unvollendet gebliebene große B-A-C-H-Fuge BWV 1080/19 steht. Vielleicht wollte Emanuel damit für die Nachwelt weniger die Wahrheit über die letzten schöpferischen Leistungen seines Vaters festhalten als vielmehr eine Legende stricken, die gut in das Bild eines musikalischen Genies passte, das die Kirchenmusik zur Ehre Gottes stets als den selbsterklärten »eigentlichen Endzweck« seines Lebens betrachtet hatte. Nur bleibt es merkwürdig, dass Emanuel auf diese Episode im Nekrolog verzichtete und jener Choral nachweislich schon einige Jahre früher von Bach komponiert worden war. Und so wird die Wahrheit über die Ereignisse rings um Bachs letzte Lebenstage wohl immer im Dunkeln bleiben. ♪ 156

Gesichert ist nur, dass der Thomaskantor drei Tage nach seinem Tod auf dem Johannisfriedhof vor den Toren der Stadt mit einem schlichten Begräbnis bestattet wurde. Andreas Gottlieb Bienengräber, inzwischen zum Oberleichenschreiber aufgestiegen, vermerkte im Totenbuch der Stadt lapidar – und obendrein falsch informiert:

»Ein Mann 67. Jahr, Herr Johann Sebastian Bach, CapellMeister und Cantor der Schulen zu St. Thomas; auf der ThomasSchule abgeholet … vier unmündige Kinder. Leichen-Wagen gratis.«

Abgesänge

Im eigenen Land galt der ›heimgegangene Prophet‹ Bach zunächst gar nichts. In der Leipziger Ratsstube herrschte vielmehr Erleichterung, als ein paar Tage nach Bachs Begräbnis Graf Brühls Kapelldirektor Gottlob Harrer nun tatsächlich zum neuen Thomaskantor gewählt wurde – einstimmig und ohne dass Harrers Mitbewerber Carl Philipp Emanuel Bach auch nur den Hauch einer Chance gehabt hätte. Stieglitz, seit 1741 Bürgermeister, schärfte dem Ratskollegium in der Sitzung vielmehr ein, dass sich das Experiment Bach

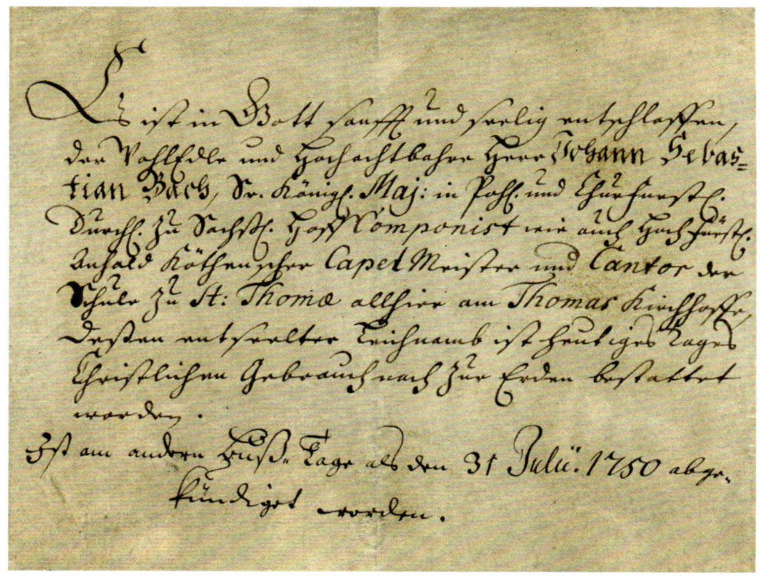

Es ist in Gott sanfft und seelig entschlaffen, der Wohl Edle und Hochachtbahre Herr Johann Sebastian Bach, Ihro Königl. Maj: in Pohlen und Churfürstl. Durchl. zu Sachßen Hoff Componist wie auch Hochfürstl. Anhald Cöthenischer Capell Meister und Cantor der Schule zu St: Thomae allhier am Thomas Kirchhofe, dessen entseelter Leichnam ist heutigen Tages Christlichem Gebrauch nach zur Erden bestattet worden.

Ist am andern Bußtage als den 31 Julii 1750 abgekündiget worden.

Abkündigungszettel anlässlich der Beisetzung von J.S. Bach, Leipzig, 31. Juli 1750

unter keinen Umständen wiederholen dürfe: »Die Schule braucht einen Cantorem und keinen Capellmeister«. Bach sei »zwar wohl ein großer Musicus aber kein Schulmann gewesen«. Fünf Jahre später, bei der neuerlichen Wahl eines Thomaskantors, ergänzte sein Kollege Born, es sei wichtig, »dass das Cantorat auf vorigen Fuß, wie bey Herrn Kunauen gesetzet werde und der neüe [Kantor] sowohl die Music als auch die Information beobachte, inmaßen bey Herrn Bachen viele Desordres vorgegangen.«

Kaum zu glauben, aber wahr: Niemand, wirklich niemand ahnte damals in Leipzig, was der im Nahkampf so unbeugsame, undiplomatische und oft unbequeme Kantor Bach der Stadt für ein musikalisches Erbe hinterlassen hatte – eines, das die Thomasschule und ihren Chor dereinst gewissermaßen unter Denkmalschutz stellen sollte und schon bald den zeitlosen Ruhm der Musikstadt Leipzig begründete. Nur in musikalischen Kreisen erahnten manche, welches Vermächtnis Bach der Welt geschenkt hat. Sein alter Freund, der berühmteste deutsche Musiker seiner Zeit, Georg Philipp Telemann verfasste ein heute regelrecht prophetisch anmutendes Sonnet:

»Erblichner Bach! Dir hat allein dein Orgelschlagen
Das edle Vorzugswort des Großen längst gebracht;
Und was für Kunst Dein Kiel aufs Notenblatt getragen,
Das ward mit höchster Lust, auch oft mit Neid betracht't.
So schlaf! Dein Name bleibt vom Untergange frey:
Die Schüler deiner Zucht, und ihrer Schüler Reih,
Bereiten für Dein Haupt des Nachruhms Ehrenkrone;
Auch Deiner Kinder Hand setzt ihren Schmuck daran:
Doch was insonderheit Dich schätzbar machen kann,
Das zeiget uns Berlin in einem würd'gen Sohne.«

Der »würdige Sohn« Carl Philipp Emanuel, Patenkind von Telemann, war es auch, der vier Jahre nach Bachs Tod die ausführlichste und zugleich vielleicht tiefsinnigste Würdigung initiierte: den sogenannten Nekrolog auf Johann Sebastian Bach, verfasst gemeinsam mit dem Bach-Schüler Johann Friedrich Agricola und abgedruckt in der sogenannten »Musikalischen Bibliothek«, einem Periodikum des Bach-Verehrers Lorenz Christoph Mizler. Der Nekrolog ist bis heute die wichtigste biografische Quelle zu Bach. Denn er stellt seinen über 1000 erhaltenen Kompositionen, über die längst die ganze Musikwelt staunt und denen eine verschwindend geringe Menge an aussagekräftigen Dokumenten über Bachs Leben gegenübersteht, wenigstens einen Eindruck von seiner Persönlichkeit, seinen Zielen und Sehnsüchten an die Seite. Offenkundig war es den beiden Autoren aber auch wichtig, im Nekrolog einige Vorurteile und – aus ihrer Sicht – unfaire Einschätzungen zurechtzurücken, die über Bachs Charakter und seine Musik kursiert haben mögen.

»Die beständige Uebung in Ausarbeitung vollstimmiger Stücke hatte seinen Augen eine solche Fertigkeit zu Wege gebracht, daß er in den stärksten Partituren alle zugleich lautende Stimmen, mit einem Blicke übersehen konnte. Sein Gehör war so fein, daß er bey den vollstimmigsten Musiken auch den geringsten Fehler zu entdecken vermögend war. Nur Schade, daß er selten das Glück gehabt, lauter solche Ausführer seiner Arbeit zu finden, die ihm diese verdrießlichen Bemerkungen ersparet hätten. Im Dirigiren war er sehr accurat, und im Zeitmaße, welches er gemeiniglich sehr lebhaft nahm, überaus sicher. [...] Von seinem moralischen Character mögen diejenigen reden, die seines Umgangs und seiner Freundschaft genossen haben und Zeugen seiner Redlichkeit gegen Gott und den Nächsten gewesen sind.«

Vor allem aber liefern Agricola und Carl Philipp Emanuel Bach in ihrer Würdigung einen für uns neugierige Nachwelt durchaus tröstlichen Hinweis. Nämlich, dass selbst diejenigen Zeitgenossen, denen die unmittelbare Nähe zu diesem musikalischen Weltgeist vergönnt war, ebenfalls an ihre eigenen Grenzen stießen, wenn sie versuchten, Bachs einzigartiges Genie schlüssig zu erklären oder überhaupt nur in Worte zu fassen:

»Hat jemals ein Componist die Vollstimmigkeit in ihrer größten Stärke gezeiget; so war es gewiß unser seeliger Bach. Hat jemals ein Tonkünstler die verstecktesten Geheimnisse der Harmonie in die künstlichste Ausübung gebracht; so war es gewiß unser Bach. Keiner hat bey diesen sonst trocken scheinenden Kunststücken so viele Erfindungsvolle und fremde Gedanken angebracht, als eben er. Er durfte nur irgend einen Hauptsatz gehöret haben, um fast alles, was nur künstliches darüber hervor gebracht werden konnte, gleichsam im Augenblicke gegenwärtig zu haben. Seine Melodien waren zwar sonderbar; doch immer verschieden, Erfindungsreich, und keinem anderen Componisten ähnlich.«

Verblichener Bach, »keinem anderen Componisten ähnlich«, vielleicht ist diese kurze und auf den ersten Blick wenig konkret klingende Charakterisierung sogar die treffendste für Ihr gesamtes hinterlassenes künstlerisches Erbe. Ihre Musik entspricht zwar vordergründig den Kriterien von Barockmusik. Jedoch geleitet von Ihrem Credo, Musik zur Ehre Gottes zu schaffen, die sich in vollstimmiger Harmonie und größtmöglicher Beweglichkeit der Stimmen ausdrückt, haben Sie Ihre ganz eigenen satztechnischen Ideale mit manischem Fleiß ausgeprägt und nie einem Zeitgeschmack angepasst oder zugunsten einer leichteren Spielbarkeit oder Fasslichkeit aufgegeben. Bach blieb immer Bach!

Ich vermute, dass genau diese Ihre künstlerische und wohl auch menschliche Hartnäckigkeit – die manche Ihrer Zeitgenossen, speziell diejenigen, die für Ihre Sprache nicht empfänglich waren, als eine Art Autismus empfunden haben mögen – ein ganz wesentlicher Grund für die Erfolgsgeschichte war, die Ihre Musik in den letzten 300 Jahren geschrieben hat.

Heute können wir Ihnen, wie vielleicht keinem anderen Komponisten, nachsagen, eine musikalische Ausdrucksform entwickelt zu haben, die sich als in der Tat zeitlos erwiesen hat: weil sie inzwischen über alle kulturellen und geografischen Grenzen hinweg verstanden wird und genreübergreifend Musiker und Musikfreunde rührt, inspiriert und immer wieder ungläubig staunen lässt. Ihre Musik wird im 21. Jahrhundert mehr denn je musiziert. Und die Einschätzung, zu der der große Religionskritiker Friedrich Nietzsche einst über die Matthäus-Passion »des göttlichen Bach« gelangte (»Wer das Christenthum völlig verlernt hat, der hört es hier wirklich wie ein Evangelium!«), teilen in der heutigen, weitgehend säkularisierten Welt viele Ihrer Verehrer. Manche sehen in Ihrem geistlichen Werk durchaus eine Art Ersatzreligion.

Wenn ich aber auf all die angerissenen Episoden aus Ihrer Leipziger Zeit zurückschaue und dabei erkennen muss, dass Ihnen für all jene unfassbaren musikalischen Leistungen, die Sie als Thomaskantor vollbracht haben, von Ihren Vorgesetzten offenbar nicht ein Bruchteil jener Anerkennung zuteilwurde, die Ihnen die Nachwelt zollt, verspüre ich Mitleid, Bewunderung und Verwunderung zugleich. Bewunderung, weil es noch rätselhafter erscheint, wie Sie unter solchen schwierigen Rahmenbedingungen Ihre grandiosen Kantaten im Wochentakt zu Papier bringen und aufführen konnten. Verwunderung und ebenso mitleidige Sympathie, weil Sie es sich mit Ihrem Agieren gegenüber den Obrigkeiten oft alles andere als leicht gemacht haben.

Und so erblicke ich in Ihnen eine Persönlichkeit, die vom Vorsatz, die eigenen künstlerischen Ziele zu erreichen, regelrecht besessen war, jedoch aufgrund mancher Komplexe, die sich im Laufe der Zeit in Ihrem Kopf eingenistet haben mögen, auch ausgesprochen verletzt und stur reagieren konnte: wenn Ihre erreichten künstlerischen Ziele eben nicht gewürdigt wurden und Sie sich in Konfliktsituationen positionieren mussten.

Kann es sein, hochverehrter Bach, dass es in Ihrem Weltbild nur zwei Autoritäten oder besser zwei Instanzen gab, die Sie wirklich achteten und anerkannten? Sicherlich an erster Stelle Gott, der Ihnen – wie Sie fest geglaubt haben werden – Ihr musikalisches Talent geschenkt hatte und dem

Sie deshalb als Thomaskantor ein jedes Ihrer geistlichen Werke am Schluss Ihrer Partituren mit dem »Soli Deo Gloria«-Signum zu widmen pflegten; und zweitens: Ihre eigene unbestechliche musikalische Urteilskraft. Die hielten Sie ein Leben lang hoch, schärften sie mit »unerhörtem Fleiß« mehr und mehr, und vor ihr musste auch ein jedes Ihrer eigenen Werke bestehen. Ihr »Eifer, immer weiter zu kommen«, der Ihnen auch im Nekrolog mehrfach bescheinigt wird, ist vielleicht nirgendwo so treffend beschrieben, wie in Birnbaums erster Verteidigungsschrift gegenüber Scheibes Kritik. Hier schreibt Ihr Verteidiger, offensichtlich Sie selbst zitierend:

»Wozu ich es durch Fleiß und Übung habe bringen können, dazu muß es auch ein anderer, der nur hal[b]wege Naturell und Geschick hat, auch bringen. … Es ist alles möglich, wenn man nur will und die natürlichen Fähigkeiten durch unermüdeten Fleiß in geschickte Fertigkeiten zu verwandeln eyfrigst bemühet ist.«

Lieber Johann Sebastian Bach, wir, Ihre Verehrer, können uns heute glücklich schätzen, dass Sie diesen Ihren Weg trotz aller Unwägbarkeiten unbeirrt immer weiter gegangen sind – und wir müssen zugleich dem Schicksal danken, dass so viele Erträge Ihres »unerhörten Fleißes« auf uns gekommen sind. »Wie wunderbar sind Deine Werke!«

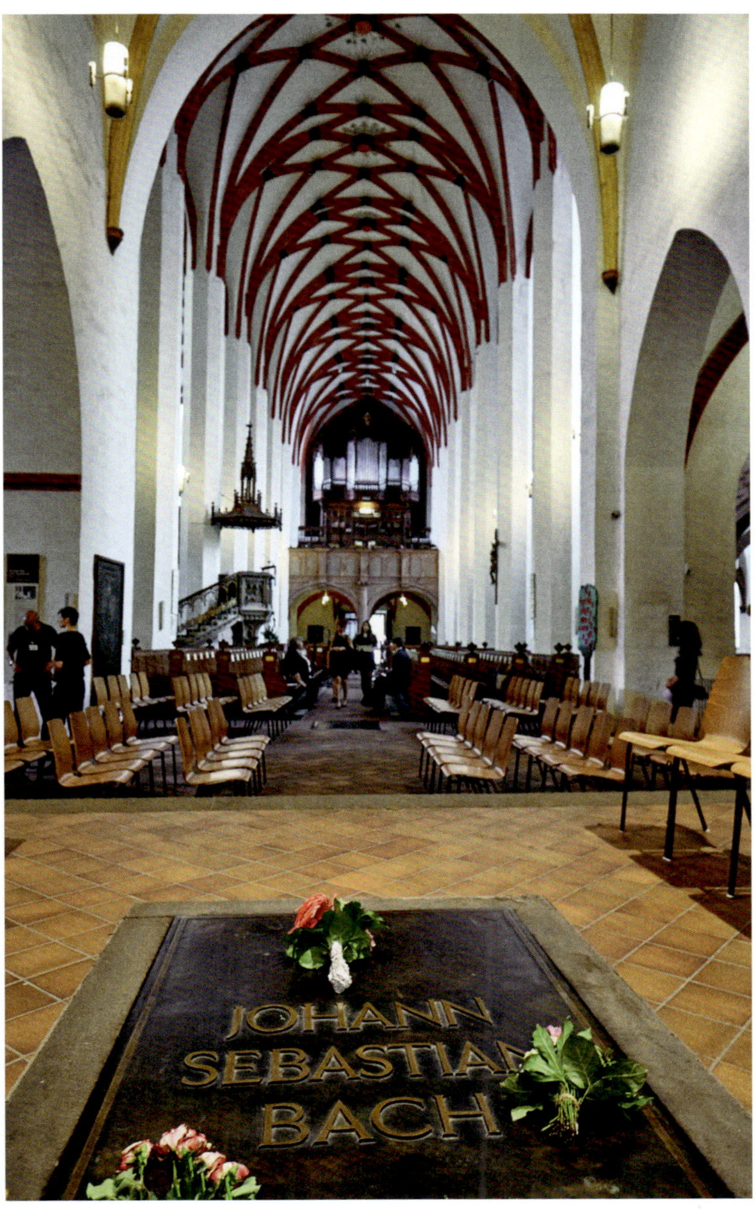

Grabplatte Bachs in der Thomaskirche

BACHS GEISTLICHE LEIPZIGER KANTATEN IM ÜBERBLICK

Abkürzungen:

BWV — *Thematisch-systematisches Verzeichnis der musikalischen Werke von Johann Sebastian Bach. Dritte, erweiterte Neuausgabe (BWV³)*, bearbeitet von Christine Blanken, Christoph Wolff, Peter Wollny, hrsg. vom Bach-Archiv Leipzig, Wiesbaden 2022

P — Parodie: Werk weitgehend im Parodieverfahren erstellt, d.h. neuer Text auf bereits existierende Musik

R — Revision einer älteren Komposition

W — Wiederaufführung einer älteren, zumeist Weimarer Kantate (teilweise auch mit Ergänzungen / Revisionen)

[ ] — Werk nachweisbar, Musik verschollen, nur Text erhalten

I. Die drei Jahrgänge (1723–1727)

Sonn- bzw. Feiertag: Evangelium sowie ggf. Epistel (wenn relevant); Kantate – Aufführungsdatum

Erster Jahrgang (1723/24)	Zweiter Jahrgang Choralkantaten-Jahrgang) (1724/25)	Dritter Jahrgang (1725–1727)
1. Sonntag nach Trinitatis: *Gleichnis vom reichen Mann und vom armen Lazarus (Lukas 16,19–31)*		
»Die Elenden sollen essen« BWV 75 – 30.5. 1723	»O Ewigkeit, du Donnerwort« (II) BWV 20 (Choral von: J. Rist, 1642) – 11.6. 1724	»Brich dem Hungrigen dein Brot« BWV 39 – 23.6. 1726
2. Sonntag nach Trinitatis: *Gleichnis vom großen Abendmahl (Lukas 14,16–24)*		
»Die Himmel erzählen die Ehre Gottes« BWV 76 – 6.6. 1723	»Ach Gott, vom Himmel sieh darein« BWV 2 (M. Luther, 1524) – 18.6.1724	
3. Sonntag nach Trinitatis: *Gleichnisse vom verlorenen Schaf und vom verlorenen Groschen (Lukas 15,1–10)*		
W»Ich hatte viel Bekümmernis« BWV 21.3 – 13.6. 1723	»Ach Herr, mich armen Sünder« BWV 135 (C. Schneegaß, 1597) – 25.6. 1724	
Johannistag = 24.6.: *Die Geburt Johannes' des Täufers und der Lobgesang des Zacharias (Lukas 1,57–80)*		
»Ihr Menschen, rühmet Gottes Liebe« BWV 167 – 24.6. 1723	»Christ, unser Herr, zum Jordan kam« BWV 7 (M. Luther, 1524) – 24.6. 1724	

Erster Jahrgang (1723/24)	Zweiter Jahrgang (1724/25)	Dritter Jahrgang (1725–1727)
4. Sonntag nach Trinitatis: *Aus der Bergpredigt: Übt Barmherzigkeit, richtet nicht (Lukas 6,36–42)*		
»Ein ungefärbt Gemüte« BWV 24 und [W]»Barmherziges Herze der ewigen Liebe« BWV 185.2 – 20.6. 1723	2.7. 1724, > Mariæ Heimsuchung	
5. Sonntag nach Trinitatis: *Der große Fischzug des Petrus (Lukas 5,1–11)*		
?	»Wer nur den lieben Gott lässt walten« BWV 93 (G. Neumark, 1641) – 9.7. 1724	»Siehe, ich will viel Fischer aussenden« BWV 88 – 21.7. 1726
Mariæ Heimsuchung = 2.7: *Besuch der Maria bei Elisabeth, Marias Lobgesang (Lukas 1,39–56)*		
»Herz und Mund und Tat und Leben« BWV 147	»Meine Seel erhebt den Herren« BWV 10	
6. Sonntag nach Trinitatis: *Aus der Bergpredigt: Die bessere Gerechtigkeit der Christen gegenüber der Gesetzeserfüllung der Schriftgelehrten und Pharisäer (Matthäus 5,20–26)*		
?	?	»Vergnügte Ruh, beliebte Seelenlust« BWV 170 – 28.7. 1726
7. Sonntag nach Trinitatis: *Die Speisung der Viertausend (Markus 8,1–9)*		
[W?]»Ärgre dich, o Seele, nicht« BWV 186 – 11.7. 1723	»Was willst du dich betrüben« BWV 107 (J. Heermann, 1630) – 23.7. 1724	»Es wartet alles auf dich« BWV 187 – 4.8. 1726
8. Sonntag nach Trinitatis: *Aus der Bergpredigt: Warnung vor den falschen Propheten (Matthäus 7,15–23)*		
»Erforsche mich, Gott, und erfahre mein Herz« BWV 136 – 18.7. 1723	»Wo Gott der Herr nicht bei uns hält« BWV 178 (J. Jonas, 1524) – 30.7. 1724	»Es ist dir gesagt, Mensch, was gut ist« BWV 45 – 11.8. 1726
9. Sonntag nach Trinitatis: *Gleichnis vom ungerechten Haushalter (Lukas 16,1–9)*		
»Herr, gehe nicht ins Gericht mit deinem Knecht« BWV 105 – 25.7. 1723	»Was frag ich nach der Welt« BWV 94 (B. Kindermann, 1664) – 6.8. 1724	»Tue Rechnung, Donnerwort« BWV 168 – 29.7. 1725
10. Sonntag nach Trinitatis: *Jesus verkündet die Zerstörung Jerusalems und treibt die Händler aus dem Tempel (Lukas 19,41–48)*		
»Schauet doch und sehet, ob irgend ein Schmerz sei« BWV 46 – 1.8. 1723	»Nimm von uns, Herr, du treuer Gott« BWV 101 (M. Moller, 1584) – 6.8. 1724	»Herr, deine Augen sehen nach dem Glauben« BWV 102 – 25.8. 1726
11. Sonntag nach Trinitatis: *Gleichnis vom Pharisäer und vom Zöllner (Lukas 18,9–14)*		
»Siehe zu, dass deine Gottesfurcht nicht Heuchelei sei« BWV 179 und [W]»Mein Herze schwimmt im Blut« BWV 199.3 – 8.8. 1723	»Herr Jesu Christ, du höchstes Gut« BWV 113 (B. Ringwaldt, 1588) – 20.8. 1724	
12. Sonntag nach Trinitatis: *Heilung eines Taubstummen (Markus 7,31–37)*		
»Lobe den Herrn, meine Seele« BWV 69a – 15.8. 1723	?	»Lobe den Herren, den mächtigen König« BWV 137 – 19.8. 1725; »Geist und Seele wird verwirret« BWV 35 – 8.9. 1726

Erster Jahrgang (1723/24)	Zweiter Jahrgang (1724/25)	Dritter Jahrgang (1725–1727)
13. Sonntag nach Trinitatis: *Gleichnis vom barmherzigen Samariter (Lukas 10,23–37)*		
»Du sollt Gott, deinen Herren, lieben« BWV 77 – 22.8. 1723	»Allein zu Dir, Herr Jesu Christ« BWV 33 (K. Hubert, 1540) – 3.9. 1724	»Ihr, die ihr euch von Christo nennet« BWV 164 – 26.8. 1725
14. Sonntag nach Trinitatis: *Heilung der zehn Aussätzigen (Lukas 17,11–19)*		
»Es ist nichts Gesundes an meinem Leibe« BWV 25 – 29.8. 1723	»Jesu, der du meine Seele« BWV 78 (J. Rist, 1641) – 10.9. 1724	»Wer Dank opfert, der preiset mich« BWV 17 – 22.9. 1726
15. Sonntag nach Trinitatis: *Aus der Bergpredigt: Aufforderung, sich nicht kleingläubig zu sorgen, sondern nach dem Reich Gottes zu trachten (Matthäus 6,23–34)*		
»Warum betrübst du dich, mein Herz?« BWV 138 – 5.9. 1723	»Was Gott tut, das ist wohlgetan« (I) BWV 99 (S. Rodigast, 1674 – 17.9. 1724)	
16. Sonntag nach Trinitatis: *Auferweckung des Jünglings zu Nain (Lukas 7,11–17)*		
»Christus, der ist mein Leben« BWV 95 – 12.9. 1723	»Liebster Gott, wann werd ich sterben« BWV 8 (C. Neumann, um 1690) – 24.9. 1724	»Wer weiß, wie nahe mir mein Ende« BWV 27 – 6.10. 1726
17. Sonntag nach Trinitatis: *Heilung eines Wassersüchtigen am Sabbat, Mahnung zur Bescheidenheit (Lukas 14,1–11)*		
»Bringet dem Herrn Ehre seines Namens« BWV 148? – 19.9. 1723 (evtl. erst 23.9. 1725)	»Ach lieben Christen, seid getrost« BWV 114 (J. Gigas, 1561) – 1.10. 1724	»Wer sich selbst erhöhet« BWV 47 – 13.10. 1726
18. Sonntag nach Trinitatis: *Jesus nennt die Gottes- und Nächstenliebe als vornehmste Gebote (Matthäus 22,34–46)*		
?	»Herr Christ, der einge Gottessohn« BWV 96 (E. Creutziger, 1524) – 8.10. 1724	»Gott soll allein mein Herze haben« BWV 169 – 20.10. 1726
Michaelistag = 29.9.: *Epistel: Kampf des Erzengels Michael mit dem Drachen (Offenbarung 12,7–12); Evangelium: Den Kindern gehört das Himmelreich; ihre Engel sehen das Angesicht Gottes (Matthäus 18,1–11)*		
?	»Herr Gott, dich loben alle wir« BWV 130 (P. Eber, 1554)	»Es erhub sich ein Streit« BWV 19 – 1726
19. Sonntag nach Trinitatis: *Heilung eines Gichtbrüchigen (Matthäus 9,1–8)*		
»Ich elender Mensch, wer wird mich erlösen« BWV 48 – 3.10. 1723	»Wo soll ich fliehen hin« BWV 5 (J. Heermann, 1630) – 15.10. 1724	»Ich will den Kreuzstab gerne tragen« BWV 56 – 27.10. 1726
20. Sonntag nach Trinitatis: *Gleichnis vom königlichen Hochzeitsmahl (Matthäus 22,1–14)*		
[W]»Ach! ich sehe, itzt, da ich zur Hochzeit gehe« BWV 162.2 – 10.10. 1723	»Schmücke dich, o liebe Seele« BWV 180 (J. Franck, 1649) – 22.10. 1724	»Ich geh und suche mit Verlangen« BWV 49 – 3.11. 1726
21. Sonntag nach Trinitatis: *Heilung des Sohnes eines königlichen Beamten, nachdem dieser an Jesus glaubte (Johannes 4,46–54)*		
»Ich glaube, lieber Herr, hilf meinem Unglauben« BWV 109 – 17.10. 1723	»Aus tiefer Not schrei ich zu Dir« BWV 38 (M. Luther, 1524) – 29.10. 1724	»Was Gott tut, das ist wohlgetan« (II) BWV 98 – 10.11. 1726

Erster Jahrgang (1723/24)	Zweiter Jahrgang (1724/25)	Dritter Jahrgang (1725–1727)
22. Sonntag nach Trinitatis: *Gleichnis vom Schalksknecht (Matthäus 18,23–35)*		
»Was soll ich aus dir machen, Ephraim?« BWV 89 – 24.10. 1723	»Mache dich, mein Geist bereit« BWV 115 (J.B. Freystein, 1695) – 5.11. 1724	»Ich armer Mensch, ich Sündenknecht« BWV 55 – 17.11. 1726
23. Sonntag nach Trinitatis: *Fangfrage der Pharisäer an Jesus: Ist es recht, dass man dem Kaiser den Zins gebe? (Matthäus 22,15–22)*		
[W]»Nur jedem das Seine« BWV 163 – 31.10. 1723	»Wohl dem, der sich auf seinen Gott« BWV 139 (J.C. Rube, 1692) – 12.11. 1724	»Falsche Welt, dir trau ich nicht« BWV 52 – 24.11. 1726
24. Sonntag nach Trinitatis: *Auferweckung des Töchterleins des Jairus (Matthäus 9,18–26)*		
»O Ewigkeit, du Donnerwort« (I) BWV 60 – 7.11. 1723	»Ach wie flüchtig, ach wie nichtig« BWV 26 (M. Franck, 1652) – 19.11. 1724	
25. Sonntag nach Trinitatis: *Versuchungen am Ende der Welt (Matthäus 24,15–28)*		
»Es reißet euch ein schrecklich Ende« BWV 90 – 14.11. 1723	»Du Friedefürst, Herr Jesu Christ« BWV 116 (J. Ebert, 1601) – 26.11. 1724	
26. Sonntag nach Trinitatis: *Das Weltgericht (Matthäus 25,31–46)*		
[W]»Wachet! betet! betet! wachet!« BWV 70.2 – 21.11. 1723	[kein Sonntag 1724]	
1. Advent: *Jesu Einzug in Jerusalem (Matthäus 21,1–9)*		
[W]»Nun komm, der Heiden Heiland« (I) BWV 61 – 28.11. 1723	»Nun komm, der Heiden Heiland« (II) BWV 62 (M. Luther, 1524) – 3.12. 1724	»Schwingt freudig euch empor« BWV 36.4 – zw. 1726 u.1730
Tempus clausum: 5.12.–19.12. 1723	Tempus clausum: 10.12.–24.12. 1724	
1. Weihnachtstag = 25.12.: *Geburt Christi, Verkündigung an die Hirten, Lobgesang der Engel (Lukas 2,1–14)*		
[W]»Christen, ätzet diesen Tag« BWV 63	»Gelobet seist du, Jesu Christ« BWV 91 (M. Luther, 1524)	»Unser Mund sei voll Lachens« BWV 110 – 1725
2. Weihnachtstag = 26.12.: *Epistel: Jerusalem, die du tötest die Propheten; Evangelium: Die Hirten an der Krippe (Lukas 2,15–20)*		
»Darzu ist erschienen der Sohn Gottes« BWV 40	»Christum wir sollen loben schon« BWV 121 (M. Luther, 1524)	»Selig ist der Mann« BWV 57 – 1725
3. Weihnachtstag = 27.12.: *Prolog des Johannes-Evangeliums (Johannes 1,1–14)*		
»Sehet, welch eine Liebe hat uns der Vater erzeiget« BWV 64	»Ich freue mich in dir« BWV 133 (C. Ziegler, 1697)	»Süßer Trost, mein Jesus kömmt« BWV 151 – 1725
Sonntag nach Weihnachten: *Die Worte des Simeon und der Hanna zu Maria (Lukas 2,33–40)*		
[kein Sonntag 1723]	»Das neugeborne Kindelein« BWV 122 (C. Schneegaß, 1597) – 31.12. 1724	»Gottlob!, nun geht das Jahr zu Ende« BWV 28 – 30.12. 1725

Erster Jahrgang (1723/24)	Zweiter Jahrgang (1724/25)	Dritter Jahrgang (1725–1727)
Neujahrstag = 1.1.: *Beschneidung und Namensgebung Jesu (Lukas 2,21)*		
»Singet dem Herrn ein neues Lied« BWV 190.1	»Jesu, nun sei gepreiset« BWV 41 (J. Herman, 1591)	»Herr Gott, dich loben wir« BWV 16 – 1726
Sonntag nach Neujahr: *Die Flucht aus Ägypten (Matthäus 2,13–23)*		
»Schau, lieber Gott, wie meine Feind« BWV 153 – 2.1. 1724	[kein Sonntag 1724]	»Ach Gott, wie manches Herzeleid« (II) BWV 58 – 5.1. 1727
Epiphanias = 6.1.: *Die Weisen aus dem Morgenlande (Matthäus 2,1–12)*		
»Sie werden aus Saba alle kommen« BWV 65	»Liebster Immanuel, Herzog der Frommen« BWV 123 (A. Fritsch, 1679) – 7.1. 1725	
1. Sonntag nach Epiphanias: *Der zwölfjährige Jesus im Tempel (Lukas 2,41–52)*		
»Mein liebster Jesus ist verloren« BWV 154 – 9.1. 1724	»Meinen Jesum lass ich nicht« BWV 124 (C. Keymann, 1658) – 7.1. 1725	»Liebster Jesu, mein Verlangen« BWV 32 – 13.1. 1726
2. Sonntag nach Epiphanias: *Die Hochzeit zu Kana (Johannes 2, 1–11)*		
[W]»Mein Gott, wie lang, ach lange« BWV 155 – 16.1. 1724	»Ach Gott, wie manches Herzeleid« (I) BWV 3 (M. Moller, 1587) – 14.1. 1725	»Meine Seufzer, meine Tränen« BWV 13 – 20.1. 1726
3. Sonntag nach Epiphanias: *Heilung eines Aussätzigen – der Hauptmann von Kapernaum (Matthäus 8,1–13)*		
»Herr, wie du willt, so schick's mit mir« BWV 73 – 23.1. 1724	»Was mein Gott will, das g'scheh allzeit« BWV 111 (A. von Preußen, 1554) – 21.1. 1725	»Alles nur nach Gottes Willen« BWV 72 – 27.1. 1726
4. Sonntag nach Epiphanias: *Jesus stillt den Sturm (Matthäus 8,23–27)*		
»Jesus schläft, was soll ich hoffen?« BWV 81 – 30.1. 1724	[kein Sonntag 1725]	
Mariæ Reinigung = 2.2.: *Darstellung Jesu im Tempel, Lobgesang des Simeon (Lukas 2,22–32)*		
»Erfreute Zeit im neuen Bunde« BWV 83	»Mit Fried und Freud ich fahr dahin« BWV 125 (M. Luther, 1524)	»Ich habe genu(n)g« BWV 82.1 – 1727
Septuagesimae: *Gleichnis von den Arbeitern im Weinberg (Matthäus 20,1–16)*		
»Nimm, was dein ist, und gehe hin« BWV 144 – 6.2. 1724	»Ich hab in Gottes Herz und Sinn« BWV 92 (P. Gerhardt, 1647) – 28.1. 1725	»Ich bin vergnügt mit meinem Glücke« BWV 84 – 9.2. 1727
Sexagesimae: *Gleichnis vom Sämann (Lukas 8,4–15)*		
»Leichtgesinnte Flattergeister« BWV 181 und [W]»Gleichwie der Regen und Schnee vom Himmel fällt« BWV 18.2 – 13.2. 1724	»Erhalt uns, Herr, bei deinem Wort« BWV 126 (M. Luther, 1524) – 4.2. 1725	

Erster Jahrgang (1723/24)	Zweiter Jahrgang (1724/25)	Dritter Jahrgang (1725–1727)
Estomihi: *Jesus und seine Jünger gehen nach Jerusalem, Heilung eines Blinden (Lukas 18,31–43)*		
[W]»Jesus nahm zu sich die Zwölfe« BWV 22 und [W]»Du wahrer Gott und Davids Sohn« BWV 23.2 – 20.2. 1724	»Herr Jesu Christ, wahr' Mensch und Gott« BWV 127 (P. Eber, 1562) – 11.2. 1725	
Tempus clausum 27.2.–2.4. 1724	Tempus clausum 18.2.–25.3. 1725	
Mariæ Verkündigung = 25.3.: *Der Engel Gabriel verkündigt Maria die Geburt Jesu (Lukas 1,26–38)*		
[W]»Himmelskönig, sei willkommen« BWV 182 und [»Siehe, eine Jungfrau ist schwanger« BWV 1135]	»Wie schön leuchtet der Morgenstern« BWV 1 (P. Nicolai, 1599)	
1. Ostertag: *Die Auferstehung Christi (Markus 16,1–8)*		
[W]»Der Himmel lacht! die Erde jubilieret« BWV 31.2 – 9.4. 1724	[W]»Christ lag in Todesbanden« BWV 4.2 (M. Luther, 1524) und [P]»Kommt, fliehet/gehet und eilet« BWV 249.3 – 1.4. 1725	
2. Ostertag: *Gang der Jünger nach Emmaus (Lukas 24,13–35)*		
[P]»Erfreut euch, ihr Herzen« BWV 66.2 – 10.4. 1724	»Bleib bei uns, denn es will Abend werden« BWV 6 – 2.4. 1725	
3. Ostertag: *Jesus erscheint den Jüngern in Jerusalem (Lukas 24,36–47)*		
[P]»Ein Herz, das seinen Jesum lebend weiß« BWV 134.2 – 11.4. 1724	?	
Quasimodogeniti: *Jesus erscheint den Jüngern; der ungläubige Thomas (Johannes 20,19–31)*		
»Halt im Gedächtnis Jesum Christ« BWV 67	»Am Abend aber desselbigen Sabbats« BWV 42 – 8.4. 1725	
Misericordias Domini: *Vom guten Hirten (Johannes 10,12–16)*		
»Du Hirte Israel, höre« BWV 104 – 23.4. 1724	»Ich bin ein guter Hirt« BWV 85 – 15.4. 1725	
Jubilate: *Abschiedsreden Jesu: Eure Traurigkeit soll in Freude verkehrt werden (Johannes 16,16–23)*		
[W]»Weinen, Klagen, Sorgen, Zagen« BWV 12 – 30.4. 1724	»Ihr werdet weinen und heulen« BWV 103 – 22.4. 1725	»Wir müssen durch viel Trübsal« BWV 146 – 12.5. 1726 oder erst 1727
Cantate: *Abschiedsreden Jesu: So ich nicht hingehe, kommt der Tröster nicht zu euch (Johannes 16,5–15)*		
»Wo gehest du hin?« BWV 166 – 7.5. 1724	»Es ist euch gut, dass ich hingehe« BWV 108 – 29.4. 1725	
Rogate: *Abschiedsreden Jesu: So ihr den Vater etwas bitten werdet in meinem Namen, so wird er es euch geben (Johannes 16,23–30)*		
»Wahrlich, wahrlich, ich sage euch« BWV 86 – 14.5. 1724	»Bisher habt ihr nichts gebeten in meinem Namen« BWV 87 – 6.5. 1725	

Erster Jahrgang (1723/24)	Zweiter Jahrgang (1724/25)	Dritter Jahrgang (1725–1727)
Himmelfahrt: *Missions- und Taufbefehl, Himmelfahrt (Markus 16,14–20)*		
»Wer da gläubet und getauft wird« BWV 37 – 18.5. 1724	»Auf Christi Himmelfahrt allein« BWV 128 – 10.5. 1725	»Gott fähret auf mit Jauchzen« BWV 43 – 30.5. 1726
Exaudi: *Abschiedsreden Jesu: Der Geist der Wahrheit wird kommen; die Jünger werden verfolgt werden (Johannes 15,26–16,4)*		
»Sie werden euch in den Bann tun« (I) BWV 44 – 21.5. 1724	»Sie werden euch in den Bann tun« (II) BWV 183 – 13.5. 1725	
1. Pfingsttag: *Epistel: Ausgießung des Heiligen Geistes (Apostelgeschichte 2,1–13); Evangelium: Abschiedsreden Jesu: Der Heilige Geist wird euch alles lehren (Johannes 14,23–31)*		
[W]»Erschallet, ihr Lieder BWV 172.2 und [W?]»Wer mich liebet, der wird mein Wort halten« (I) BWV 59 – 28.5. 1724	»Wer mich liebet, der wird mein Wort halten« (II) BWV 74 – 20.5. 1725	»O ewiges Feuer, o Ursprung der Liebe« BWV 34.2 – 1.6. 1727
2. Pfingsttag: *»Also hat Gott die Welt geliebt …« (Johannes 3,16–21)*		
[P]»Erhöhtes Fleisch und Blut« BWV 173.2? – 29.5. 1724	»Also hat Gott die Welt geliebet« BWV 68 – 21.5. 1725	
3. Pfingsttag: *Jesus als der rechte Hirte (Johannes 10,1–11)*		
[P]»Erwünschtes Freudenlicht« BWV 184.2 – 30.5. 1724	»Er rufet seinen Schafen mit Namen« BWV 175 – 22.5. 1725	
Trinitatis: *Gespräch mit Nikodemus (Johannes 3,1–15)*		
[W]»Höchsterwünschtes Freudenfest« BWV 194.3 + evtl. [W]»O heiliges Geist- und Wasserbad« BWV 165 – 4.6. 1724	»Es ist ein trotzig und verzagt Ding« BWV 176 – 27.5. 1725	»Gelobet sei der Herr, mein Gott« BWV 129 – 8.6. 1727

II. Nachkomponierte Choralkantaten

Titel – Bestimmung / Erstaufführung

»Ein feste Burg ist unser Gott« BWV 80.3 (Choral von: M. Luther, 1529) – Reformationsfest / 31.10. 1739?; frühere Fassung (BWV 80.2), um 1730, weitgehend verschollen

»Ich ruf zu Dir, Herr Jesu Christ« BWV 177 (J. Agricola, um 1528) – 4. Sonntag nach Trinitatis / 6.7. 1732

»Es ist das Heil uns kommen her« BWV 9 (P. Speratus, 1524) – 6. Sonntag nach Trinitatis / 1.8. 1734

»Lobe den Herren, den mächtigen König der Ehren« BWV 137 (J. Neander, 1680) – 12. Sonntag nach Trinitatis / 19.8. 1725

»Wachet auf, ruft uns die Stimme« BWV 140 (P. Nicolai, 1599) – 27. Sonntag nach Trinitatis / 25.11. 1731

»Wär' Gott nicht mit uns diese Zeit« BWV 14 (M. Luther, 1524) – 4. Sonntag nach Epiphanias / 30.1. 1735

»Der Herr ist mein getreuer Hirt« BWV 112 – Misericordias Domini (?, 1531) / 8.4. 1731

»Sei Lob und Ehr dem höchsten Gut« BWV 117 – Trauung? (J.J. Schütz, 1675) / um 1730
»Nun danket alle Gott« BWV 192 – Trauung? (M. Rinckart, 1636) / 1730?
»Was Gott tut, das ist wohlgetan« (III) BWV 100 – Trauung? (S. Rodigast, 1675) / 1734/35?
»In allen meinen Taten« BWV 97 – ? (P. Fleming, 1633) / 1734

III. Vertonungen aus dem »Picander-Jahrgang«

Titel – Bestimmung / Erstaufführung

»Ich liebe den Höchsten von ganzem Gemüte« BWV 174 – 2. Pfingsttag / 6.6. 1729
»Man singet mit Freuden vom Sieg« BWV 149 – Michaelistag / 29.9. 1728 od. 1729
»Ich habe meine Zuversicht« BWV 188 – 21. Sonntag nach Trinitatis / 17.10 1728 od. 6.11. 1729
»Ehre sei Gott in der Höhe« BWV 197.1–2 – 1. Weihnachtstag bzw. Trauung / 25.12. 1728 oder 1729, um 1736
»Gott, wie dein Name, so ist auch dein Ruhm« BWV 171 – Neujahrstag / 1.1. 1729
»Ich steh mit einem Fuß im Grabe« BWV 156 – 3. Sonntag nach Epiphanias / 26.1. 1727 oder 23.1. 1729
»Sehet, wir gehn hinauf gen Jerusalem« BWV 159 – Estomihi / 27.2. 1729?

IV. Sonstige geistliche Kantaten nach 1727 bzw. auf Anlässe außerhalb des Kirchenjahres

Titel – Bestimmung / Erstaufführung

[R]»Schwingt freudig euch empor (spätere Fassungen) BWV 36.5 – 1. Advent / 1731
Kantaten des Weihnachtsoratoriums:
1. [P]»Jauchzet, frohlocket, auf, preiset die Tage« BWV 248.2/1 – 1. Weihnachtstag / 25.12. 1734
2. [P]»Und es waren Hirten in derselben Gegend« BWV 248.2/2 – 2. Weihnachtstag / 26.12. 1734
3. [P]»Herrscher des Himmels, erhöre das Lallen« BWV 248.2/3 – 3. Weihnachtstag / 27.12. 1734
4. [P]»Fallt mit Danken, fallt mit Loben« BWV 248.2/4 – Neujahrstag / 1.1. 1735
5. [P]»Ehre sei dir, Gott, gesungen« BWV 248.2/5 – Sonntag nach Neujahr / 2.1. 1735
6. [P]»Herr, wenn die stolzen Feinde schnauben« BWV 248.2/6 – Epiphanias / 6.1. 1735

»Ich lasse dich nicht, du segnest mich denn« BWV 157.2 – Mariæ Reinigung / nach 1727
[R]»Kommt, eilet und laufet« (Oster-Oratorium) BWV 249.4–5 – 1. Ostertag / 6. April 1738, um 1743
[P]»Lobet Gott in seinen Reichen« (Himmelfahrtsoratorium) BWV 11 – Himmelfahrt / 15.5. 1738?

[P]»Freue dich, erlöste Schar« BWV 30.2 – Johannistag / 24.6. 1738
»Jauchzet Gott in allen Landen« BWV 51 – 15. Sonntag nach Trinitatis / 17.9. 1730?
»Bekennen will ich seinen Namen« (Arie nach G.H. Stölzel) BWV 200 – ? / um 1742
»Preise, Jerusalem, den Herrn« BWV 119 – Ratswahl / 30.8. 1723
[»Wünschet Jerusalem Glück« BWV 1139.1] – Ratswahl / 27.8. 1725
»Ihre Tore (Pforten) zu Zion« BWV 193 – Ratswahl / 1726 od. 1728
»Gott, man lobet dich in der Stille« BWV 120.1–2 – Ratswahl, Trauung / 1729?
[»Gott, gib dein Gerichte dem Könige« BWV 1140] – Ratswahl / 28.8. 1730
»Wir danken dir, Gott, wir danken dir« BWV 29 – Ratswahl / 27.8. 1731
[»Herrscher des Himmels, König der Ehren« BWV 1141] – Ratswahl / 29.8. 1740
[P][»Singet dem Herrn ein neues Lied« BWV 190.2] – 200. Jubiläum der Augsburger Konfession / 25.6. 1730
[P][»Gott, man lobet dich in der Stille« BWV 120.3] – 200. Jubiläum der Augsburger Konfession / 25.6. 1730
[P][»Wünschet Jerusalem Glück« BWV 1139.2] – 200. Jubiläum der Augsburger Konfession / 25.6. 1730
»Gott ist unsre Zuversicht« BWV 197.1–2 – 1. Weihnachtstag, Trauung / 25. Dezember 1728 od. 1729, um 1736?
[R]»Dem Gerechten muss das Licht« BWV 195.1–3 – Trauung / um 1728–1731
[»Sein Segen fließt daher wie Strom« BWV 1144] – Trauung / 12.2. 1725
»Herr Gott, Beherrscher aller Dinge« BWV 120.2 – ? / um 1729?
[R]»Höchsterwünschtes Freudenfest« BWV 194.2 – Orgelweihe in Störmthal / 2.11. 1723

WERKREGISTER

(nach den Nummern im Bach-Werkeverzeichnis – BWV)

MASSGEBLICHE QUELLEN UND LITERATUR

BWV[3] – *Thematisch-systematisches Verzeichnis der musikalischen Werke von Johann Sebastian Bach.* Dritte, erweiterte Neuausgabe (*BWV*[3]) bearbeitet von Christine Blanken, Christoph Wolff, Peter Wollny, hrsg. vom Bach-Archiv Leipzig, Wiesbaden 2022.

Bach-Compendium. Analytisch-bibliographisches Repertorium der Werke Johann Sebastian Bachs (BC), hrsg. von Hans-Joachim Schulze und Christoph Wolff, Leipzig 1989.

Kritische Edition der Bach-Dokumente: Johann Sebastian Bach. Neue Ausgabe sämtlicher Werke. Supplement I–III und V. I: *Schriftstücke von der Hand Johann Sebastian Bachs.* Vorgelegt und erläutert von Werner Neumann und Hans-Joachim Schulze, Kassel etc. 1963; II: *Fremdschriftliche und gedruckte Dokumente zur Lebensgeschichte Johann Sebastian Bachs, 1685–1750.* Vorgelegt und erläutert von Werner Neumann und Hans-Joachim Schulze, Kassel etc. 1969; III: *Dokumente zum Nachwirken Johann Sebastian Bachs 1750–1800.* Vorgelegt und erläutert von Hans-Joachim Schulze, Leipzig und Kassel 1972; V: *Dokumente zu Leben, Werk und Nachwirken Johann Sebastian Bachs 1685–1800. Neue Dokumente. Nachträge und Berichtigungen zu Band I–III.* Vorgelegt und erläutert von Hans-Joachim Schulze unter Mitarbeit von Andreas Glöckner, Kassel etc. 2007.

Christine Blanken: *Christoph Birkmanns Kantatenzyklus »Gott-geheiligte Sabbaths-Zehnden« von 1728 und die Leipziger Kirchenmusik unter J. S. Bach in den Jahren 1724–1727*, in: Bach-Jahrbuch 2015, S. 13–74.

Alfred Dürr, *Zur Chronologie der Leipziger Vokalwerke Johann Sebastian Bachs,* Zweite Auflage, Kassel 1976.

Alfred Dürr, *Johann Sebastian Bach – Die Kantaten*, 12. Auflage, Kassel 2017.

Michael Maul, *Johann Sebastian Bachs Besuche in der Residenzstadt Gera*, in: Bach-Jahrbuch 2004, S. 101–120.

Michael Maul, *»Die große catholische Messe«. Bach, Graf Questenberg und die »Musicalische Congregation« in Wien*, in: Bach-Jahrbuch 2009, S. 153–175.

Michael Maul, *»Dero berühmbter Chor« – Die Leipziger Thomasschule und ihre Kantoren, 1212–1804*, Leipzig 2012.

Michael Maul, *»welche ieder Zeit aus den 8 besten Subjectis bestehen muß« – Die erste »Cantorey« der Thomasschule – Organisation, Aufgaben, Fragen,* in: Bach-Jahrbuch 2013, S. 11–77.

Michael Maul, *»anstelle des Capellmeisters für zwei ganzer Jahr die Music aufführen und dirigieren müssen« – Überlegungen zu Bachs Amtsverständnis in den 1740er Jahren*, in: Bach-Jahrbuch 2015, S. 75–97.

Michael Maul, *Johann Adolph Scheibes Bach-Kritik. Hintergründe und Schauplätze einer musikalischen Kontroverse*, in: Bach-Jahrbuch 2010, S. 153–198.

Tatjana Schabalina, *»Texte zur Music« in Sankt Petersburg. Neue Quellen zur Leipziger Musikgeschichte sowie zur Kompositions- und Aufführungstätigkeit Johann Sebastian Bachs*, in: Bach-Jahrbuch 2008, S. 33–98.

Tatjana Schabalina, »*Texte zur Music« in Sankt Petersburg – Weitere Funde*, in: Bach-Jahrbuch 2009, S. 11–48.
Arnold Schering, *Johann Sebastian Bachs Leipziger Kirchenmusik. Studien und Wege zu ihrer Erkenntnis*, Leipzig 1954.
Hans-Joachim Schulze, *Die Bach-Kantaten - Einführungen zu sämtlichen Kantaten Johann Sebastian Bachs*, Leipzig 2007.
Christoph Wolff/Ton Koopman (Hrsg.), *Die Welt der Bach-Kantaten, Band 3: J.S. Bachs Leipziger Kirchenkantaten*, Stuttgart 1999.
Peter Wollny, *Zwei Bach-Funde in Mügeln. C.P.E. Bach, Picander und die Leipziger Kirchenmusik in den 1730er Jahren*, in: Bach-Jahrbuch 2010, S. 111–151.
Peter Wollny, *Eine unbekannte Bach-Handschrift und andere Quellen zur Leipziger Musikgeschichte in Weißenfels*, in: Bach-Jahrbuch 2013, S.129–170.
Peter Wollny, *Neuerkenntnisse zu Bachs Biographie und Aufführungstätigkeit in den 1730er Jahren*, in: Bach-Jahrbuch 2016, S. 63–113.

Online-Ressourcen

Bach-Digital – Die Datenbank mit Digitalisaten der Quellen zu Werken J.S. Bachs und der gesamten Bach-Familie: www.bach-digital.de
Die Bach-Kantate mit Maul & Schrammek – Podcast-Serie, produziert von MDR Klassik seit Dezember 2020, mit Gesprächen von Michael Maul und Bernhard Schrammek über sämtliche geistlichen Kantaten J.S. Bachs: www.mdr.de/mdr-klassik-radio/podcast/bach-kantate/ (abrufbar auch in allen großen Podcast-Bibliotheken wie ARD-Mediathek, spotify.com, podcasts.apple.com)
jsbach.de – Online-Informationsportal zu J.S. Bach: Dokumente, Kalendarium, Wirkungsorte: https://jsbach.de
Universum JSB – Hörbiografie über Johann Sebastian Bach in 33 Teilen von Michael Maul, produziert von Deutschlandfunk Kultur, 2015–2022: www.deutschlandfunkkultur.de/universum-jsb-100.html; oder: https://jsbach.de/mediathek

NAMENVERZEICHNIS

INHALT

Bildnachweis Archiv der Nikolaikirche Leipzig: Seite 108 | Archiv der Superintendentur Leipzig: 65 | Archiv des Thomanerchores Leipzig: 156 | Bach-Archiv Leipzig: 6, 34, 72, 90, 189 | Gallerie dell'Accademia Venedig: 121 | Königliche Bibliothek Kopenhagen: 159 (Porträt) | Köthen, Kultur und Marketing/Historisches Museum: 16 | Kunstbesitz der Universität Leipzig: 166 | Nationalmuseum Stockholm: 114 | Privatbesitz: 56 | Russische Nationalbibliothek St. Petersburg: 68 | Staatsbibliothek zu Berlin – Preußischer Kulturbesitz: 36, 49, 58, 81, 127, 129, 143, 159, 177 | Stadtarchiv Leipzig: 28, 146 | Stadtgeschichtliches Museum Leipzig: 21, 33, 103, 133, 146 (Porträt), 184

 Bezugspapier: Bach-Archiv Leipzig (Porträt Johann Sebastian Bach von Elias Gottlob Haussmann, 1748, und Signatur der Noten: Thomana 41, Faszikel 1, Violoncello piccolo-Stimme zur Kantate BWV 41 von der Hand J.S. Bachs. Gesetzt in der Schrift Dante MT Std. Gedruckt auf holzfreies, alterungsbeständiges mattgestrichenes Papier der Firma IGEPA, Hamburg, von der Memminger MedienCentrum AG, Memmingen. Gebunden in Fadenheftung von der Josef Spinner Großbuchbinderei GmbH, Ottersweier. Erste Auflage 2023.
Printed in Germany. ISBN 978-3-458-19510-8

Insel Verlag Anton Kippenberg GmbH & Co. KG
Torstraße 44, 10119 Berlin
info@insel-verlag.de
www.insel-verlag.de